Heinlein: LPIC-1

Peer Heinlein

LPIC-1

Vorbereitung auf die Prüfung des Linux Professional Institute

4. Auflage

Alle in diesem Buch enthaltenen Programme, Darstellungen und Informationen wurden nach bestem Wissen erstellt. Dennoch sind Fehler nicht ganz auszuschließen. Aus diesem Grunde sind die in dem vorliegenden Buch enthaltenen Informationen mit keiner Verpflichtung oder Garantie irgendeiner Art verbunden. Autor(en), Herausgeber, Übersetzer und Verlag übernehmen infolgedessen keine Verantwortung und werden keine daraus folgende Haftung übernehmen, die auf irgendeine Art aus der Benutzung dieser Informationen – oder Teilen davon – entsteht, auch nicht für die Verletzung von Patentrechten, die daraus resultieren können. Ebenso wenig übernehmen Autor(en) und Verlag die Gewähr dafür, dass die beschriebenen Verfahren usw. frei von Schutzrechten Dritter sind.

Die in diesem Werk wiedergegebenen Gebrauchsnamen, Handelsnamen, Warenbezeichnungen usw. werden ohne Gewährleistung der freien Verwendbarkeit benutzt und können auch ohne besondere Kennzeichnung eingetragene Marken oder Warenzeichen sein und als solche den gesetzlichen Bestimmungen unterliegen.

Dieses Werk ist urheberrechtlich geschützt. Alle Rechte, auch die der Übersetzung, des Nachdrucks und der Vervielfältigung des Buches – oder Teilen daraus – vorbehalten. Kein Teil des Werkes darf ohne schriftliche Genehmigung des Verlags in irgendeiner Form (Druck, Fotokopie, Mikrofilm oder einem anderen Verfahren), auch nicht für Zwecke der Unterrichtsgestaltung, reproduziert oder unter Verwendung elektronischer Systeme verarbeitet, vervielfältigt oder verbreitet werden.

Bibliografische Information Der Deutschen Nationalbibliothek

Die Deutsche Nationalbibliothek verzeichnet diese Publikation in der Deutschen Nationalbibliografie; detaillierte bibliografische Daten sind im Internet über http://dnb.d-nb.de abrufbar.

Copyright © 2009 Open Source Press, München
Gesamtlektorat: Dr. Markus Wirtz
Satz: Open Source Press (LaTeX)
Umschlaggestaltung: www.fritzdesign.de
Gesamtherstellung: Kösel, Krugzell

ISBN 978-3-937514-81-9   http://www.opensourcepress.de

Vorwort

Linux-Consultants und -Trainer waren und sind gefragt; doch die Jahre des „Hype", in denen, überspitzt formuliert, allein das Buchstabieren des Wortes „Linux" Tür und Tor öffnete, sind längst vorbei. Stetig wachsend ist nun der Bedarf nach „zertifizierten" Fachleuten, sowohl bei Unternehmen wie auch im öffentlichen Bereich, wo strenge Ausschreibungskriterien gelten.

Aber was bedeutet „zertifiziert" im Linux-Bereich eigentlich? Schließlich gibt es keine Firma, die *das* „Linux-Zertifikat" definieren und ausstellen könnte – anders als bei herstellerspezifischen Nachweisen von beispielsweise Cisco oder Microsoft. Stattdessen haben diverse Linux-Anbieter eigene Trainingsprogramme mit entsprechenden Zertifikaten entwickelt, ebenso wie verschiedene mehr oder weniger unabhängige Bildungsträger; selten richten sich diese aber ausdrücklich an professionelle Administratoren. Das *Linux Professional Institute* tut dies hingegen bereits im Namen und hat die Vorteile, weltweit vertreten, vergleichsweise kostengünstig und hersteller- bzw. firmenunabhängig zu sein. Insofern also beste Voraussetzungen zur Schaffung eines De-facto-Standards.

Aus meinen LPI-Kursen der vergangenen Jahre und meinen Schulungsunterlagen ist dieses Buch entstanden. Ich hoffe sehr, dass es erfahrene wie angehende Linux-Profis dazu ermuntert, die Prüfung abzulegen, und dass es Dozenten und Trainern ein hilfreiches Arbeitsmittel und ein guter Leitfaden für entsprechende Schulungen sein wird. Ich hoffe aber ebenso, dass der Ansatz des LPI nicht verwässert und es seinem Qualitätsanspruch weiterhin gerecht wird; darum muss man akzeptieren, dass eine LPI-Prüfung – egal mit wie viel Fleiß – weder nach einigen Tagen Unterricht noch von jedem Prüfungskandidaten zu bestehen ist.[1]

Wer jedoch LPIC-1 geschafft hat wird merken, dass er nicht nur eine Menge gelernt hat, sondern dass das beruflich von Vorteil sein kann. Gleichzeitig möchte ich dazu ermuntern, zu gegebener Zeit auch die LPIC-2-Prüfung anzugehen, die nochmals einen großen Schritt nach vorn darstellt.

---

[1] Und darum muss man auch all jene Bildungsträger enttäuschen, die einen LPI-Kurs in fünf Tagen für Linux-Anfänger ohne Vorkenntnisse buchen möchten...

Vorwort

Von Zeit zu Zeit überarbeitet LPI seinen Fragenkatalog. Diese 4. Auflage deckt die zum 1. April 2009 veröffentlichte Version 3.0 des LPIC-1-Tests ab, die einige wesentliche Änderungen gebracht hat: Einige veraltete Themen wurden „entsorgt" (z. B. `setserial` oder das „1024-Zylinder-Problem"), neue sind hinzugekommen, wie etwa SQL, USB, Meta-Pakethandler wie `aptitude` und `yum`, aber auch Datenverschlüsselung mit PGP/GnuPG. Leider wurde dabei die Zielgruppe der LPIC-1-Zertifizierung ein wenig umdefiniert; diese richtet sich jetzt mehr an den Administrator eines Einzelsystems – sozusagen den engagierten root-User des eigenen Systems. Netzwerkdienste wie Apache2, Samba und NFS, aber auch etwas anspruchsvollere Themen der Netzwerk- und Routingkonfiguration wurden in die LPIC-2-Prüfung verschoben.

Doch auch wenn die LPIC-1-Prüfung damit einen etwas engeren Erfahrungshorizont voraussetzt, darf sie weiterhin nicht unterschätzt werden: Die Fragen sind oft anspruchsvoll, knifflig und setzen vor allem praktisches Wissen voraus.

Mit Abschluss dieser Neuauflage gilt es auch allen anderen zu danken, die in den letzten Jahren daran mitgearbeitet, es verbessert und mitgelitten haben oder auf andere Weise daran beteiligt waren:

Allen voran natürlich Dr. Markus Wirtz, meinem guten Freund und Verleger, sowie Ulrich Wolf und Patricia Jung, die als Lektoren von Open Source Press mitgewirkt haben.

Direkt danach natürlich mein ganzes Team bei „Heinlein Support", insbesondere Stefan Semmelroggen, Christian Meissner und Peer Hartleben, die im Hintergrund bei vielen Fragen wertvolle Recherchehilfe oder Ergänzungsvorschläge beigesteuert und auch viele der Übungen mit entwickelt haben.

Klaus Behrla vom LPI Central Europe hat zahlreiche Auskünfte zum Prüfungsablauf, zu den neuen Objectives und zu LPI allgemein beigesteuert. Danke! Für die in die verschiedenen Auflagen des Buches eingegangenen Hinweise von Sascha Wessels, Mathias Kettner, Martin Krafft, Andreas Baumann und vielen anderen Linux-Profis, Prüfungskandidaten und Leserbriefschreibern möchte ich mich ebenfalls bedanken.

Der letzte und herzlichste Gruß aber geht natürlich an Ivonne: Vielen Dank für Geduld, Nachsicht, unser Tönchen und – „Dich".

Peer Heinlein   Berlin, im März 2009

Inhaltsverzeichnis

Gebrauchsanleitung   9

I   Prüfung 101   23

101 Systemarchitektur   25

102 Linux-Installation und -Paketverwaltung   49

103 GNU- und Unix-Kommandos   79

104 Geräte, Linux-Dateisysteme, Filesystem Hierarchy Standard   133

II   Prüfung 102   175

105 Shells, Skripte und Datenverwaltung   177

106 Oberflächen und Desktops   193

107 Administrative Aufgaben   209

108 Grundlegende Systemdienste   229

109 Netz-Grundlagen   251

110 Sicherheit   279

Anhang 305

A Übungsaufgaben 307
- A.1 Quotas einrichten 308
- A.2 GNU-Tools 1: Plattencheck 310
- A.3 Bedingte Kommandoverknüpfungen 311
- A.4 GNU-Tools 2: Zeitungslayout 314
- A.5 GNU-Tools 3: Wortstatistik 315
- A.6 GNU-Tools 4: Raus aus der Mitte 317
- A.7 GNU-Tools 5: Frisch gelesen ist gut geprüft 318
- A.8 Einen eigenen Runlevel einrichten 318
- A.9 Die Firewall des kleinen Mannes 319
- A.10 Mehrere IP-Nummern einrichten 319

Gebrauchsanleitung

Idee und Konzept von LPI

Das *Linux Professional Institute* (LPI) wurde im Oktober 1999 in Kanada als „Non-Profit-Organisation" gegründet. Es beschreibt seine Vision mit den Worten: „LPI seeks to become recognized as the global leader in the certification of Linux professionals while advancing the Linux and Open Source movement through strategic partners, sponsorships, innovative programs and community development activities."[1] Bekannt ist es insbesondere für sein Zertifizierungsprogramm.

Aufgrund des Anspruchs, eine Unternehmung der „Community" zu sein, ist es auch verständlich, dass das LPI[2] keine kommerzielle Zertifizierungsinstanz sein oder kommerzielle Interessen eines bestimmten Distributors vertreten will. Die Zertifikate des LPI sind distributionsübergreifend und setzen in ihren Prüfungsfragen ausdrücklich auch keine bestimmte Distribution voraus.[3] Vielmehr soll LPI ein Projekt der Linux-Anwender und -Administratoren selbst sein, das durch seine Arbeit den Berufsstand des Administrators stärkt sowie durch Qualitätsnachweise und Wissensstandards Linux für Firmen berechenbarer und attraktiver macht – und damit schließlich den Einsatz und die Verbreitung von Linux fördert. Umgekehrt nutzen Linux-Anbieter LPI, um eigene, systemspezifische Zertifikate auf den LPI-Grundstufen aufbauen zu lassen.

Was dieses Buch ist – und was es nicht ist

Ich habe mich entschlossen, für dieses Buch ein Konzept zu verfolgen, bei dem die Vorbereitung auf die Tests bereits auf zahlreichen, möglichst „au-

---

[1] http://www.lpi.org/eng/about_lpi
[2] Im Folgenden steht die Abkürzung wahlweise für die Organisation, das Zertifizierungsprogramm oder die eigentlichen Prüfungen; der Kontext macht die Bedeutung jeweils klar.
[3] Die frühere Trennung der Prüfung 101 in eine RPM- und eine DPKG-Fassung wurde im Januar 2006 wieder rückgängig gemacht.

thentischen" (nicht originalen!) Fragen aufbaut. Das bedeutet aber eben nicht, dass Sie die hier diskutierten Fragen und Antworten lediglich auswendig lernen sollten, um dann die Prüfungen zu absolvieren – dieses Vorgehen wird Ihnen nichts nützen und ist auch keinesfalls empfohlen.

LPI verfolgt das Konzept, *Erfahrung* abzuprüfen; und wenn es zum Bestehen ausreichte, nur einen mittleren Satz von Fragen und Antworten zu pauken, wäre wohl das Konzept verfehlt. Notwendig ist vielmehr ein grundlegendes Verständnis der Materie, und dabei möchte Ihnen dieses Buch helfen. Die meisten Fragen in diesem Buch sind eigens unter didaktischen Gesichtspunkten „gestrickt", um einen Einstieg in die dahinter stehenden Themen zu finden.

Oft ist die richtige Antwort nicht einmal das Interessante – weitaus wichtiger kann die Erkenntnis sein, warum andere Antworten *nicht* richtig sind bzw. was sich hinter den verschiedenen Antwortmöglichkeiten verbirgt. So gelingt es, durch eine Frage teilweise gleich drei oder vier prüfungsrelevante Themen und Aspekte abzudecken. Auch zählt oft nicht die Frage, wie man eine bestimmte Aufgabe eventuell eleganter und ggf. sogar besser lösen könnte. Stattdessen gilt: *Der Weg ist das Ziel*, und wenn ich kompliziertere Varianten erkläre, dann dient das dem Zweck, die dahinter stehenden Zusammenhänge zu erklären. Umgekehrt lasse ich manches Detail bewusst weg, wenn es für LPI nicht mehr prüfungsrelevant ist und ich dem Leser durch „zu vollständige" Erklärungen nicht den Blick auf das Wesentliche nehmen wollte: die Prüfungsvorbereitung.

Folglich hat das Buch keinesfalls den Anspruch, mit seinen Fragen möglichst dicht an die originalen Prüfungsfragen heranzukommen. Ich kenne mittlerweile sehr viele dieser Fragen, aber sie wurden absichtlich hier nicht verwendet: Mich überzeugt das Konzept von LPI, und ich werde mich hüten, durch die Veröffentlichung von Fragen den Test zur Farce zu machen. Es ist also vollkommen sinnlos, nach bloßem Durcharbeiten der Fragen zur Prüfung antreten zu wollen. Dies ist definitiv *nicht* Ziel dieses Buches!

Ich habe als Dozent zahlreiche LPI-Schulungen und so genannte „Crashkurse" gehalten und bin der Meinung, dass der hier gewählte Ansatz am besten auf LPI vorbereitet, sofern man bereits gutes Grundlagenwissen und Erfahrung mitbringt, die unverzichtbar sind.

Wo und wie man die Prüfung ablegt

Bevor Sie erstmals einen LPI-Test ablegen, müssen Sie sich auf den Webseiten von LPI eine persönliche LPI-ID besorgen, unter der Sie (alle) LPI-Prüfungen ablegen werden. Erst mit dieser ID können Sie sich – wo auch immer – zum Test anmelden.[4]

---

[4] https://www.lpi.org/caf/Xamman/register

LPI greift für seine Prüfungen hauptsächlich auf die internationale Infrastruktur der beiden Firmen *Thomson Prometric*[5] und *Pearson VUE*[6] zurück. Während Prometric in Europa und Deutschland kaum vertreten ist, gibt es in fast jeder mittelgroßen Stadt ein so genanntes „Test Center", häufig an Computerschulungsfirmen oder Bildungsträger angegliedert, die von Pearson VUE eine entsprechende Lizenz zur Abnahme von Tests haben (natürlich auch für Externe, die keinen Kurs der jeweiligen Firma gebucht haben).

Sie finden eine Übersicht, nach Orten sortiert, auf den Webseiten von Pearson VUE. Es ist damit kein Problem, ein Test Center in der näheren Umgebung zu finden. Man sollte sich einige Tage im Voraus per Telefon oder Mail anmelden und nach den genauen Prüfungszeiten erkundigen: Einige Center prüfen während der üblichen Geschäftszeiten, andere veranstalten an einem oder zwei Nachmittagen in der Woche einen „Prüfungstag".

Welches Center Sie wählen spielt zunächst einmal keine Rolle, der Preis des LPI-Tests ist fest und überall derselbe – derzeit beträgt er EUR 130,– zuzüglich Umsatzsteuer. Allerdings verlangen einige Test Center für die Anmeldung zusätzlich eine Gebühr von bis zu EUR 25,–.

Wesentlich günstiger (und bequemer) ist es, sich selbst über die VUE-Webseite anzumelden: Nachdem man sich eine LPI-ID besorgt und bei VUE einen Webaccount beantragt hat, kann man dort über eine Liste den passenden Test, das nächstgelegene Center sowie einen Prüfungstermin auswählen. Da das Test Center in diesem Falle mit der Anmeldung gar nichts mehr zu tun hat, fallen auch keine weiteren Gebühren an. Den Fixpreis für den Test zahlt man per Kreditkarte direkt an die Testorganisation.

Ins Center geht man dann nur noch, um den Test vor Ort an einem speziell präparierten Windows-PC abzulegen. Achten Sie aber darauf, pünktlich zu sein, da der Test nur zu der angegebenen Uhrzeit bereitgestellt wird und es bei einem verpassten Termin keine Rückerstattung gibt. Falls Ihnen etwas dazwischen kommt, können Sie die Prüfung *vor* dem Testtermin über die VUE-Webseite verlegen lassen.

Auf einschlägigen Kongressen und Tagungen (z. B. LinuxTage oder auf der CeBIT) bietet das LPI oft die Möglichkeit, zu einem bestimmten Termin den Test abzulegen, und zwar zu einem deutlich günstigeren Preis (aktuell rund EUR 60,–), und nicht am Computer, sondern in Papierform, so dass die Auswertung erst später erfolgt. Manchmal werden aber nur die Prüfungen 101 (Level-1) und 201 (Level-2) angeboten. Achtung: Die Zahl der Plätze ist dort oft begrenzt und vorherige Anmeldung meist notwendig. Informieren Sie sich rechtzeitig auf den Webseiten des LPI, dort sind mögliche Termine und Details angekündigt.

Die Tests – die in deutscher, englischer oder japanischer Sprache abgelegt werden können – bestehen größtenteils aus Multiple-Choice-Fragen, teil-

---

[5] http://www.prometric.com
[6] http://www.vue.com

weise mit einer, teilweise mit mehreren richtigen Antworten; selten werden nicht Antwortmöglichkeiten, sondern leere Textfelder angeboten, in die dann der passende Programmname o. Ä. (tippfehlerfrei!) einzugeben ist.

Die Fragenanzahl und ihre Gewichtung

Beide Tests haben derzeit genau 60 Fragen, für die 90 Minuten zur Verfügung stehen. Das ist ausreichend – denn entweder man weiß es, oder man weiß es nicht. Ein Linux-Profi schafft das in rund 30 Minuten, aber auch schwächere Kandidaten sollten ausreichend Zeit zum Überlegen haben. Lassen Sie sich von dem Zeitrahmen also nicht abschrecken: Viele Fragen werden Sie binnen Sekunden beantworten können (oder eben nie), so dass am Ende oft mehr als genug Zeit bleibt.

Es kann auch passieren, dass Sie einen Test mit nur 75 „echten" Fragen bekommen, der weitere 15 „Beta-Fragen" enthält; diese dienen aber dann nur der Qualitätssicherung und Evaluierung – auf die Bewertung Ihrer Prüfung haben sie keinerlei Einfluss. Möglicherweise gehen diese Beta-Fragen später einmal in den offiziellen Fragenpool ein. Sie sind übrigens nicht besonders gekennzeichnet und für den Kandidaten darum auch nicht als nicht prüfungsrelevant erkennbar.

Über die in diesem Buch in der offiziellen deutschen Übersetzung abgedruckten „Objectives" definiert LPI sehr genau, in welchen Bereichen sich der Kandidat auskennen, welche Fähigkeiten er beherrschen und welche Dateien oder Kommandos er kennen muss. Jedes dieser Lernziele ist vom LPI gewichtet, was Einfluss auf die Zusammenstellung der Tests hat: Von den 60 Fragen entfallen so viele auf ein Thema, wie dieses die Gewichtung vorgibt, also z. B. zwei auf den Bereich 102.1 „Festplattenaufteilung planen".

Hilfsmittel sind, abgesehen von leerem Papier und Stift für Notizen, nicht erlaubt. Die Tests finden gewöhnlich unter Aufsicht statt. Da es sich um Windows-Clients handelt, kann man während der Prüfung auch nicht auf die Linux-Konsole umschalten ...

Bei jeder einzelnen Frage ist angegeben, ob eine oder mehrere Antworten richtig sind (unbedingt darauf achten!), zudem kann man ein „Review"-Häkchen setzen, um Fragen zu markieren, die man sich später nochmals anschauen möchte. Das ist taktisch klug – möglicherweise hat man später noch Geistesblitze zu Themen, bei denen man sich zunächst unsicher war.

Grundsätzlich ist es aber möglich, *alle* Fragen nochmals aufzurufen und die Antworten zu verändern. Am Ende des Tests bekommt man eine Liste aller Fragen-Nummern nebst Hinweis, welche zum Review markiert wurden. Erst wenn in dieser letzten Übersicht ausdrücklich der Abschluss des Tests erklärt wird, erfolgt die Auswertung durch Pearson VUE.

Wenn alles klappt und nicht erst einmal der Windows-Rechner abstürzt (ist bei mir damals natürlich prompt geschehen!), kommt im Test Center ein nicht unbedingt schönes Zertifikat aus dem Drucker – sofern man bestanden hat. Dies ist nicht das offizielle Dokument, sondern nur eine Bescheinigung für die jeweilige Prüfung – und davon gibt es insgesamt zwei. Interessanterweise ist auf diesem Ausdruck je nach Prüfungsbereich Ihr Testergebnis aufgeschlüsselt. Sie können dort also sehen, wie viel Prozent Sie in einem bestimmten Bereich richtig beantwortet hatten. Auf dem endgültigen Zertifikat sind diese Informationen später nicht mehr enthalten.

Um sich „Junior Level Linux Professional" (LPIC-1) nennen zu dürfen, muss man *zwei* Teil-Tests ablegen, die die aussagekräftigen Bezeichnungen „101" und „102" tragen. Beide werden von diesem Buch abgedeckt. Die Tests können (bzw. *sollten*) Sie an zwei verschiedenen Terminen ablegen und sich auch getrennt darauf vorbereiten, wobei Sie auch mit 102 beginnen können. Erst wenn Sie beide Tests bestanden haben, dürfen Sie den Titel „LPIC-1" für sich reklamieren. Ein erfolgreicher 101-er- oder 102-er-Test allein berechtigt hingegen zu keinerlei Titel.[7]

Sollten Sie sich zum zweiten Test anmelden, so vergessen Sie nicht, Ihre Pearson-VUE- oder LPI-Nummer des ersten Testergebnisses anzugeben. Sie finden sie auf dem Ausdruck des ersten Teilzertifikats. Haben Sie beide Tests bestanden, dauert es einige Tage bis wenige Wochen, und Sie erhalten direkt vom LPI per Post das endgültige LPIC-Zertifikat (das dann auch deutlich netter aussieht).

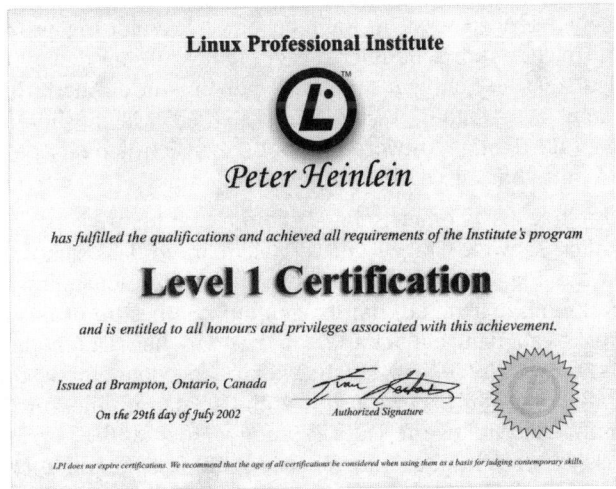

Abbildung 0.1: Das LPIC1-Zertifkat – normalerweise ohne Tippfehler im Namen...

---

[7] Achtung: Test 102 hat nichts mit der Level-2-Prüfung (LPIC-2) zu tun; zu dieser gehören die Tests **201** und **202**, die aber nicht Gegenstand dieses Buches sind. Weitere Hinweise zur etwas verwirrenden Benennung der Tests und Themen sowie zur daran angelehnten Gliederung des Buches finden Sie am Ende dieses Abschnitts.

Wenn Sie durchfallen, können Sie den jeweiligen Test wiederholen: Der zweite Versuch kann frühestens eine Woche nach dem ersten stattfinden, danach darf jeder erneute Versuch erst nach 90 Tagen erfolgen. Hat ein Kandidat einen Test bestanden, darf er ihn frühestens nach zwei Jahren erneut ablegen, um die Gültigkeit seines Zertifikats aufzufrischen.

Die Gültigkeit des Zertifikats

Anfangs galten LPI-Zertifikate unbegrenzt, denn wer einmal nachgewiesen hat, dass er als „alter Hase" fundiertes Linux-Wissen besitzt, wird dieses Wissen im Laufe der Jahre nicht verlieren, sondern eher ausbauen.

Mittlerweile ist das LPI jedoch (leider) dazu übergegangen, die Gültigkeit des Zertifikats auf fünf Jahre zu beschränken. Zugegebenermaßen sind fünf Jahre im IT-Bereich eine lange Zeit, innerhalb derer sich professionelle Administratoren erfahrungsgemäß weiterbilden und darum eher die Prüfungen zu LPIC-2 oder gar LPIC-3 in Angriff nehmen, die dann ebenfall wieder fünf Jahre gültig sind. Das LPI selbst empfiehlt bereits nach zwei Jahren eine „Rezertifizierung" des jeweils höchsten erreichten Levels.

Das Bewertungssystem

Bei allen neuen Fragen wird im Rahmen eines Evaluierungsprozesses ermittelt, mit welcher Wahrscheinlichkeit ein Kandidat, der den Test „gerade so" bestehen soll, die richtigen Antworten geben würde (Angoff-Methode). „Wildes Raten" wird dabei ebenso berücksichtigt wie die höhere Wahrscheinlichkeit für richtige Antworten, sobald offensichtlich falsche Antwortoptionen unmittelbar ausgeschlossen werden können.

Dieses verbreitete psychometrische Verfahren zur Item-Evaluation macht unterschiedlich schwere Fragen gut vergleichbar, so dass sich die 90 prüfungsrelevanten Fragen deutlich ausgewogener zusammenstellen lassen als durch reine Zufallszugriffe auf den Fragenpool. So bestimmt das LPI auch den Punktwert, ab dem ein Kandidat bestanden hat: Durch die Angoff-Methode ist dieser *Cutoff Score* nicht willkürlich; vielmehr bestimmt das LPI ein Mindestmaß an Expertise, das nötig ist, damit eine Zertifizierung erfolgen kann. Die Punktwerte jeder Prüfung werden außerdem standardisiert, so dass dieser Schwellenwert für jede Prüfung 500 Punkte beträgt bei einer Standardabweichung von 100.

Das Bewertungsmodell wird mit Verweisen auf die mathematischen Grundlagen ausführlich in der Exam-FAQ des LPI erklärt.[8]

---

[8] https://www.lpi.org/eng/about_lpi/faq/2_exams

Der Nutzen des Zertifikats

LPI ist in Deutschland mittlerweile sehr gut bekannt. Doch auch wenn fast jeder Administrator davon gehört hat, ist es bei Vorständen oder Personalern noch nicht unbedingt präsent, anders als beispielsweise in Japan, wo LPI beinahe als Voraussetzung für eine Anstellung als Linux-Administrator gilt. Es ist aber wohl nur eine Frage der Zeit, bis die erfolgreiche LPI-Zertifizierung auch bei uns regelmäßig unter den Anforderungen eines Stellenprofils genannt wird. Die Bekanntheit und Verbreitung von LPI in Deutschland zu steigern, ist auch Aufgabe des „LPI e.V."[9] sowie des Ende 2007 gegründeten Ablegers „LPI Central Europe"[10].

„Messbar" bringt ein LPI-Zertifikat in Deutschland derzeit noch keinen Vorteil, aber ich bin sicher, dass sich das ändern wird. Je mehr Firmen dazu übergehen, fertige Systeme und Netzwerke auf Linux-Basis einzusetzen, desto mehr Wartungs- und Garantieverträge werden geschlossen, wobei Drittfirmen für die entsprechenden Verfügbarkeiten und Serviceleistungen Sorge tragen. Selbstverständlich werden sich diese Dienstleister absichern, dass sich nicht „irgendein" Administrator vor Ort an dem Netzwerk zu schaffen macht; vielmehr wird vertraglich vereinbart, dass nur zertifiziertes Personal die Hosts administrieren darf – und diese Zertifizierungsrolle kann eben LPI übernehmen.

Es gibt viele Linux-Administratoren an den Tastaturen draußen im Land, die sich *recht gut*, aber keinesfalls *sehr gut* auskennen. Für den immer mehr an Bedeutung gewinnenden betrieblichen Einsatz gilt es jedoch die Spreu vom Weizen zu trennen; auf den ersten Blick ist bei einer solch komplexen Materie aber kaum erkennbar, wer sein Metier wirklich beherrscht oder wer – im schlimmsten Fall – nur eine gute „Show abzieht", erst recht nicht für Mitarbeiter der Personalabteilung.

LPI kann als unabhängige internationale Zertifizierungsstelle unterschiedliche Stufen der Fachkenntnis definieren und standardisieren, so dass man sicher sein kann, mit einem LPI-zertifizierten Kandidaten tatsächlich einen Linux-Fachmann vor sich zu haben (natürlich in Abhängigkeit vom jeweils erreichten Level). Die Personalabteilung kann sich dann bei ihrer Entscheidungsfindung auf andere Kompetenzen eines Bewerbers konzentrieren.

Umgekehrt hilft dieser Wissensnachweis natürlich auch Freiberuflern, Consultants und Dozenten: Im Schulungsbereich gibt es zunehmend ausdrückliche Anfragen nach LPI-zertifizierten Dozenten.

Zu guter Letzt hat ein Zertifikat auch etwas mit Selbstständigkeit zu tun. Ähnlich wie in den USA, wo die Motivation zur eigenverantwortlichen Weiterbildung sehr hoch ist („Certify yourself!"), entdecken auch hierzulande immer mehr Angestellte und Selbstständige Zusatzqualifikationen für sich.

---

[9] http://www.lpi-german.de
[10] http://www.lpice.eu

Kandidaten und ihre Vorbereitungsstrategie

Notwendig ist die Beschäftigung mit den Prüfungsthemen und das Sammeln von Erfahrung. In Abhängigkeit von Ihrem Wissensstand möchte ich Ihnen verschiedene Methoden zur Arbeit mit diesem Buch empfehlen:

Der Traumkandidat

Eigentlich ist das gesamte Fachwissen vorhanden: Sie sind versiert in beinahe allen Linux-Themen und verfügen über Berufserfahrung als Systemadministrator. Sie sind lediglich unsicher, ob Ihr Wissen auch wirklich ausreicht, da Sie in den LPI-Texten auf Themen gestoßen sind, mit denen Sie sich in der Vergangenheit noch nicht beschäftigen konnten. Es geht also darum, in kurzer Zeit mit wenig Aufwand gezielt einige Lücken soweit zu schließen, dass es für die Prüfung reicht. Auch ohne dieses Buch und weitere Vorbereitung hätten Sie alle Chancen, die Prüfung zu bestehen, aber Sie möchten ein gutes Ergebnis, und sicher ist sicher...

Vorbereitungsstrategie

Gehen Sie das gesamte Buch durch, und versuchen Sie die Fragen zu lösen. Teilen Sie dabei eventuell Test 101 und 102 in zwei Durchgänge auf. Lesen Sie erst *anschließend* die Erörterungen und Hinweistexte. Vieles wird Ihnen bekannt vorkommen, vieles werden Sie hoffentlich sogar gründlicher wissen als hier dargestellt. Freuen Sie sich darüber, denn auf diesen Gebieten werden Sie sicher Punkte holen, wenn Sie sich in der Prüfung konzentrieren. Allerdings sollten Sie mindestens 80 Prozent der Fragen sicher richtig ankreuzen.

Bei Themen, die Ihnen nur grob bekannt vorkommen, können Sie durch die Erläuterungen kleine Wissenslücken schließen. Gehen Sie das Buch und die entsprechenden Sektionen in den LPI-Texten durch und werfen Sie bei *jedem* Programm einen Blick in die Man-Page. Bei bekanntermaßen wichtigen Programmen sollten Sie diese komplett lesen und einen konzentrierten Blick auf die Aufrufparameter und Optionen werfen.

Bei Themen, die Ihnen noch nicht so geläufig sind, werden Ihnen die Erläuterungen des Buches vermutlich nicht tief genug gehen. Nehmen Sie sie als Ausgangspunkt für eigene Erkundungen. Dieses Buch hat nicht den Anspruch, das gesamte notwendige Wissen zu vermitteln, sondern möchte Wissenslücken aufzeigen. Für einen Linux-Profi stellt es kein Problem dar, diese Lücken durch Lektüre einschlägiger Dokumentationen oder schlicht durch einen „Bastelnachmittag" zu schließen. Dabei sollten Sie sich Grundwissen aneignen, um im Test die leichten Punkte nicht unnötig zu verschenken; einen gewissen „Mut zur Lücke" können Sie sich aber erlauben.

Der Wackelkandidat

Gezielte Vorbereitung ist notwendig: Sie haben im letzten Jahr bereits zahlreiche Nächte mit Linux verbracht, zum Beispiel beim Basteln zu Hause, nebenbei am Arbeitsplatz oder in der Ausbildung. Ihnen fehlt jedoch die routinierte tägliche Arbeit als Administrator und damit die nötige Erfahrung. Mit vielen Punkten haben Sie sich bereits beschäftigt und sind sicher darin, diverse andere Themen der LPI-Texte sind Ihnen allerdings noch vollkommen fremd. Damit haben Sie ohne weitere Vorbereitung keine Chance, die Prüfung zu bestehen – unterschätzen Sie LPI nicht!

Vorbereitungsstrategie

Nutzen Sie dieses Buch, um abzugleichen, ob Sie in den Bereichen, in denen Sie sich sicher fühlen, auch wirklich sicher sind. Bei den Themen, mit denen Sie sich noch nicht auseinander gesetzt haben, sollten Sie anhand des Buches einen Überblick bekommen, welche Aspekte und welcher Schwierigkeitsgrad gefordert sind. Sie werden dann wohl den Erklärungen in diesem Buch nicht immer folgen können, oder sie werden Ihnen allzu knapp scheinen. Nehmen Sie sich ausreichend Zeit und ein Linux-System, auf dem Sie, begleitet von einschlägiger Fachliteratur oder Howtos, die jeweiligen Aufgaben „nachbauen".

In den LPI-Texten sind Programme und Dateien genannt, die Sie möglichst *alle* einmal benutzt haben sollten. Routine ist wichtig. Arbeiten Sie darum gründlich und benutzen Sie alle Programme tatsächlich einmal am Rechner. Nehmen Sie die Änderungen in den Dateien vor, legen Sie neue Benutzer an etc.

LPI prüft *Erfahrung*, und daran fehlt es Ihnen. Darum haben Sie nur wenige Punkte zu verschenken und sollten das wissen, was man durch gezielte Vorbereitung lernen kann. Es wird darüber hinaus genügend Fragen geben, bei denen Sie aufgrund mangelnder Routine Punkte vergeben werden. Kurz: Fehlende Erfahrung müssen Sie durch Fleiß und Disziplin bei der Vorbereitung ausgleichen. Sie müssen vor allem *gründlich* arbeiten, denn jeder Punkt zählt.

Der künftige Kandidat

Sie wollen noch systematisch lernen und erst in einigen Wochen die Prüfung ablegen. Sie stecken entweder noch in einer entsprechenden Ausbildung oder im Studium und haben Linux erst im Unterricht kennen gelernt, oder Sie haben beschlossen, sich selbst fit zu machen. Ihnen fehlen grundlegende Linux-Kenntnisse, und damit ist nach derzeitigem Stand auch ein Bestehen nahezu ausgeschlossen. Da Sie jedoch den Charme von Linux entdeckt haben und davon fasziniert sind, möglicherweise auch berufliche Perspektiven darin sehen, sind Sie gewillt, sich über mehrere Wochen auf die Prüfung vorzubereiten.

Vorbereitungsstrategie

Sie sollten vorerst *nicht* versuchen, gezielt auf die Prüfung hin zu lernen. LPI ist, wie gesagt, nicht durch Auswendiglernen zu bestehen, sondern allein dadurch, dass Sie sich mit den Themen *beschäftigen*. Orientieren Sie sich nicht am Wortlaut der Fragen, sondern stellen Sie fest, welche Themen und Aufgaben es gibt und welche Ihnen bislang gar nichts sagen. Nutzen Sie die Fragen und Antworten des Buches als konkreten Einstieg und Ansatzpunkt, wenn Sie sich daran machen, auf einem Testsystem möglichst viel nachzubauen und praktisch in Betrieb zu nehmen.

Die Linux-Dokumentation und die Man-Pages sollten dabei stets Ihr tägliches Handwerkszeug sein, auch wenn Sie sich eventuell über eines der umfangreichen Bücher oder Howtos einarbeiten. Installieren Sie kleine Test-Netzwerke, um entsprechend den Prüfungsthemen auszuprobieren, was geht und wie es geht.

Gerade für Sie gilt: *Theorie reicht nicht!* Sie brauchen nicht zur Prüfung anzutreten, wenn Sie die Programme allenfalls einmal mit `program -h` aufgerufen haben. Schließen Sie sich ggf. mit Mitstreitern zusammen und realisieren Sie konkrete Projekte, indem Sie beispielsweise ein kleines Netzwerk aufsetzen. Verbeißen Sie sich nicht in Einzelheiten, sondern gewinnen Sie einen sicheren Überblick, so dass Ihnen das Funktionsprinzip, das hinter Linux und all den Tools steckt, ins Blut übergeht.

Wenn Sie meinen, alles ausreichend durchgearbeitet zu haben, starten Sie als „Wackelkandidat" einen zweiten Durchgang mit diesem Buch und den öffentlichen LPI-Texten, und legen Sie es erst dann darauf an, auch die vielen versteckten Einzelheiten kennen zu lernen.

Gedanken zur Qualität der LPI-Fragen

Zur ersten Auflage dieses Buches gab es vereinzelte Kritik an meinen bzw. an den vom LPI gestellten Testfragen, insbesondere in Bezug auf deren Aktualität und damit Praxisrelevanz.

Sicher gehören Dinge wie `LILO` nicht mehr zu den aktuellsten Technologien, doch sollte man mit dem Vorwurf mangelnder Aktualität vorsichtig sein und sowohl die Entstehung wie auch die Zielsetzung der Fragen berücksichtigen.

LPI-Fragen sind unbestritten zum Teil schon einige Jahre alt, und auch die aktuellen Fragen gehören oft schon geraume Zeit zum Fragenpool (abgesehen davon, dass sie über einen gewissen Zeitraum entwickelt und getestet wurden, bevor sie Eingang in den Bestand fanden).

Daraus ergibt sich, dass die Fragen Wissen voraussetzen, das vor zwei bis fünf Jahren aktuell war! Entsprechend werden auch in diesem Buch einige Aussagen in zwei Jahren so nicht mehr stimmen – obwohl sie bei Drucklegung noch völlig korrekt waren. Das gesamte Verfahren bietet leider keine andere Möglichkeit.

Aber das ist auch nicht schlimm – ganz im Gegenteil: LPI geht es darum, *Erfahrung* zu prüfen. Und gerade wenn Erfahrung eine Rolle spielt, darf es eben nicht nur um den neuesten Hype gehen, sondern auch um „altes Wissen". Nur wer über langjährige Erfahrung verfügt, wird dieses Wissen auch nachweisen können, und nur so stellt man fest, wer sich schon länger und kontinuierlich mit Linux beschäftigt. Außerdem darf man nicht vom eigenen Desktop-PC mit brandneuer Hardware und Installation auf die Anforderungen an einen Administrator schließen: Server im betrieblichen Einsatz haben in der Regel noch eine mehrere Jahre alte Installation im Einsatz, und nicht immer laufen sie auf der neuesten Hardware. Der Lebenszyklus einer Serverinstallation liegt oft bei mehreren Jahren.

Ein LPI-zertifizierter Linux-Profi muss hier mit allen Problemen klarkommen. Es ist schön, wenn der Bootmanager Grub heute viele Probleme löst und mittlerweile weit verbreitet ist – aber solange immer noch viele Installationen mit LILO betrieben werden, muss auch ein heutiger LPIC-1-Admin über LILO, seine kryptischen Fehlermeldungen und seine 1024-Zylinder-Probleme Bescheid wissen.

Behalten Sie dies beim Lesen des Buches wie auch beim LPI-Test selbst im Hinterkopf: Eine Aussage, die heute falsch ist, könnte vor zwei, drei Jahren noch als richtig angesehen worden sein. Legen Sie also stets etwas Prüfungstaktik an den Tag und schauen Sie sich alle Antworten an. Wenn Sie keine vermeintlich richtige Antwort finden, denken Sie auch mal einige Zeit zurück.

Und hier noch ein wenig Statistik: Seit Bestehen hat LPI über 195 000 Prüfungen weltweit abgenommen – und bis Anfang 2009 insgesamt 65 000 Zertifizierungen ausgesprochen. Weltweit gibt es damit derzeit rund 52 000 LPIC-1-Administratoren (Deutschland: etwas über 6 000) und rund 11 000 Administratoren mit LPIC-2 (Deutschland: rund 1 100). Im Jahr 2008 hat die Anzahl der Zertifizierungen stark zugenommen. Doch während nur ca. 20% neue LPIC-1-Zertifizierungen hinzukamen, stieg die Anzahl neuer LPIC-2-Zertifizierungen um ca. 40%. Viele LPIC-1-Kandidaten haben sich also offenbar fachlich weiterentwickelt.

Übrigens: Eine Zertifizierung nach LPIC-3 ist nach langen Vorbereitungen jetzt eingeschränkt möglich. Zwar sind noch nicht alle geplanten Test-Teile für Level-3 erschienen, aber die ersten Teilprüfungen sind verfügbar.

Zur Benutzung dieses Buches

Hier noch einige wichtige Hinweise und Klarstellungen, bevor Sie sich auf die Aufgaben stürzen, auch auf die Gefahr hin, mich zu wiederholen:

- Dieses Buch ist keine Sammlung auswendig zu lernender LPI-Fragen!

- Es zeigt Ihnen die Inhalte und den Schwierigkeitsgrad der Prüfungsthemen auf, damit Sie Ihren Wissensstand einschätzen können. Fehlende Kenntnisse müssen Sie durch praktische Übungen selbstständig ausgleichen.

- Sie sollten unbedingt das *gesamte* Buch durchgearbeitet haben, bevor Sie zur ersten Teilprüfung gehen. Einige Themen und Informationen sind an mehreren Stellen im Buch besprochen, und das Wissen aus einem Test ist jeweils auch für den anderen Test hilfreich (z. B. `find`, Dateirechte, Variablen etc.).

- Die Gliederung und Reihenfolge der LPI-Prüfungsinhalte wird hier konsequent übernommen: Das Buch umfasst zwei große Teile, entsprechend den Teilprüfungen 101 und 102. Diese Teile gliedern sich nach „Themen" (*Topics*), die Nummern zwischen 101 und 110 tragen, unterhalb der Topics werden weitere Lernziele als Unternummer ausgewiesen.

  Im Buch spiegelt sich dieses System folgendermaßen wider: In den Kopfzeilen sehen Sie links stets das Thema (z. B. „Systemarchitektur") und rechts das Lernziel – stets mit der entsprechenden Nummer. Die Gewichtung der jeweiligen Thematik, die für die Anzahl der Fragen entscheidend ist, ist in der rechten Kopfzeile in eckigen Klammern ergänzt.

  Um dem Ganzen aber auch einen roten Faden zu geben, sind die Beispielfragen im Buch durchgehend nummeriert, so dass Sie Verweise rasch wiederfinden.

  Dabei sind stets zuerst die Fragen und Antworten dieses Buchs abgedruckt und anschließend die offiziellen deutschen LPI-Texte mit den Prüfungsinhalten des jeweiligen Themas. Halten Sie diese Reihenfolge unbedingt ein, und versuchen Sie zuerst die Fragen zu lösen und sich die Antworten zu erarbeiten. Würden Sie gleich die LPI-Prüfungsinhalte lesen, würden die dort genannten Programm- und Dateinamen Ihre Übungen verfälschen und Ihnen ein falsches Bild Ihres Wissensstandes und des Schwierigkeitsgrads geben.

- Gehen Sie nach jedem Thema (oder nach Durcharbeiten des ganzen Buches) unbedingt noch einmal die vom LPI beschriebenen Prüfungsinhalte durch. Wir haben diese *nach* der letzten Frage eines jeden Themas hier abgedruckt.

Gebrauchsanleitung

- Es ist unmöglich, in einem Buch 100 Prozent der LPI-Themen bzw. der möglichen Fragen abzudecken, dazu ist LPI zu komplex und das Anforderungsprofil zu hoch. Es *wird* Fragen geben, die hier nicht explizit angesprochen werden.

- Das unabdingbare und von LPI vorausgesetzte Lernen, Üben und Basteln mit Linux soll, will und kann dieses Buch nicht ersetzen, sondern fördern.

- Vergessen Sie (fast) alles, was Sie von automatisierten Setup- und Administrations-Tools der Distributionen kennen. YaST & Co. müssen Sie ebenso wie `mc` bei Seite legen. Sie müssen Konfigurationsdateien editieren und die notwendigen Systemwerkzeuge benutzen!

- LPI hat den Anspruch, distributionsübergreifend zu sein, so dass es eigentlich egal ist, mit welcher Distribution Sie arbeiten. Ein Übungssystem auf Debian-Basis ist zur Vorbereitung aber sehr hilfreich, da Sie dort am ehesten „Linux pur" genießen dürfen (und müssen).

- Besuchen Sie von Zeit zu Zeit die folgende Webseite:

    `http://www.lpibuch.de`

    Dort werden wir Ergänzungen und Korrekturen zum Buch sowie Informationen über Schulungen veröffentlichen und über Foren und Mailinglisten eine Möglichkeit schaffen, um sich mit anderen Prüfungsanwärtern auszutauschen.

Schreiben Sie mir, wie es Ihnen in der Prüfung ergangen ist, welche Fragen und Erklärungen in diesem Buch hilfreich oder weniger hilfreich waren. Ich bin an Ihren Rückmeldungen und damit an einer Verbesserung des Buchs sehr interessiert: `p.heinlein@heinlein-support.de`.

Zu guter Letzt: Viel Glück, viel Spaß und toi, toi, toi!

Teil I
Prüfung 101

101 Thema

Systemarchitektur

1.101.1	Hardware-Einstellungen ermitteln und konfigurieren	S. 26
1.101.2	Das System starten	S. 37
1.101.3	Runlevel wechseln und das System anhalten oder neu starten	S. 41

1 **Wie lautet eine typische I/O-Adresse für eine serielle Schnittstelle?**

[ ] a) 0xd800

[ ] b) 0x220

[ ] c) 3f8

[ ] d) 2e8

[ ] e) 0x3f8

Nein, keine Angst, Sie müssen nicht alle möglichen I/O-Adressen auswendig kennen... Aber Sie sollten wissen, was I/O-Adressen und Interrupts sind, wie sie aussehen und welche Werte sie typischerweise haben; für geläufige Hardware sollte man darüber hinaus die Standardwerte kennen. Vor allem aber sollten Sie wissen, wie und wo Sie diese Informationen finden.

I/O-Adressen sind Speicheradressen, die die Hardware nutzt, um Input/Output-Daten an den Computer zu übergeben. Sie sind stets hexadezimal notiert, beginnen also mit 0x. Schon aus diesem Grund kommen die Antworten c) und d) nicht in Betracht. 0x3f8 und 0x2f8 sind übliche Werte für serielle Schnittstellen. Folglich ist Antwort e) die einzige richtige Wahl!

Ebenfalls wichtig zu wissen: Eine I/O-Adresse kann nicht von mehreren Karten gleichzeitig benutzt werden, denn sie würden sich ja den Speicherbereich gegenseitig überschreiben. Für alte ISA-Karten haben sich die nachfolgenden Werte eingebürgert – es können aber auch andere Adressen konfiguriert werden:

Soundkarte/Soundblaster:	0x220, 0x330
Netzwerkkarten:	0x240, 0x300
Serielle Schnittstellen/Modem:	0x2e8, 0x3e8, 0x2f8, 0x3f8 – Antwort e)

PCI-Karten haben meist weit höher liegende I/O-Adressen, z. B. bei 0xd000.

Interrupts (IRQ = *Interrupt Request*) sind Signalleitungen an die CPU, über die mitgeteilt wird, dass Daten im I/O-Speicherbereich zur Verarbeitung bereit liegen. Es gibt 16 IRQs (0 bis 15), von denen aber einige bereits fest durch Computerhardware belegt sind (z. B. IRQ 1: Tastatur, IRQ 14/15: IDE-Controller). IRQs sollten ursprünglich auch nie doppelt belegt sein, doch die beschränkte Anzahl führte dazu, dass der Hardware die Unterstützung so genannter *Shared Interrupts* „beigebracht" wurde: Ein IRQ wird durch zwei Controller benutzt. Das ist möglich, durchaus üblich und *kann* auch funktionieren, es *kann* allerdings auch Probleme bereiten, wenn sich zwei Controller nicht vertragen. Es kommt also immer auf einen Versuch an. Ist man ohnehin schon auf Fehlersuche, sollte man an diesem Punkt durchaus stutzig werden.

Gängige IRQ-Belegungen sind:

IRQ 0   Timer (Motherboard)
IRQ 1   Tastatur (Motherboard)
IRQ 2   IRQ-Kaskadierung

IRQ 2 ist aus technischen Gründen belegt, um die IRQs 8-15 nutzbar zu machen.

IRQ 3   `/dev/ttyS1` alias COM2 (zweite serielle Schnittstelle)
IRQ 4   `/dev/ttyS0` alias COM1 (erste serielle Schnittstelle)
IRQ 5   `/dev/lp1` alias LPT2 (zweiter Parallelport)

Wichtig: IRQ 5 war als zweiter Parallelport geplant, ist aber häufig frei, denn welcher durchschnittliche Rechner verfügt schon über zwei Parallelports!? Als man ISA-Karten noch manuell konfigurieren musste, wurde er daher gern für Netzwerkkarten oder Soundkarten benutzt. Altes Wissen aus grauer Vorzeit, das LPI aber heute noch erwartet.

IRQ 6   Floppy-Controller
IRQ 7   `/dev/lp0` alias LPT1 (erster Parallelport)
IRQ 8   RTC (Hardware-Uhr Motherboard)
IRQ 9   frei

Häufig liegt auf IRQ 9 die Grafikkarte. Doch IRQ 9 war in der Vergangenheit auf alten Motherboards nicht ganz unproblematisch, da er aus technischen Gründen mit IRQ 2 quasi „parallelgeschaltet" war. Darum wurde IRQ 9 auch oft gemieden. Heute gibt es kaum noch Probleme.

IRQ 10   frei
IRQ 11   frei
IRQ 12   frei (häufig die PS/2-Maus)
IRQ 13   frei
IRQ 14   erster IDE-Controller
IRQ 15   zweiter IDE-Controller

Die richtige Antwort hier: e).

1.101 Systemarchitektur

- Für Informationen über belegte I/O-Adressen und Interrupts steht u. a. das /proc-Dateisystem zur Verfügung. Stöbern Sie einmal dort herum und werfen Sie einen Blick in die Dateien /proc/interrupts und /proc/ioports.

- Wissenswert: Dort sind nur von Treibern angemeldete Adressen aufgeführt! Haben Sie für Ihre Netzwerkkarte noch kein passendes Kernelmodul geladen, so werden deren I/O-Adresse und IRQ auch nicht als belegt aufgeführt.

- Für PCI-Karten bietet sich das Programm lspci an: Über lspci -vv aufgerufen, gibt es detaillierte Informationen über alle PCI-Karten aus, darunter auch Chipsatz, I/O-Adressen, IRQ u. Ä.

- LPI verlangt in den Objectives explizit die Konfiguration interner Peripheriegeräte oder von Tastaturen und meint damit die Einstellungen im BIOS: Serielle und parallele Schnittstellen, Festplattencontroller und die Reihenfolge der Boot-Medien werden dort definiert. Ein Server darf beim Neustart wegen fehlender Tastatur natürlich nicht im Boot-Screen hängen bleiben.

1.101.1 Hardware-Einstellungen ermitteln und konfigurieren [2]

Unter welchem Device-Namen können Sie SATA-Festplatten ansprechen?
(X = Gerätebuchstabe)

[ ] a) /dev/scsiX

[ ] b) /dev/scdX

[ ] c) /dev/srX

[ ] d) /dev/hdsX

[ ] e) /dev/sdX

Hat man früher im Device-Namen zwischen IDE- (/dev/hdX) und SCSI-Fesplatten (/dev/sdX) unterschieden, ging man angesichts der zunehmenden Verbreitung von USB-Sticks, USB-Festplatten und neueren Festplattentypen wir SATA und SAS dazu über, diese ebenfalls über die Gruppe der SCSI-Geräte anzusprechen, auch wenn ein USB-Stick natürlich kein vollwertiges SCSI-Laufwerk ist. Selbst IDE-Festplatten werden in neueren 2.6er Kerneln nicht mehr über /dev/hdX, sondern über /dev/sdX angesprochen. Wir nutzen darum für die erste Partition des USB-Sticks /dev/sda1.

Über *echte* SCSI-Geräte gibt es allerdings deutlich mehr zu sagen, denn man unterscheidet eine Reihe von Device-Dateien für SCSI-Geräte.

Das hat zum einen historische Gründe, da das Device-Konzept einmal geändert wurde und aus Kompatibilitätsgründen alte Devices weiter unterstützt werden sollen, hat aber auch damit zu tun, dass es technisch mehrere Möglichkeiten gibt, auf echte SCSI-Devices zuzugreifen. Und das spiegelt sich eben in verschiedenen Device-Dateien wider.

Üblich für SCSI-Geräte sind:

/dev/scdX
    steht für SCSI-CD/DVD-Laufwerke

/dev/srX
    steht für *SCSI-raw* und ermöglicht einen direkten Zugriff auf das Device; wichtig ist das zum Beispiel für CD-Brenner, denen über das raw-Interface die zu brennenden Daten übermittelt werden können.

/dev/sdXN
    steht für *scsi disc*, also ganz „normale" SCSI-Festplatten (und neuerdings eben auch USB- und SATA-Geräte). Wir haben hier das Gegenstück zum /dev/hdXN der IDE-Festplatten. N ist hier ebenso wie bei

IDE-Platten die Angabe einer Partition, z. B. `/dev/sda3` für die dritte Partition der ersten SCSI-Platte.

`/dev/sgX`
: steht für *SCSI generic* und ist der (veraltete) Vorgänger von `/dev/srX`; über `/dev/sgX` wurden früher SCSI-CD-Brenner o. Ä. angesprochen.

`/dev/stX`
: steht für *SCSI tape*, also Streamer/Bandlaufwerke

`/dev/nstX`
: steht ebenfalls für *SCSI tape*, bei dem jedoch am Ende der Bandoperation nicht zurückgespult wird (n = *norewind*). Die nächste Schreiboperation wird also angehängt.

Also: Antworten b), c) und e) kennzeichnen SCSI-Devices, aber nur Antwort e) wird auch für USB- und SATA-Festplatten herangezogen und ist hier darum richtig.

- Achten Sie auf die Unterscheidung zwischen `/dev/stX` und `/dev/nstX`!

1.101.1 Hardware-Einstellungen ermitteln und konfigurieren [2]

Wie gelangen Sie an Informationen über I/O-Adresse oder IRQs der auf Ihrem System am PCI-Bus installierten Geräte ?

[ ] a) `pci -info`

[ ] b) `lspci -v`

[ ] c) `cat /etc/pci`

[ ] d) `cat /proc/pci.conf`

Kurze Frage, kurze Antwort – diesmal mit der Lösung zu Beginn: Es gibt das Programm `lspci`, und mit dem Aufrufparameter `-v` (oder sogar `-vv`) erhalten Sie detaillierte Angaben über Ihren PCI-Bus und seine Karten (wahrscheinlich mehr als Ihnen lieb sind). Analog dazu existiert übrigens auch `lsusb`, das Informationen über Ihre USB-Geräte liefert. Auch hier ist der Aufrufparameter `-v` möglich.

Doch diese Tools sind nicht der einzige Weg, um an hardwarenahe Informationen des Systems zu gelangen. Der Kernel stellt über virtuelle Dateisysteme ebenfalls einfach auslesbare Textdateien zur Verfügung.

Dazu wurde einst das `/proc`-Dateisystem eingeführt, das Sie sich einmal intensiv angesehen haben sollten. Die Dateien `/proc/ioports` und `/proc/interrupts` geben beispielsweise Auskunft über belegte I/O-Adressen und IRQs des Systems. Es ist jedoch wichtig zu wissen, dass hier nur die Adressen und Interrupts aufgelistet werden, die von einem Modul als belegt registriert wurden. Sie „sehen" hier also in den Kernel, nicht aber direkt auf die Hardware.

Haben Sie zu Ihrer Netzwerkkarte noch gar kein Kernelmodul geladen, werden Sie in `/proc/ioports` und `/proc/interrupts` dazu keine Angaben finden – wohl aber in `/proc/pci` oder über `lspci`, da Sie darüber die Hardware „live" auslesen. Gerade bei der Fehlersuche sind das oft die wichtigeren Daten.

Wenn Sie sich im `/proc`-Verzeichnis umsehen, werden Sie zwar Manches entdecken, es fehlt der Zusammenstellung der zahlreichen Angaben aber an einer überschaubaren Struktur. Mit Kernel 2.6 wurde darum parallel zu `/proc` das ebenfalls virtuelle Dateisystem `/sys` eingeführt. Es bildet prozessrelevante Informationen strukturiert und einheitlich aufbereitet ab, so dass sich damit gut automatisiert arbeiten lässt. Das *Sysfs* ist damit wichtige Grundlage für `udev` und *Hardware Abstraction Layer* (HAL).

LPI verlangt von Ihnen ein „konzeptuelles Verständnis" der verschiedenen Systeme. Fassen wir darum zusammen:

/proc
: eine als virtuelles Dateisystem abgebildete allgemeine Schnittstelle für Informationen des Kernels in Echtzeit; teilweise lassen sich darüber auch Kernel-Parameter in Echtzeit konfigurieren, indem man auf die entsprechende Datei schreibt.

/sys (alias *Sysfs*)
: liefert als virtuelles Dateisystem vorzugsweise prozessrelevante Informationen.

udev
: Daemon im Userspace, der das System auf neue Geräte überwacht (zum Beispiel Drucker oder USB-Stick) und für diese entsprechende Device-Dateien in /dev anlegt. Über die Konfigurationsdateien in /etc/udev kann man festlegen, dass bestimmte Geräte immer denselben Device-Namen erhalten, auch wenn sich beispielsweise die Reihenfolge am USB-Bus geändert hat.

HAL (Hardware Abstraction Layer)
: eine Schnittstelle zwischen Hardware und Anwendungsprogrammen; KDE und Gnome basieren beispielsweise auf HAL, um beim Einstecken verschiedener Hardware darauf abgestimmte Aktionen auszulösen, z. B. Start des Dateimanagers beim Einstecken des USB-Sticks oder Start der Bildbearbeitung beim Einstecken der Digitalkamera.

DBUS
: ermöglicht die Kommunikation verschiedener Programme untereinander; es wurde einst im Rahmen der Entwicklung von KDE 2 vorangetrieben, damit verschiedene Komponenten gemeinsam und einheitlich nach außen agieren. Über DBUS sind auch Anwendungsprogramme mit HAL verbunden, damit diese an die HAL-Informationen gelangen.

LPI erwartet grundlegende Kenntnisse über die verschiedenen Dateien in /proc und /sys, so dass Sie sich hier genauer umschauen sollten.

Gehen wir darum zurück zur Frage: Möglich wäre vielleicht d), die Datei /proc/pci.conf. Gibt es diese überhaupt, und was steht darin? Schauen Sie nach und stellen Sie fest: Es gibt sie nicht. Vorsicht: Es gibt aber ein /proc/pci (also ohne .conf). In /proc/pci stehen tatsächlich nützliche Informationen zu IO-Adressen und IRQs Ihres Systems – analog dazu gibt es die Hierarchie /sys/bus/pci.

Also: Antwort b) ist richtig, die Antworten a), c) und d) sind falsch. Denken Sie jedoch daran, dass d) nur „knapp daneben" lag.

- Ein Tipp aus eigener leidvoller Erfahrung: Schauen Sie sich *unbedingt* die im Verlauf des Buches genannten Programme und vor allem auch die Dateien aus `/proc` und `/sys` an! Sie müssen sie einmal mit `less` gelesen oder sonst irgendwie „in der Hand gehabt" haben, andernfalls werden Sie im Prüfungsstress nur zu leicht Erinnerungsschwierigkeiten haben, wie die jeweilige Datei denn nun *genau* hieß. LPI fragt (leider) noch sehr häufig nach einem exakten Dateinamen, und wenn erst einmal fünf sehr ähnliche Varianten zur Auswahl stehen, kommt schnell Unsicherheit auf.

1.101 Systemarchitektur

4 Sie haben neue Hardware installiert und möchten die dafür passenden Kernel-Module laden. Mit welchem Programm laden Sie ein Modul mit allen ggf. weiteren benötigten Abhängigkeiten?

[ ] a) depmod

[ ] b) insmod

[ ] c) modprobe

[ ] d) lsmod

[ ] e) rmmod

5 Geben Sie den Programmnamen an, mit dem Sie Informationen über Aufrufparameter u. Ä. über ein Modul ermitteln können.

_____

_____

Ein Linux/Unix-Kernel kann *statisch* (*monolithisch*) aufgebaut sein oder *modular*. Letzteres ist meist der Fall, denn das hat den Vorteil, dass er recht klein bleibt und nur bei Bedarf weitere Funktionen per Modul nachlädt. Beinahe alle Distributionen setzen modulare Kernel ein, um möglichst „allroundfähige", aber nicht zu große Kernel mitzuliefern.

In /etc/modules.conf (bei älteren Systemen auch /etc/conf.modules) finden Sie Einstellungen rund um die Kernelmodule. Da Kernelmodule oft auch spezielle Hardware ansprechen, sind dort auch Aufrufparameter wie I/O-Adressen, Interrupts o. Ä. definiert, damit das Modul die Hardware tatsächlich findet.

Lassen Sie sich diese Datei einmal anzeigen und vollziehen Sie zwei Dinge nach:

Über einen `alias` lassen sich spezielle Module auch unter einem generischen Namen ansprechen:

```
alias eth0 ne
```

Dieser Eintrag sorgt dafür, dass wir das Modul `ne.o` (ein Treiber für NE2000-kompatible Netzwerkkarten) immer auch universell unter dem Namen eth0

n nicht mehr darum kümmern
u im Rechner steckt. Mit `insmod`
Netzwerkkartentreiber laden und

=5,7

ezielle Parameter mitgeben, z. B.
erste hat die I/O-Adresse 0x300
0x320 und den IRQ 7. Norma-
dig, da die Module „ihre" Hard-
doppelt vorhandener Hardware
be der Parameter manchmal je-

ogramme dienen der Modulver-

`lsmod`
> listet die aktuell geladenen Module auf

```
user@linux:~$ lsmod
Module               Size  Used by    Not tainted
ipv6               123424  -1  (autoclean)
isa-pnp             27816   0  (unused)
printer              5440   0
8139too             13504   1
mii                  1040   0  [8139too]
nls_iso8859-1        2880   1  (autoclean)
ntfs                49184   1  (autoclean)
ext3                60160   0
jbd                 42196   0  [ext3]
```

`insmod <filename>` und `rmmod <modulname>`
> Diese Programme laden Module bzw. entfernen sie wieder; beim Laden können auch Parameter übergeben werden, z. B. um bestimmte Einstellungen zu testen.
>
> Ein wichtiger Aufrufparameter von `insmod` ist `-k` (*autoclean*): Er entfernt das Modul aus dem Speicher, wenn es nicht mehr benötigt wird. Das explizite Entfernen von Modulen ist normalerweise nicht notwendig: Sofern sie das Flag `autoclean` tragen, kümmert sich der Kernel selbst darum.
>
> Beim Parameter `-p` (*probe*) testet `insmod`, ob ein Laden des Moduls erfolgreich wäre.

`modprobe <modulname>`
: geht einen Schritt weiter als `insmod`: Es prüft zudem die Abhängigkeiten, also ob ein Modul weitere Module benötigt, und lädt diese ggf. hinzu. In der obigen `lsmod`-Ausgabe sehen wir, dass `jbd` z. B. das Modul `ext3` voraussetzt. Außerdem benötigt `modprobe` nur den Modulnamen, während `insmod` die vollständige Pfadangabe benötigt.

`depmod`
: baut die Datei `/lib/modules/<kernelversion>/modules.dep` auf; darin ist verzeichnet, welche Module untereinander in Abhängigkeit stehen und in welchem Pfad diese Module liegen – denn üblicherweise werden Module ja nur über den Namen geladen! Nach der Installation eines neuen Kernels oder der nachträglichen Installation einzelner Module sollte man den Aufruf von `depmod` nicht vergessen!

`modinfo`
: sollte zu jedem Modul nicht nur Informationen über Autor und Lizenz, sondern auch über Aufrufparameter ausgeben; leider machen einige Programmierer hier nur sehr unvollständige Angaben. Wenn Sie ein recht unbekanntes Modul benutzen und keine vorbereiteten Parameter in `/etc/modules.conf` finden, können Sie über `modinfo` herauszufinden versuchen, welche Parameter das Modul wohl verträgt.

```
linux:~ # modinfo ne
filename:    /lib/modules/2.4.18-4GB/kernel/drivers/net/ne.o
description: <none>
author:      <none>
license:     "GPL"
parm:        io int array (min = 1, max = 4), description "NEx000
I/O base address(es),required"
parm:        irq int array (min = 1, max = 4), description "NEx000
IRQ number(s)"
parm:        bad int array (min = 1, max = 4), description "NEx000
accept bad clone(s)"
```

Richtig ist also Antwort c) (`modprobe`), und in das Feld wäre `modinfo` einzutragen.

- Der Kernel kann in den meisten Fällen auch selbstständig benötigte Module nachladen. Früher lief dazu das Programm `kerneld`, heutige Kernelversionen haben dazu einen `kmod`, der diese Aufgabe übernimmt.

1.101.2 Das System starten [3]

Welche Aussagen sind wahr? Geben Sie alle zutreffenden Antworten an.

[ ] a) Der Boot-Loader der Festplatte wird über das Rechner-BIOS gestartet.

[ ] b) Das Rechner-BIOS startet den Linux-Kernel.

[ ] c) Der Linux-Kernel startet `init`.

[ ] d) `init` startet den Linux-Kernel.

[ ] e) `initrd` ist ein Daemon, der den Boot-Prozess steuert.

Vom Einschalten des Rechners bis zum Login-Prompt durchläuft das System im Rahmen des Boot-Vorgangs verschiedene Stufen, deren Bedeutung und Reihenfolge Sie kennen müssen.

1. Nach dem Einschalten initialisiert sich das BIOS, quasi die Firmware des Motherboards. Entsprechend den dort vorgenommenen Einstellungen werden das Boot-Medium bestimmt und der dort gespeicherte *Master Boot Record* (MBR) gesucht und geladen.

2. Im MBR befindet sich ein Boot-Loader wie beispielsweise LILO, GRUB oder das Pendant eines anderen Betriebssystems. Dieser greift auf verschiedene Partitionen (mit weiteren Boot-Records) zu, um die dort installierten Betriebssysteme auszuwählen und zu booten. Der Boot-Loader ist es also, der den Linux-Kernel startet und ihm ggf. diverse Kernel-Parameter und Boot-Optionen übergibt.

3. Oft kommt an dieser Stelle eine Ramdisk namens `initrd` zum Einsatz, auf die der Kernel zunächst zugreift. Sie stellt einige wichtige Kernelmodule bereit, die der Kernel bei Bedarf nachlädt, etwa für die Unterstützung eines bestimmten RAID-Controllers oder eines Dateisystems.

4. Hat sich der Kernel initialisiert, wird das Programm `init` gestartet. Es ist sozusagen das „Programm Null", Adam und Eva unserer Prozessliste, denn `init` wählt gemäß den Einstellungen in `/etc/inittab` den Runlevel aus und startet die dafür notwendigen Skripte. Alle später gestarteten Programme stammen somit direkt von `init` ab, wie das Kommando `pstree` anschaulich zeigt.

Richtig sind demnach die Aussagen a) und c).

7 Beim Booten Ihres Systems haben Sie aus dem Augenwinkel heraus eine Fehlermeldung über den Festplattencontroller gelesen. Dennoch finden Sie nach erfolgtem Systemstart keine passenden Logeinträge in `/var/log/messages`. Warum nicht?

[ ] a) Meldungen über Festplattencontroller werden grundsätzlich nicht in die Datei `/var/log/messages` geloggt.

[ ] b) Zu diesem Zeitpunkt war der `syslogd` noch nicht aktiv. Die Logmeldungen sind aber im RAM gespeichert und lassen sich mittels `dmesg` abrufen.

[ ] c) Boot-Meldungen können grundsätzlich nicht geloggt werden.

[ ] d) Der Fehler in der Controllerkonfiguration wurde vom Kernel bereits behoben.

Selbstheilende Linux-Kernel – das fehlt uns wohl noch zum Glück ... Ganz soweit sind wir allerdings noch nicht. Auch Meldungen des Festplattencontrollers würden in `/var/log/messages` geloggt (wo auch sonst?!), sofern nicht `/etc/syslog.conf` völlig unüblich (um)konfiguriert wurde.

Antwort b) ist richtig und mit ein wenig Nachdenken auch leicht nachvollziehbar, denn wie sollte der Linux-Rechner loggen, wenn er zum fraglichen Zeitpunkt noch gar kein beschreibbares Dateisystem gemountet hat?

Machen Sie sich den Boot-Vorgang klar:

LILO (oder ein anderer Boot-Loader) lädt den Kernel, also unser Linux. Auch wenn dabei ggf. über `initrd` eine Ramdisk installiert wird, die den Boot-Vorgang beschleunigt und dem Kernel ermöglicht, bereits vor der Verfügbarkeit der Festplatte bestimmte Kernelmodule hinzuzuladen, verfügt das System zu diesem Zeitpunkt noch über kein beschreibbares Dateisystem auf der Festplatte, wo irgendetwas protokolliert werden könnte.

Erst wenn der Kernel den Rechner soweit initialisiert hat, dass Festplattencontroller, Partitionen und Dateisysteme erkannt sind, werden die Partitionen gemäß `/etc/fstab` gemountet und Systemdienste wie der `syslogd` gestartet. In den Boot-Meldungen ist das meist deutlich zu erkennen bzw. nachzulesen.

Das bedeutet aber, dass die ersten Sekunden gar nicht auf der Festplatte geloggt werden können. Wichtige Infos zur Fehlerbehebung könnten verloren gehen. Darum speichert der Kernel diese Logmeldungen im Arbeitsspeicher zwischen. Das Programm `dmesg` (*dump messages*) kann diese dort auslesen und anzeigen. Neuere Distributionen verfügen über ein

Startskript, in dem das Programm dmesg aufgerufen und der Output nach /var/log/boot.log geschrieben wird. Das geschieht aber nachträglich und ändert nichts daran, dass der Kernel in dem frühen Boot-Stadium an keine Logdatei herankommt.

- Wie heißt das Programm exakt? dmsg oder dmesg? Achten Sie auf die Schreibweise!

8   **Welche Parameter müssen Sie am Boot-Prompt von LILO angeben, um das Kernel-Image** `linux` **ohne ACPI und mit einem IDE-CD-Brenner an** `/dev/hdc` **zu starten?**

[ ]   a) `linux acpi=off idescsi=/dev/hdc`

[ ]   b) `acpi,no idescsi,/dev/hdc`

[ ]   c) `linux acpi=no,idecdrom=/dev/hdc`

[ ]   d) `linux set acpi=no,idescsi=/dev/hdc1`

[ ]   e) `acpi=no idescsi=/dev/hdc1`

Antworten b) und e) müssen wir unmittelbar ausschließen, da zunächst einmal das Image zu benennen ist, das gebootet werden soll; meist sind ja mehrere Einträge im Boot-Menü vorhanden. Es bleiben also a), c) oder d), denn nur dort wird das Image `linux` angegeben. Booten Sie einmal Ihren Rechner und schauen Sie sich die Angaben am Boot-Prompt an, wenn Sie verschiedene Einträge auswählen!

Das `set` aus Antwort d) erinnert zwar sehr daran, wie Variablen in der Bash gesetzt werden (Frage 27, Seite 83), aber hier geht es um schlichte Aufrufparameter, die eben kein `set` benötigen.

Lassen wir zunächst unberücksichtigt, ob der richtige Kernel-Parameter nun `idescsi` oder `idecdrom` heißt, dann bleibt die Frage, ob zwischen die verschiedenen Parameter ein Komma gehört (c)) oder ein Leerzeichen (a)). Kommata in Parametern sind ja durchaus möglich – denken Sie an Frage 5 (Seite 34) über die Einträge in `/etc/conf.modules` am Beispiel des Moduls `ne.o`.

Aber dort ging es darum, *einem* Parameter mehrere Werte zuzuweisen (`irq=5,7`). Hier geht es darum, *mehrere* Parameter nacheinander mit jeweils einem Wert anzugeben – und hier wird üblicherweise mit Leerzeichen getrennt. Würde ein Komma dazwischen stehen, so wäre dies so zu interpretieren, dass `acpi` die Werte no *und* `idecdrom` bekommt – das aber ergäbe einen Syntaxfehler, da noch das zweite Gleichheitszeichen folgt. Woher sollte Linux wissen, dass `idecdrom` keinen Wert für den ersten Parameter `acpi` darstellt?

Das *kann* es nicht wissen, und darum hier Antwort a): Mehrere Parameter werden mit Leerzeichen voneinander getrennt! Nur wenn einem Parameter mehrere Werte zu übergeben sind, werden Kommata benötigt.

1.101.3 Runlevel wechseln und das System anhalten oder neu starten [3]

In welcher Datei tragen Sie den Default-Runlevel ein? Geben Sie den kompletten Pfad an.

_____

_____

Das Programm `init` steuert den Start des Rechners und ist damit Vater aller Prozesse – lassen Sie sich einmal mit `pstree` einen hierarchischen Prozessbaum anzeigen. `/etc/inittab` ist die wichtigste Konfigurationsdatei und darum hier die passende Antwort.

Sie sollten die Syntax der `inittab` kennen (`man inittab`) und wissen:

- Die ID (erste Spalte) muss eindeutig sein, während die zweite Spalte den Runlevel angibt, für den dieser Eintrag gilt (meist 2345).

- Die `inittab` enthält die Festlegung des Default-Runlevels:

```
linux:~ # less /etc/inittab
[...]
# The default runlevel is defined here
id:5:initdefault:
[...]
```

- In der `inittab` ist auch definiert, was in bestimmten „Ausnahmesituationen" geschehen soll, z. B. wenn eine angeschlossene USV einen Stromausfall signalisiert oder (Strg)+(Alt)+(Del) gedrückt wird:

```
[...]
# what to do when CTRL-ALT-DEL is pressed
ca::ctrlaltdel:/sbin/shutdown -r -t 4 now

# what to do when power fails/returns
pf::powerwait:/etc/init.d/powerfail start
pn::powerfailnow:/etc/init.d/powerfail now
#pn::powerfail:/etc/init.d/powerfail now
po::powerokwait:/etc/init.d/powerfail stop
[...]
```

- Und es wird festgelegt, wie viele Login-Shells gestartet werden und in welchem Runlevel. Per Default sind das üblicherweise sechs Shells (und auf der siebten startet ggf. X):

```
[...]
# getty-programs for the normal runlevels
# <id>:<runlevels>:<action>:<process>
# The "id" field  MUST be the same as the last
# characters of the device (after "tty").
1:2345:respawn:/sbin/mingetty --noclear tty1
2:2345:respawn:/sbin/mingetty tty2
3:2345:respawn:/sbin/mingetty tty3
4:2345:respawn:/sbin/mingetty tty4
5:2345:respawn:/sbin/mingetty tty5
6:2345:respawn:/sbin/mingetty tty6
#
[...]
```

Sie können jedoch auch noch weitere ergänzen: Ich persönlich finde es recht praktisch, zusätzlich Shells Nr. 13 bis 18 (!) zu definieren, diese sind dann über (AltGr)+(F1) (statt (Alt)+(F1)) abrufbar. So trenne ich zwischen „gefährlichen" Shell-Sitzungen auf den AltGr-Screens (z. B. remote root Login per SSH auf einen Server) und lokalen Shells (des Desktop).

```
[...]
6:2345:respawn:/sbin/mingetty tty6
13:2345:respawn:/sbin/mingetty tty13
14:2345:respawn:/sbin/mingetty tty14
15:2345:respawn:/sbin/mingetty tty15
16:2345:respawn:/sbin/mingetty tty16
[...]
```

1.101.3 Runlevel wechseln und das System anhalten oder neu starten [3]

10

Wie wechseln Sie von Runlevel 5 in Runlevel 2, ohne den Rechner neu zu starten?

[ ] a) run 2

[ ] b) ALT-F5 ALT-F2

[ ] c) change 2

[ ] d) telinit 2

[ ] e) setinit 2

Alt + F5 Alt + F2 – wer diese Antwort ernsthaft in Betracht zieht, hat noch nie vor einem Linux-Rechner gesessen. Mehr als ein Grinsen dürfen Sie dafür nicht übrig haben.

Aber der Rest? Für „SUSEaner" ist diese Frage gar nicht so leicht zu beantworten, denn sie arbeiten üblicherweise einfach mit `init 2` – doch von `init` ist in den Antworten keine Spur.

Das Programm `run` existiert, doch in Zusammenhang mit Linux-Clustern, also Rechnerverbünden mit parallel arbeitenden Linux-Rechnern – hat mit der Frage also nichts zu tun.

Richtig ist hier tatsächlich `telinit`, was man ggf. nach dem Ausschlussverfahren hätte ermitteln müssen. `telinit` war ursprünglich dazu gedacht, an das eigentliche `init` ein Signal zum Runlevelwechsel zu senden (*tell init*). De facto ist es heute aber identisch mit `init` und in vielen Distributionen ein einfacher Symlink:

```
linux:~ # dir /sbin/*init
-rwxr-xr-x   1 root     root     441116 Mär 23 19:59 /sbin/init
lrwxrwxrwx   1 root     root          4 Mai 25 18:31 /sbin/telinit -> init
linux: #
```

Welche Runlevel es gibt, steht auch in `/etc/inittab`. Sie sind allerdings je nach Distribution unterschiedlich. Hier die Runlevel einer SUSE:

```
# runlevel 0  is  System halt   (Do not use this for initdefault!)
# runlevel 1  is  Single user mode
# runlevel 2  is  Local multiuser without remote network (e.g. NFS)
# runlevel 3  is  Full multiuser with network
# runlevel 4  is  Not used
# runlevel 5  is  Full multiuser with network and xdm
# runlevel 6  is  System reboot (Do not use this for initdefault!)
```

11

Sie möchten in 10 Minuten das System zu Wartungszwecken abschalten. Mit welchem Befehl führen Sie das am besten durch?

[ ] a) `init 0`

[ ] b) `sleep 10m && halt`

[ ] c) `init 0 --wait 10m`

[ ] d) `shutdown -h +10`

[ ] e) `halt --after 10`

Viele Wege führen zum Reboot oder endgültigen Halt des Systems. Was bei nur einem Benutzer noch recht einfach ist – ein als `root` eingegebenes `reboot` oder `halt` genügt –, ist im Mehrbenutzerbetrieb nicht praktikabel: Andere Nutzer haben vielleicht Dateien geöffnet und sitzen gerade an der Arbeit.

Zu einem ordentlichen Shutdown des Systems gehört auch die rechtzeitige Warnung der Nutzer, damit diese ihre Arbeiten beenden und vor allem speichern können.

Ein `init 0` führt zwar definitiv zum Halt des Systems, bietet aber keinerlei Vorwarnzeit. Ein `sleep 10m && halt` würde zwar der Anforderung gerecht, dass das System erst in 10 Minuten gestoppt wird, aber auch hier werden die Nutzer nicht darauf vorbereitet. a) und b) würden also einen Halt auslösen, der Aufgabenstellung aber nicht gerecht werden.

Die Aufrufparameter von c) und e) gibt es nicht, die Befehle können also nicht funktionieren.

Es bleibt d) – und `shutdown` erfüllt seine Aufgabe optimal. Schon mit dem Start des Programms werden

- alle Nutzer durch eine Meldung in ihrer Shell gewarnt

- neue Logins der Nutzer mit Hinweis auf den bevorstehenden Shutdown verhindert

Nach der angegebenen Zeitspanne in Minuten, die tatsächlich im Format +10 übergeben wird, kümmert sich `shutdown` um ein möglichst verträgliches Ende.

1.101.3 Runlevel wechseln und das System anhalten oder neu starten [3]

Hier noch einige Fakten zu `shutdown`:

- Ein `shutdown -h` führt einen Halt, ein `shutdown -r` einen Reboot durch.

- Es ist möglich, statt der Angabe `+<Minuten>` eine Uhrzeit in der Form `HH:MM` anzugeben; das Schlüsselwort `now` ist gleichbedeutend mit Null Sekunden (`shutdown -h now`).

- Sie können einen eigenen Text mit auf den Weg geben, der den Nutzern angezeigt wird: `shutdown -h now Schluss für heute!`

- Steht im Aufruf `-k`, wird zwar die Warnung an alle Nutzer verschickt, aber Reboot oder Halt werden nicht durchgeführt! – Wofür steht eigentlich `-k` – vielleicht für „kidding"? ...

- Einen bereits aktivierten Shutdown können Sie durch `shutdown -c` wieder stoppen.

- Wie immer gilt: Man-Page lesen und ausprobieren!

Thema 101: Systemarchitektur

101.1 Hardware-Einstellungen ermitteln und konfigurieren

Gewichtung: 2
Beschreibung: Kandidaten sollten in der Lage sein, die wesentliche Hardware eines Systems zu bestimmen und zu konfigurieren.

Wichtigste Wissensgebiete:
- Integrierte Peripheriegeräte aktivieren und deaktivieren
- Systeme mit oder ohne externe Peripheriegeräte wie Tastaturen konfigurieren
- Die verschiedenen Arten von Massenspeicher unterscheiden
- Die korrekte Hardwarekennung für verschiedene Geräte einstellen, vor allem das Gerät, von dem das System gestartet wird
- Die Unterschiede zwischen Coldplug- und Hotplug-Geräten kennen
- Hardwareressourcen für Geräte ermitteln
- Werkzeuge und Hilfsprogramme, um verschiedene Hardware-Informationen aufzulisten (z. B. lsusb, lspci usw.)
- Werkzeuge und Hilfsprogramme, um USB-Geräte zu manipulieren
- Konzeptuelles Verständnis von sysfs, udev, hald, dbus

Liste wichtiger Dateien, Verzeichnisse und Anwendungen:
`/sys`
`/proc`
`/dev`
Hotplug-Konfigurationsdateien, -begriffe und -Hilfsprogramme
`modprobe`
`lsmod`
`lspci`
`lsusb`

101.2 Das System starten

Gewichtung: 3
Beschreibung: Kandidaten sollten in der Lage sein, das System durch den Startvorgang zu geleiten.

Wichtigste Wissensgebiete:
- Zur Startzeit dem Bootlader gängige Kommandos und dem Systemkern Optionen übergeben
- Wissen über den Startvorgang vom BIOS zum Abschluss des Systemstarts demonstrieren
- Ereignisse beim Systemstart in den Protokolldateien nachschlagen

Liste wichtiger Dateien, Verzeichnisse und Anwendungen:
/var/log/messages
dmesg
BIOS
Bootlader
Systemkern
init

101.3 Runlevel wechseln und das System anhalten oder neu starten

Gewichtung: 3

Beschreibung: Kandidaten sollten in der Lage sein, den Runlevel des Systems zu verwalten. Dieses Prüfungsziel umfasst das Wechseln in den Einbenutzermodus, das Anhalten und den Neustart des Systems. Kandidaten sollten in der Lage sein, Benutzer vor einem Wechsel des Runlevels zu benachrichtigen und Prozesse korrekt anzuhalten. Dieses Prüfungsziel umfasst ferner das Einstellen des Standard-Runlevels.

Wichtigste Wissensgebiete:
- Den Standard-Runlevel setzen
- Zwischen Runlevels wechseln, einschließlich dem Einbenutzermodus
- Systemhalt und Neustart von der Kommandozeile
- Benutzer vor einem Runlevel-Wechsel oder anderem größerem Ereignis benachrichtigen
- Prozesse korrekt beenden

Liste wichtiger Dateien, Verzeichnisse und Anwendungen:
/etc/inittab
shutdown
init
/etc/init.d
telinit

102 Thema

Linux-Installation und -Paketverwaltung

1.102.1	Festplattenaufteilung planen	S. 50
1.102.2	Einen Boot-Manager installieren	S. 56
1.102.3	Shared Libraries verwalten	S. 61
1.102.4	Debian-Paketverwaltung verwenden	S. 65
1.102.5	RPM- und YUM-Paketverwaltung verwenden	S. 70

12

Sie möchten Ihr System auf verschiedene Partitionen aufteilen. Was wäre eine sinnvolle Aufteilung?

[ ] a) Drei Partitionen: `/`, `/etc` und `/usr`

[ ] b) Vier Partitionen: `/`, `/tmp`, `/sbin` und `/usr`

[ ] c) Vier Partitionen: `/`, `/boot`, `/home` und `/var`

[ ] d) Drei Partitionen: `/`, `/bin`, `/home`

Bei bestimmten Systemen kommen Sie um eine Partitionierung nicht herum, z. B. wenn Sie eine alte Version des Bootmanagers LILO einsetzen und den Kernel auf einer `/boot`-Partition platzieren müssen, so dass er unterhalb der 1024-Zylinder-Grenze liegt.

Allerdings können Sie nicht jedes Verzeichnis auf eine eigene Partition legen. Das sollte man wissen, schließlich ist das auch der Grund für die Verzeichnisse `/bin`, `/lib` und `/sbin`. Haben Sie sich schon einmal gefragt, warum sie existieren, obwohl es doch auch `/usr/bin`, `/usr/sbin` und `/var/lib` gibt?

Um eine Partition zu mounten, benötigen wir beispielsweise die Programme `mount` oder auch `fsck`. Wie sollten wir aber `/usr` (und damit auch `/usr/bin`) einbinden, wenn das Programm `mount` unter `/usr/bin/mount` läge?

Daher liegen wichtige Programme, die schon beim Systemstart oder auch in einem Rescue-Modus verfügbar sein müssen, separat. Und selbstredend können wir `/bin`, `/sbin` oder `/lib` deshalb *nicht* auf eine eigene Partition legen. Antworten b) und d) scheiden damit schon einmal aus. Aus denselben Gründen muss auch `/etc` immer auf der Root-Partition liegen: Wie sollte `/etc/fstab` ausgelesen werden, um herauszufinden, wo `/etc` zu mounten ist? Auch a) kann nicht funktionieren.

Es bleibt c) als einzig mögliche Variante – und sie ist auch sinnvoll: `/boot` kommt auf die erste Partition, um jeglichen Problemen mit einer 1024-Zylinder-Grenze aus dem Weg zu gehen (auch wenn neuere LILO-Versionen und Grub damit keine Probleme mehr haben sollten). Auch die `/home`-Verzeichnisse liegen auf einer eigenen Partition; so können wir verhindern, dass Nutzer durch ihre privaten Dateien unsere Root-Partition des Servers volllaufen lassen. Zudem können wir dann von `mount`-Optionen wie `nodev`, `noexec` oder `nosuid` Gebrauch machen, um das System zu härten.

Auch `/var` kann man aus den genannten Sicherheitsüberlegungen auf eine separate Partition legen, muss man aber nicht. Im Einzelfall entscheidet das

Aufwand-Nutzen-Verhältnis. Wer noch weiter gehen will, könnte übrigens auch `/usr` eine eigene Partition geben (zum Beispiel `readonly`), ebenso wie `/tmp`, damit wiederum normale Nutzer nicht die Root-Ebene des Servers fluten. Weitere Aufteilung ist denkbar, und es gibt sicherlich Gründe, die dafür sprechen, allerdings muss man sich natürlich stets die Frage nach dem Verhältnis zwischen Aufwand, Folgeproblemen und Nutzen stellen.

- Sie sollten genau wissen, welche Verzeichnisse auf separate Partionen gelegt werden können und – wichtiger – welche Verzeichnisse auf der Root-Partition liegen müssen!

13 Mit welchem Kommando können Sie eine Swap-Partition formatieren?

[ ] a) `mkswap /dev/hda2`

[ ] b) `activeswap /dev/hda2`

[ ] c) `swapon /dev/hda2`

[ ] d) `initswap /dev/hda2`

[ ] e) `mkfs -t swap /dev/hda2`

Was eine Swap-Partition ist, muss bekannt sein. Ausdrücklich hingewiesen sei allerdings auf die Tatsache, dass es sich um eine Swap-*Partition* handelt! Vielleicht kennen Sie das Pendant aus der Windows-Welt, dort ist es allerdings eine Auslagerungs*datei*.

Swap-Space auf einer Partition einzurichten ist zwar ein wenig aufwändiger – immerhin muss man bereits beim Partitionieren daran denken, Platz dafür reservieren und sich auch entsprechend festlegen. Aber der Zugriff direkt auf die Partition ist für Linux erheblich schneller, und darauf kommt es beim „virtuellen Arbeitsspeicher" ja auch an.

Also müssen wir die mit `fdisk` erstellte Partition anschließend „formatieren", ebenso wie eine normale ext2-/ext3-/ReiserFS-Partition. Letzteres geschieht üblicherweise mit dem Programm `mkfs`. Der Verdacht liegt also nahe, dass es tatsächlich ein `mkfs -t swap` gibt – aber das ist leider nicht der Fall.

`initswap` und `activeswap` existieren leider auch nicht. Anders `swapon`, das existiert zwar, dient aber dazu, eine fertige Swap-Partition zu „mounten", also als zusätzlichen Arbeitsspeicher dann auch tatsächlich einzubinden und zu nutzen. Übrigens: Mit `swapoff` können Sie die Swap-Partition dann wieder deaktivieren.

Richtig ist hier deshalb a), das Programm `mkswap`.

Soweit, so gut. Aber was, wenn die Einrichtung einer separaten Partition vergessen wurde? Oder wenn Sie weiteren Swap-Platz benötigen und die Partition zu klein geplant wurde? Ist am Ende gar eine Neupartitionierung der Festplatte notwendig?

Mitnichten. Vielleicht kennen Sie den Ausspruch: „Unter Unix ist alles eine Datei." Zwischen der Angabe einer Device-Datei wie `/dev/hda6` als Swap-Partition oder der Angabe einer „echten" Datei wie `/var/swap` besteht also zunächst einmal kein großer Unterschied.

1.102.1 Festplattenaufteilung planen [2]

Wir können eine entsprechende Datei anlegen, z. B. mit 128 MByte Größe; dazu eignet sich das Programm dd. Auch können wir diese mit mkswap „formatieren", denn ob mkswap nun /dev/hda6 oder /var/swap formatiert, spielt ebenfalls keine Rolle. Anschließend können wir diese Datei auch mit swapon als Swap-Space einbinden.

Swap-Space in einer solchen Datei ist problemlos möglich, hat aber gewisse Nachteile, denn dem Zugriff auf diese Datei geht natürlich ein Zugriff über das normale Dateisystem voraus. Es kostet also etwas Zeit und Performance. Eine Swap-Partition wird im Zweifel immer schneller als eine solche Swap-Datei sein. Ein weiteres Performance-Problem besteht darin, dass eine solche Swap-Datei ggf. fragmentiert ist, also nicht in einem Block an einer Stelle der Festplatte liegt. Das bedingt zusätzliche Bewegungen des Lesekopfes, die Zeit kosten. Andererseits beugt Unix/Linux einer Fragmentierung vor, so dass dies kein allzu großes Problem bedeutet. Aber gute Performance entsteht nun einmal selten durch Kompromisse.

Hier ein Listing mit den notwendigen Arbeitsschritten:

```
linux:~ # dd if=/dev/zero of=/var/swap bs=1024k count=128
linux:~ # chmod 600 /var/swap
linux:~ # mkswap /var/swap
linux:~ # swapon /var/swap
```

Am Ende können Sie übrigens in der Datei /proc/swaps Ihren Erfolg überprüfen.

Also: Swap-Space in einer Datei anzulegen, die wir einfach als Partition formatieren und betrachten, ist möglich, aber im Zweifel wegen der geringeren Performance nicht empfehlenswert.

- Welche Partitions-IDs haben eigentlich Swap-, vfat- und ext2-/ext3-Partitionen? Schauen Sie sich mit Hilfe des Programms fdisk die Liste der geläufigsten IDs an!

14

Bei der Konzeption des *Filesystem Hierarchy Standard* (FHS) ging man von vier verschiedenen Dateiarten aus:

„static files" oder
„variable files" sowie

_____ files oder

un_____ files.

Ich gebe zu, als Lückenfrage nicht ganz einfach. Aber wenn Sie sich ein wenig mit den Ursprüngen des Dateisystems beschäftigt haben, sollten Sie auf die Antwort kommen.

Wissen Sie etwas über den *Filesystem Hierarchy Standard* (FHS)? Kennen Sie die Ursprünge der Verzeichnisse /usr, /var oder /etc?

Zwei Ideen liegen alldem zugrunde: Zum einen gibt es „statische" Dateien, die sich im normalen Arbeitsalltag auf einem Server nicht ändern. Namentlich sind das z. B. Systemprogramme und Bibliotheken. Typischerweise das, was wir unter /usr finden.

Demgegenüber stehen „variable" Dateien, also solche, die sich durchaus häufig ändern. Das sind zum Beispiel MySQL-Datenbanken, das Spool-Directory eines Mailservers oder des Drucksystems – also eben das, was unter /var liegt (daher auch der Name).

Darüber hinaus gibt es noch „shareable" und „unshareable files". „Shareable" – übersetzt etwa „gemeinsam benutzbar" – sind eben die vielen Dateien, die auf verschiedensten Rechnern i. d. R. identisch sind (beispielsweise die Programme in /usr/bin) und die daher einmal zentral vorrätig gehalten und gepflegt werden können, um sie nur über das Netzwerk an die Hosts zu verteilen.

Andererseits gibt es auch Dateien, die unshareable, also Host-spezifisch sind – Paradebeispiel: die Dateien im /etc-Verzeichnis.

Static/variable und shareable/unshareable schließen sich nicht gegenseitig aus, sie resultieren letztlich aus zwei unterschiedlichen Betrachtungsweisen von Dateien. Entsprechend gibt es „static shareable" Dateien (/usr/bin) ebenso wie „static unshareable" Dateien (eben /etc). Und es gibt auch „variable shareable" Dateien (/home) ebenso wie „variable unshareable" Dateien (/var/run).

Mit dieser Unterscheidung verbunden ist übrigens das Verfahren, dass wir ganze Teile unseres Dateisystems *readonly* mounten können. So können wir Angreifern das Leben schwer machen und uns zugleich vor eigenen Fehlern schützen. Es bietet sich zum Beispiel an, /usr auf eine eigene Partition zu legen und *readonly* zu mounten. Vor Updates oder der Installation neuer Programme lässt sich die Partition ja rasch als beschreibbar remounten. Andererseits wäre es natürlich fatal, /var auf *readonly* zu setzen...

Übrigens ist dies auch der Grund, warum es die Verzeichnisse /bin, /sbin und /lib gibt, obwohl doch auch /usr/bin, /usr/sbin und /var/lib existieren. Wir müssen hier auf root-Ebene des Dateisystems die wichtigsten zum Systemstart notwendigen Programme wie zum Beispiel mount oder fsck vorhalten. Wie nämlich sollte die /usr-Partition gemountet werden, wenn das Programm mount in /usr/bin läge?!

- Übrigens: Das Verzeichnis /usr wird gerne mit „users" o. Ä. übersetzt, steht in Wirklichkeit aber für „Unix system resources".

15

In welchen Fällen müssen Sie LILO neu installieren? Geben Sie alle zutreffenden Antworten an!

[ ] a) wenn ein neuer Kernel unter einem neuen Namen installiert wurde

[ ] b) wenn ein Kernel als Update unter dem alten Namen installiert wurde

[ ] c) nach jedem Boot-Vorgang

[ ] d) wenn neue PCI-Karten installiert wurden

Anders als Grub speichert LILO die Position des Kernels und anderer Dateien direkt anhand der Sektoradressierung auf der Festplatte. Das bedeutet aber auch, dass, sobald die Datei im Dateisystem verschoben ist, sie von LILO nicht mehr gefunden werden kann – selbst wenn der Name derselbe bleibt, denn LILO spricht die Datei eben nicht über den Namen, ja noch nicht einmal auf dem Weg über das Dateisystem an.

Daraus folgt: Sobald sich die Lage der Dateien geändert hat, muss LILO einen neuen Boot-Loader in den Bootsektor der Platte schreiben.

Eine neue Datei mit dem Kernel hat grundsätzlich eine neue Sektornummer: Antworten a) und b) sind also richtig.

LILO nach jedem Boot-Vorgang neu zu installieren ist nun völlig unsinnig und wäre Ihnen in der Praxis wohl auch schon als recht störender Arbeitsschritt aufgefallen.

Auch neue Steckkarten im System verändern nicht die Lage des Kernels, selbst wenn wir neue Module dazuladen oder über `/etc/modules.conf` andere Parameter einstellen.

Antworten c) und d) scheiden also aus.

Wenn LILO seine Boot-Dateien nicht findet, muss er zwangsläufig scheitern. Leider kann er keine aussagekräftigen Fehlermeldungen von sich geben, sondern „verendet" mit folgenden Codes auf dem Bildschirm:

L <errorcode>
: Die erste Stufe wurde geladen und gestartet, der Start der zweiten Stufe schlug jedoch fehl. Der zweistellige Errorcode gibt Details zum Fehler bekannt, beispielsweise über eine nicht funktionierende Plattengeometrie o. Ä.

LI
> Die zweite Stufe wurde geladen, konnte aber nicht gestartet werden. Entweder die Plattengeometrie stimmt nicht oder `/boot/boot.b` wurde im Dateisystem verschoben.

LIL
> Die zweite Stufe wurde gestartet, kann aber nicht auf die Map-Datei zugreifen bzw. diese nicht finden.

LIL?
> Die zweite Stufe wurde geladen, verweist aber auf eine ungültige Adresse, z. B. aufgrund eines Fehlers der Plattengeometrie oder weil `/boot/boot.b` verschoben wurde.

LIL-
> Die Beschreibungstabelle (*Descriptor Table*) konnte nicht richtig gelesen werden, z. B. aufgrund eines Fehlers der Plattengeometrie oder weil `/boot/boot.b` verschoben wurde.

LILO
> Alles hat ordnungsgemäß geklappt.

- Verschaffen Sie sich unbedingt einen Überblick über `man lilo` und beachten Sie dort auch mögliche Kernel-Parameter wie `mem`!

- Auch `man 5 lilo.conf` sollten Sie kennen, insbesondere Parameter wie `linear` oder `lba`.

16

Welche Aussagen über die Boot-Manager LILO und Grub sind wahr? Geben Sie alle zutreffenden Antworten an!

[ ] a) LILO kann im Gegensatz zu Grub keine weiteren Boot-Loader nachstarten, sondern immer nur direkt ein Betriebssystem.

[ ] b) Nur Grub kann auch Windows booten.

[ ] c) Grub muss das für `/boot` benutzte Dateisystem unterstützen, LILO funktioniert mit jedem Dateisystem.

[ ] d) Grub benötigt im Gegensatz zu LILO nach Anpassung der Konfigurationsdatei keine Neuinstallation.

[ ] e) LILO unterstützt nur ext2/3-Dateisysteme, allerdings kein ReiserFS.

Mit neuen Objectives hat im Jahr 2006 auch der Boot-Manager Grub Eingang in die LPI-Fragen gefunden, der als modernere Lösung die Nachfolge von LILO angetreten hat.

Schauen wir uns die in der Frage getroffenen Aussagen näher an: Sowohl LILO als auch Grub sind in der Lage, weitere Boot-Loader zu starten. So ist es beispielsweise problemlos möglich, per LILO einen Grub zu starten, der wiederum auf den ursprünglichen LILO verweist. Das Szenario klingt reichlich theoretisch, aber wenn Sie schon einmal eine Boot-CD Ihrer Distribution aufmerksam benutzt haben, ist Ihnen vielleicht aufgefallen, dass nach dem Boot-Manager der CD unter Umständen erneut der Boot-Manager der Festplatte gestartet wird. Doch das können sowohl der betagte LILO wie auch der neue Grub. Aussage a) ist demnach ebenso falsch wie b) – natürlich kann auch LILO eine Windows-Installation starten.

Die nächsten beiden Antworten c) und d) bringen uns zum elementaren Unterschied zwischen diesen beiden Boot-Managern: Wir hatten ja bereits in der vorangegangenen Frage geklärt, dass LILO nicht in der Lage ist, Dateisysteme zu lesen, sondern die Nummern der zu ladenden Sektoren speichert.

Anders nun Grub: Grub „versteht" einige Dateisysteme – aber nicht alle. Und darum ist Grub auch in der Lage, die zu ladenden Dateien über ihren Namen zu finden. Das hat den Vorteil, dass wir Grub, anders als LILO, nicht neu installieren müssen, sobald sich die physikalische Lage der Kernel-Dateien geändert hat. Andererseits unterstützt Grub nur eine beschränkte Anzahl von Dateisystemen. An Exoten scheitert Grub, aber ext2/ext3, ReiserFS oder XFS stellen kein Problem dar.

1.102.2 Einen Boot-Manager installieren [2]

Die Tatsache, dass Grub erst beim Booten seine Konfiguration ausliest und die zu startenden Dateien zusammensucht, bedeutet aber auch, dass sich noch beim Booten Parameter verändern lassen. Über eine kleine Grub-Shell können Sie sogar flexibel völlig neue Boot-Einträge schreiben und so Konfigurationen booten, die in `menu.lst` von Grub gar nicht vorgesehen sind.

Antworten c) und d) sind also richtig – und nach kurzer Überlegung können wir damit wiederum Antwort e) als falsch ausschließen: Da LILO eben nicht den Weg über das Dateisystem geht, sondern sein Ziel über die Sektornummer ansteuert, spielt hier das benutzte Dateisystem keine Rolle.

- Vorsicht: LPI spricht in den Objectives von `/boot/grub/grub.conf`, einige Distributionen legen diese Datei aber nicht ganz unberechtigt als `/etc/grub.conf` ab, da sie nicht von Grub während des Boot-Vorgangs, sondern von `grub-install` im laufenden System genutzt wird.

- Neben `grub.conf` kennt Grub noch eine weitere wichtige Konfigurationsdatei. Wie heißt sie?

- Eine schöne Zusammenfassung zu Grub bietet `http://de.opensuse.org/SDB:Der_Bootmanager_GRUB`

17   Wie lautet der korrekte Pfad zur Konfiguration der Boot-Auswahl von Grub?

[ ]   a) `/etc/grub`

[ ]   b) `/etc/grub/config`

[ ]   c) `/var/lib/grub/conf`

[ ]   d) `/boot/grub.menu`

[ ]   e) `/boot/grub/menu.lst`

Möglich, dass Sie sich aus „historischen" Gründen mit LILO und kaum oder gar nicht mit Grub auskennen; möglich, dass Sie die Installation des Boot-Loaders Ihrer Distribution überlassen haben – aber Grundkenntnisse über Grub müssen Sie mitbringen.

In der vorangegangenen Frage haben wir bereits besprochen, dass Grub, anders als LILO, seine Config-Datei direkt beim Booten von der Platte liest. Das hat den großen Vorteil, dass die Einstellungen auch direkt am Boot-Prompt noch editierbar sind.

Das bedeutet aber auch: Grub muss an seine Config-Datei noch vor dem Start des Linux-Systems herankommen. Dazu speichert es seine Dateien direkt in `/boot`, um im Ernstfall alles beisammen zu haben.

Und wenn Sie es noch nicht getan haben, wäre es *jetzt* an der Zeit, sich die Datei `/boot/grub/menu.lst` anzuschauen, denn Sie sollten einen groben Überblick haben, wie diese Datei aufgebaut ist und was darin steht.

Antwort e) ist richtig.

Welche Aussagen sind wahr? Geben Sie alle zutreffenden an.

[ ] a) Dynamisch gelinkte Programme starten oft schneller, da sie nicht mehr alle Programmteile laden müssen.

[ ] b) Dynamisch gelinkte Programme laufen immer auf mehreren Plattformen, da sie die dortigen Bibliotheken benutzen können.

[ ] c) Statisch gelinkte Programme sind besser, da sie nicht in Konflikte mit anderen Programmen geraten können.

[ ] d) Dynamisch gelinkte Programme sind kleiner und verbrauchen weniger Speicherplatz.

[ ] e) Fast alle Programme sind dynamisch gelinkt, i. d. R. werden nur wichtige Systemtools statisch gehalten.

Klären wir zunächst, was dynamisch gelinkte Programme eigentlich sind – oder beginnen wir allgemein mit „gelinkten" Programmen: Um häufig benutzte Programmroutinen nicht immer wieder neu erfinden zu müssen, liegen diese häufig gesammelt in zentralen Bibliotheken. Diese kann man dann für mehrere Programme benutzen und die benötigten Routinen beim Übersetzen einbinden lassen (*Include-Bibliotheken*).

Nun gibt es zwei Möglichkeiten:

Entweder wir linken *statisch*, dann werden diese Routinen fest in den Programmcode übernommen. Heraus kommt ein einziges Programm, das alleine lauffähig ist (*monolithisches Programm*). Wir können es kopieren und auf einem ganz anderen System oder unter einem Minimal-Linux starten.

Bei *dynamisch* gelinkten Programmen bindet man die notwendigen Programmroutinen nicht fest ein, sondern lediglich die Verweise auf die jeweiligen Bibliotheken. Folglich werden zur Ausführung des Programms die (externen) Bibliotheken vom System benötigt. Das hat zum einen den Vorteil, dass der eigentliche Programmcode kleiner ist, da die Routinen nicht fest eingebunden werden müssen. Zum anderen kann das System so häufig benutzte Bibliotheken einmal in den Speicher laden und von mehreren Programmen parallel nutzen lassen – das spart RAM. Wichtigstes Beispiel für solch eine Bibliothek ist die `glibc`, zu der fast alle Programme gelinkt sind.

Schauen wir uns nochmals obige Aussagen an: Dynamisch gelinkte Programme starten unter Umständen schneller, wenn die benötigte Bibliothek bereits im RAM vorgehalten ist. Also ist a) richtig.

Bei Antwort b) sollte man skeptisch sein: Natürlich ist es ein Vorteil, dass man nur noch Bibliotheken an Plattformen anpassen muss und somit ganze Programme auf diesen Plattformen laufen (da sie ja die Routinen aus der angepassten Bibliothek nutzen). Aber das funktioniert eben nicht zwangsläufig und generell, so dass man mitnichten davon sprechen kann, dynamisch gelinkte Programme würden grundsätzlich auf allen Plattformen laufen – abgesehen davon, dass diese Bibliotheken nicht auf allen Plattformen zur Verfügung stehen.

Auch Antwort c) kann so nicht richtig sein: Zum einen zieht man allgemein dynamisch gelinkte Programme vor – einige Vorteile und Gründe wurden ja bereits erwähnt –, zum anderen ist der Ausdruck „Konflikt" unpassend, denn natürlich gibt es keine Konflikte zwischen Programmen, wenn sie dieselbe Bibliothek parallel nutzen. Das ist möglich – und ja gerade Sinn und Zweck des Verfahrens!

Dass Antwort d) richtig ist, hatten wir schon geklärt; auch e) stimmt, wie bereits erläutert. Man linkt eigentlich nur dann statisch, wenn man damit rechnen muss, dass die benötigte Bibliothek nachher vielleicht gar nicht verfügbar ist. Wichtig ist das zum Beispiel bei Rettungssystemen oder bei Minimal-Linux-Installationen („Disketten-Linux").

1.102.3 Shared Libraries verwalten [1]

19

Welches Programm können Sie nutzen, um sich die benötigten dynamischen Bibliotheken eines Programms anzeigen zu lassen?

[ ] a) `ldd`

[ ] b) `ldshow`

[ ] c) `ldconfig`

[ ] d) `ld.so.cache`

Wenn ein Programm partout nicht läuft oder wenn man sichergehen will, dass es später wirklich seinen Dienst tut, sollte man herausfinden, welche Bibliotheken benötigt werden. Im Programmcode ist dies selbstverständlich vermerkt – der Linker des Systems muss sich ja darum kümmern können.

Das Programm `ldd` kann auf einfache Weise diese Informationen suchen und anzeigen:

```
linux:~ # ldd /usr/bin/cpp
        libc.so.6 => /lib/libc.so.6 (0x40025000)
        /lib/ld-linux.so.2 => /lib/ld-linux.so.2 (0x40000000)
```

Natürlich verrät `ldd` auch, wenn wir ein statisch gelinktes Programm vor uns haben:

```
linux:~ # ldd /usr/bin/ldd
        not a dynamic executable
```

Im Programmcode dynamisch gelinkter Programme ist nur der Name der benutzten Bibliothek enthalten, nicht aber der Pfad dorthin, denn der kann von System zu System unterschiedlich sein.

Damit unser Linux/Unix nicht bei jedem Programmstart zeitaufwändig alle verstreuten Bibliotheken finden muss, beschränkt die Datei `/etc/ld.so.conf` die Suche auf wenige Verzeichnisse. Aber auch das würde noch zu lange dauern. Daher sorgt ein Lauf des Programms `ldconfig` dafür, dass alle Bibliotheken in den genannten Pfaden erfasst und in einem (schnell auslesbaren) Binärformat in `/etc/ld.so.cache` abgelegt werden. Dort schaut Linux/Unix nach, woher es die gewünschten Bibliotheken zu laden hat.

Wenn Sie neue Bibliotheken in Ihrem System installiert haben, müssen Sie einmal `ldconfig` starten, damit diese in den Cache aufgenommen werden.

Versäumen Sie dies, wird das System die Bibliotheken nicht finden, auch wenn sie installiert sind. Üblicherweise übernehmen Setup-Programme der verschiedenen Distributionen automatisch diesen Arbeitsschritt (beispielsweise `SuSEconfig`). Installieren Sie aber von Hand, müssen Sie `ldconfig` selbst starten! Sollte die nachinstallierte Bibliothek nicht in einem Standard-Pfad liegen, müssen Sie ggf. zuvor noch `/etc/ld.so.conf` anpassen.

Und noch ein Schmankerl: Wenn Sie sich die Datei `/etc/ld.so.conf` aufmerksam angeschaut haben, werden Sie vielleicht bemerkt haben, dass die beiden Verzeichnisse `/lib` und `/var/lib` nicht genannt sind. Die Man-Page von `ldd` birgt die Lösung: Diese beiden Standardpfade werden per Default ohnehin indexiert.

Die richtige Antwort ist a).

- Schauen Sie sich die Man-Pages von `ldd` und `ldconfig` an (Aufrufparameter!). Werfen Sie einen Blick in die hier genannten Config-Dateien und „spielen" Sie ein wenig mit `ldd`.

- Neben dem Index aus `/etc/ld.so.cache` werden auch die in der Variablen `LD_LIBRARY_PATH` enthaltenen Pfadangaben nach Bibliotheken durchsucht. Sie können damit z. B. zu Testzwecken auf andere Bibliotheken oder Versionen verweisen, die noch nicht fest im System installiert sind.

1.102.4 Debian-Paketverwaltung verwenden [3]

Welche der folgenden Programme können Sie zum Paketmanagement unter Debian einsetzen? Geben Sie alle zutreffenden Antworten an.

[ ] a) alien

[ ] b) apt-get

[ ] c) debpkg

[ ] d) dpkg

[ ] e) dselect

[ ] f) aptitude

Debian benutzt nicht wie viele andere Distributionen das RPM-Format, sondern eigene Pakete (*.deb) mit eigenen Werkzeugen.

dpkg
: Der Debian Paketmanager kann deb-Pakete installieren oder deinstallieren. Andere, komfortablere Programme zur Paketverwaltung rufen dann i. d. R. dpkg auf, um die eigentliche Installation vorzunehmen.

apt-get und apt-cache
: kennt Quellen lokal auf der Festplatte/CD/DVD oder FTP-Server im Internet, um die Debian-Pakete ggf. automatisiert herunterzuladen und von dpkg installieren zu lassen. Auf diese Art und Weise lassen sich bequem weitere Pakete installieren, ohne dass man sich darum kümmern muss, woher sie kommen.

dselect
: erlaubt eine menügesteuerte Auswahl und Installation von Paketen, wobei auch Versionsüberprüfungen vorgenommen werden

aptitude
: ist seit *Debian Sarge* das empfohlene Frontend für dpkg. Es bietet als Nachfolger die meisten Features von apt-get, apt-cache und dselect.

alien
: kann zwischen verschiedenen Paketformaten (u. a. RPM- und deb) konvertieren. alien gehört damit eigentlich weder zu Debian noch zu RedHat/SUSE, sondern ist ein Mittler zwischen den Welten.

Die wichtigsten Modi/Aufrufparameter dieser Programme müssen Sie kennen!

1. dpkg

   `dpkg -i <paketname>` bzw. `dpkg --install <paketname>`
   installiert das angegebene Paket im System

   `dpkg -l <pattern>` bzw. `dpkg --list <pattern>`
   listet Statusinformationen für alle *installierten* Pakete auf, die auf `pattern` passen

   `dpkg -L <paketname>` bzw. `dpkg --listfiles <paketname>`
   listet alle in dem Paket enthaltenen Dateien auf

   `dpkg -r <paketname>` bzw. `dpkg --remove <paketname>`
   löscht ein Paket bis auf die Config-Dateien

   `dpkg -P <paketname>` bzw. `dpkg --purge <paketname>`
   löscht ein Paket *vollständig* inklusive Config-Dateien

   `dpkg -s <paketname>` bzw. `dpkg --status <paketname>`
   liefert Informationen zum (installierten) Paket

   `dpkg -S <pattern>` bzw. `dpkg --search <pattern>`
   durchsucht alle installierten Pakete nach den auf `pattern` passenden Dateinamen

   Darüber hinaus gibt es drei optionale Parameter, um das Verhalten zu steuern:

   -E   verhindert, dass ein bereits installiertes Paket *gleicher* Version überschrieben wird

   -G   verhindert, dass eine ältere Version über eine bereits installierte neuere Version geschrieben wird

   -R   geht ein angegebenes Verzeichnis rekursiv durch und installiert alle darin enthaltenen Pakete

2. aptitude

   Ohne Kommandozeilenparameter aufgerufen, startet es ein menügesteuertes Paketverwaltungstool.

   `aptitude install`
   installiert Pakete

   `aptitude remove`
   deinstalliert Pakete

   `aptitude purge`
   deinstalliert Pakete und löscht dabei auch angepasste Konfigurationsdateien

   `aptitude update`
   lädt von den Repositories eine aktualisierte Paketliste

`aptitude search`
  durchsucht die Repositories nach einem Paket

`aptitude upgrade` bzw. `aptitude upgrade`
  aktualisiert bestehende Pakete durch neue Versionen

`aptitude dist-upgrade` bzw. `aptitude full-upgrade`
  führt ein Upgrade auf eine neue Debian-Version aus und darf dabei – anders als `aptitude upgrade` – auch neue Pakete mitinstallieren, um Abhängigkeiten aufzulösen

3. `apt-get` und `apt-cache`
   waren die Vorgänger von `aptitude`. Sie haben die gleichen wichtigen Grundparameter, nur dass sich die Funktionen damals auf beide Tools aufteilten:

   `apt-get install`

   `apt-get remove`

   `apt-get update`

   `apt-get upgrade`

   `apt-get dist-upgrade`

   `apt-cache search`

Richtig sind also a), b), d), e) und f).

21

Sie möchten unter Debian eine Liste aller installierten Pakete haben. Welches Kommando können Sie dafür einsetzen?

[ ] a) `dpkg -l`

[ ] b) `dpkg -L`

[ ] c) `deblist --all`

[ ] d) `cat /var/lib/dpkg/available`

[ ] e) `dselect -list`

Die Antwort ist kurz, denn alles Wissenswerte stand bereits in den vorherigen Erläuterungen: Richtig ist allein a).

Antwort d) ist nicht richtig – dies würde eine Liste aller verfügbaren Pakete ausgeben, nicht eine Liste aller *installierten*.

Sollten Sie bei dieser Frage unsicher gewesen sein, müssten Sie nochmals die vorherigen Ausführungen zur Debian-Paketverwaltung durcharbeiten.

- Im Januar 2006 gab es bei der Zertifizierung eine wichtige Änderung: Früher stellte LPI zwei verschiedene Versionen des 101-er-Tests zur Verfügung: Eine Variante mit Debian- und eine Variante mit RPM-spezifischen Fragen. Diese Trennung existiert nicht mehr! Von den Administratoren wird nun wieder gefordert, sich in beiden Bereichen auszukennen – nicht in aller Tiefe, aber grundlegend. Das ist auch plausibel, denn man muss vom Administrator verlangen können, dass er auf jeder üblichen Distribution Software installieren, deinstallieren und updaten kann.

- Lassen Sie sich deshalb nicht von veralteten Texten oder Forenbeiträgen verwirren: Die Trennung zwischen 101-RPM und 101-DPKG ist seit Beginn 2006 aufgehoben.

- Der LPI-Test wird deshalb Fragen zum Paketmanagement von Debian und RedHat/SUSE gleichermaßen enthalten. Prägen Sie sich also in beiden hier vorgestellten Bereichen die jeweiligen Funktionen und die wichtigsten Aufrufparameter ein. Auch etwas komplexere Fragen sollten Sie beantworten können (Abhängigkeiten, Abfragen über die Herkunft von Dateien etc.).

1.102.4 Debian-Paketverwaltung verwenden [3]

Sie haben eine neue Installationsquelle in `/etc/apt/sources.list` hinzugefügt. Welches Kommando müssen Sie nun noch ausführen, um aus dieser Quelle installieren zu können? Geben Sie alle zutreffenden Antworten an.

[ ] a) `dpkg --update-source`

[ ] b) `aptitude update`

[ ] c) `apt-cache update`

[ ] d) `apt-get update`

[ ] e) `aptitude list-update`

In der Datei `sources.list` ist verzeichnet, welche Paketquellen für Ihr System verfügbar sein sollen:

```
deb http://ftp.de.debian.org/debian/ etch main contrib non-free
deb-src http://ftp.de.debian.org/debian/ etch main contrib non-free
deb http://www.backports.org/debian etch-backports main contrib non-free

deb http://security.debian.org/ etch/updates main contrib non-free
deb-src http://security.debian.org/ etch/updates main contrib non-free

deb http://volatile.debian.org/debian-volatile etch/volatile main contrib non-free
```

Haben Sie eine neue Quelle eingetragen, wie hier z. B. das `volatile`-Repository in der letzten Zeile, so hat Ihr System zunächst noch keine Kenntnis davon, welche Pakete in welchen Versionen in dieser Quelle bereitstehen.

Mit den Kommandos `apt-get update` und `aptitude update` lassen Sie eine neue Paketliste aus allen Quellen erzeugen. Anschließend können Sie Pakete über `apt-get install` oder `aptitude install` herunterladen und installieren.

Übrigens: Da sich der Inhalt der Repositories durch Paket-Updates immer wieder ändert, muss dieses `update` von Zeit zu Zeit ausgeführt werden; andernfalls besteht die Gefahr, dass `apt-get` und `aptitude` aufgrund veralteter Inhaltslisten Pakete nicht finden.

Richtig sind also die Antworten b) und d).

23

Der Aufruf `rpm -e <paketname>` **liefert die Fehlermeldung** `<paketname> is needed by xyz-2.02-2`. **Worin liegt das Problem?**

[ ] a) Das Programm `xyz` muss installiert werden.

[ ] b) Eine Deinstallation von `<paketname>` würde Abhängigkeiten brechen und ist nicht möglich.

[ ] c) `-e` ist ein falscher Aufrufparameter.

[ ] d) `rpm` kann grundsätzlich nicht deinstallieren.

RPM, der *Red Hat Packet Manager* (der aber auch von anderen Distributionen eingesetzt wird), verwaltet eine große Datenbank, in der er Informationen über installierte Pakete speichert; zudem wertet er eben auch diese Informationen aus und stellt fest, welche Pakete zusätzlich zu dem eigentlich zu installierenden benötigt werden („Abhängigkeiten"): So ist beispielsweise das webbasierte MySQL-Interface *phpMyAdmin* nur dann sinnvoll, wenn auch Web- und MySQL-Server installiert sind. Damit wird sichergestellt, dass Programme nach der Installation auch lauffähig sind. Zudem passt RPM natürlich auch auf, dass nicht einzelne Pakete entfernt werden, die von anderen Programmen noch benötigt werden.

Und selbstverständlich kann RPM auch deinstallieren, im Gegensatz zu den Installern anderer Betriebssysteme problemlos und beliebig oft, ohne dass das System instabil wird. Auch ist `-e` ein gültiger Parameter, andernfalls hätte RPM eine entsprechende Fehlermeldung ausgegeben, von der hier allerdings nichts zu sehen ist.

Ein genauerer Blick auf die Fehlermeldung verrät, dass RPM sich weigert, die von uns gewünschte Deinstallation durchzuführen – eben weil dadurch Abhängigkeiten gebrochen würden; ein anderes Programm braucht dieses Paket eben noch. Richtig ist also Antwort b).

Übrigens kann man sich auch über RPM hinwegsetzen und Pakete (de)installieren, ohne auf eventuelle Abhängigkeiten Rücksicht zu nehmen. Wie? Darum geht es in der nächsten Frage.

24

Wie können Sie Programme auch dann installieren, wenn Abhängigkeiten nicht erfüllt sind?

[ ] a) `rpm -if program.rpm`

[ ] b) `rpm -i -force program.rpm`

[ ] c) `rpm -f program.rpm`

[ ] d) `rpm -i --nodeps program.rpm`

Beginnen wir mit einer Übersicht. `rpm` kennt fünf verschiedene Modi:

1. `rpm -i` bzw. `rpm --install`
2. `rpm -U` bzw. `rpm --upgrade`
3. `rpm -e` bzw. `rpm --uninstall` (*erase*)
4. `rpm -V` (*verify*)
5. `rpm -q` bzw. `rpm --query`

Je nach Modus gibt es weitere Parameter:

`rpm -i` und `rpm -U` (Installation und Updates)

- `--force`
  - übergeht alle Sicherheitsabfragen und ermöglicht es z. B., ein neues Paket durch ein altes zu ersetzen
- `-h` bzw. `--hash`
  - setzt „#" als Prozessindikator
- `--nodeps`
  - ignoriert unaufgelöste Abhängigkeiten, die die Installation ggf. verhindern würden
- `--test`
  - testet und nimmt keine Änderungen am System vor
- `-v` bzw. `-vv`
  - schaltet (extremen) Verbose-Modus ein

`rpm -e` (Deinstallation)

`--nodeps`

`rpm -V` (Verify)

Auf diesem Weg können Sie die Integrität eines RPM-Archivs überprüfen, um sicherzustellen, dass daran nichts manipuliert wurde.

`--nofiles`
: gibt keine Warnung für fehlende Dateien aus

`--nomd5`
: gibt keine Warnung bei md5-Prüfsummenfehlern aus

`--nopgp`
: gibt keine Warnung bei PGP-Signaturfehlern aus

`rpm -q` (Query)

Grundsätzlich kennt `rpm` drei verschiedene Query-Modes, die zusätzlich angegeben werden können:

`-a` bzw. `--all`
: listet alle auf dem System installierten Pakete auf; nützlich, um diese Angaben durch `grep` o. Ä. zu filtern.

`-f <datei>` bzw. `--file <datei>`
: listet das Paket auf, zu dem eine bestimmte Datei gehört (z. B. `rpm -qf /etc/named.conf`)

`-p <paketname>`
: durchsucht nicht installierte Pakete, sondern das angegebene RPM

Anhand weiterer Parameter kann genauer differenziert werden, was `rpm` ausgeben soll:

`-c` bzw. `--configfiles`
: nur Config-Dateien

`-d` bzw. `--docfiles`
: nur Dateien der Dokumentation

`-l <paketname>` bzw. `--liste <paketname>`
: alle in dem Paket enthaltenen Dateien

`-R` bzw. `--requires`
: Abhängigkeiten des Pakets

`-i <paketname>`
: Informationen über ein installiertes Paket (`rpm -qi <rpmname>`) bzw. über das angegebene RPM-Archiv, das als Datei vorliegt (`rpm -qpi <dateiname>`). Achtung: Dieser Parameter ist nicht zu verwechseln mit einem `-i` an erster Stelle (= install)!

1.102.5 RPM- und YUM-Paketverwaltung verwenden [3]

Ein Beispiel:

```
linux:~ # rpm -qpi /tmp/python-devel-2.2-105.i386.rpm
Name        : python-devel    Relocations: (not relocateable)
Version     : 2.2                 Vendor: SuSE AG, Nuernberg, Germany
Release     : 105             Build Date: Die 26 Mär 2002 16:48:14 CET
Install date: (not installed) Build Host: amdsim4.suse.de
Group       : Development/Libraries/C and C++
                              Source RPM: python-2.2-105.src.rpm
Size        : 5652919            License: Python 2.2 license
Packager    : feedback@suse.de
Summary     : The libraries and header files needed for Python developme
nt
Description :
The Python programming language's interpreter can be extended with
dynamically loaded extensions and can be embedded in other programs.
This package contains the header files and libraries needed to do
these types of tasks.

Authors:
--------
    Guido van Rossum <guido@python.org>

SuSE series: d
Distribution: SuSE Linux 8.0 (i386)
```

Die Reihenfolge der weiteren Parameter spielt keine Rolle. `rpm -qlp` oder `rpm -qpl` sind identisch.

Soweit die Übersicht – zurück zur Frage: Bisweilen ist die Prüfung von Abhängigkeiten zu rigide, und wir wissen es ausnahmsweise einmal besser als unser System; so möchten wir ein Paket installieren, obwohl `rpm` nicht erfüllte Abhängigkeiten moniert. Üblicherweise verweigert `rpm` dann seinen Dienst, aber `root` ist immer noch `root` auf diesem Rechner, und darum bestimmen wir, was zu tun ist. Allerdings muss man differenzieren: Es gibt den Parameter `-f` bzw. `--force`, der erzwingt, dass `rpm` Warnungen übergeht und Sicherheitsbedenken in den Wind schlägt. Aber: Abhängigkeiten würde `rpm` dennoch prüfen!

`--nodeps` heißt der Parameter unserer Wahl: *no dependencies* (keine Abhängigkeiten). Und auch hier noch einmal der Hinweis: Als ausgeschriebener Parameter beginnt er typischerweise mit *zwei* Parameterstrichen: „`--`". Eine Kurzform gibt es dafür nicht.

Einzig korrekte Antwort ist also d).

25

Sie möchten wissen, zu welchem Archiv die Datei `/usr/bin/util` gehört. Wie gehen Sie vor?

[ ] a) `locate /usr/bin/util`

[ ] b) `find -package /usr/bin/util`

[ ] c) `rpm --wherecomes /usr/bin/util`

[ ] d) `rpm -qf /usr/bin/util`

Mit `find` beschäftigen wir uns später noch ausgiebiger (Frage 41, Seite 108). Es durchsucht die Festplatte und findet Dateien, die bestimmte Kriterien (Größe, Datum, Dateirechte usw.) erfüllen. `find` besitzt jedoch keine Informationen über installierte Programme und kann als Ergebnis lediglich den Pfad zu den gesuchten Dateien angeben, nicht aber, aus welchem Paket die Datei ursprünglich stammt.

Auch zu den Tiefen und Problemen von `locate` kommen wir noch (Frage 67, Seite 166). Auch `locate` kann zwar Dateipfade ermitteln, nicht jedoch das dahinter stehende RPM-Paket.

Es bleibt – natürlich – `rpm` selbst. Wenn Sie die `rpm`-Übersicht gelesen haben, sollte das Arbeitsprinzip von `rpm` präsent sein: Hier benötigen wir den Grundmodus „Query", also `rpm -q`. Es bleibt aber noch zu klären, worauf unsere Abfrage abzielt – und hier eben auf `-qf` (*query file*).

Und so sagt uns `rpm` in der Tat, woher eine bestimmte Datei einmal stammte:

```
linux:~ # rpm -qf /usr/bin/passwd
shadow-4.0.2-205
```

- Lesen Sie unbedingt die Übersicht in der vorherigen Frage! Prägen Sie sich die wichtigsten Aufrufparameter ein; Unterscheidungen wie `-qi`, `-qpR`, `-i`, `-qad` dürfen Sie nicht aus der Bahn werfen. Nehmen Sie sich beliebige RPM-Pakete und überprüfen Sie übungshalber deren Signatur.

Thema 102: Linux-Installation und -Paketverwaltung

102.1 Festplattenaufteilung planen

Gewichtung: 2
Beschreibung: Kandidaten sollten ein Platten-Partitionierungsschema für ein Linux-System entwerfen können.

Wichtigste Wissensgebiete:
- Dateisysteme und Swap Space einzelnen Partitionen oder Platten zuordnen
- Die Partitionierung an den Einsatzzweck des Systems anpassen
- Sicherstellen, dass die /boot-Partition den Anforderungen der Hardware-Architektur für den Systemstart genügt

Liste wichtiger Dateien, Verzeichnisse und Anwendungen:
/ (Wurzel- bzw. root-Dateisystem)
/var-Dateisystem
/home-Dateisystem
Swap Space
Mount Points
Partitionen

102.2 Einen Boot-Manager installieren

Gewichtung: 2
Beschreibung: Kandidaten sollten einen Boot-Manager auswählen, installieren und konfigurieren können.

Wichtigste Wissensgebiete:
- Alternative und Notfall-Startmöglichkeiten vorsehen
- Einen Bootlader wie GRUB installieren und konfigurieren
- Mit dem Bootlader interagieren

Liste wichtiger Dateien, Verzeichnisse und Anwendungen:
/boot/grub/menu.lst
grub-install
MBR
Superblock
/etc/lilo.conf
lilo

102.3 Shared Libraries verwalten

Gewichtung: 1

Beschreibung: Kandidaten sollten in der Lage sein, die Shared Libraries zu bestimmen, von denen ausführbare Programme abhängen, und diese bei Bedarf zu installieren.

Wichtigste Wissensgebiete:
- Shared Libraries identifizieren
- Die typischen Orte für Systembibliotheken identifizieren
- Shared Libraries laden

Liste wichtiger Dateien, Verzeichnisse und Anwendungen:
```
ldd
ldconfig
/etc/ld.so.conf
LD_LIBRARY_PATH
```

102.4 Debian-Paketverwaltung verwenden

Gewichtung: 3

Beschreibung: Kandidaten sollten in der Lage sein, Pakete mit den Debian-Paketwerkzeugen zu verwalten.

Wichtigste Wissensgebiete:
- Debian-Binärpakete installieren, aktualisieren und entfernen
- Pakete finden, die bestimmte Dateien oder Bibliotheken enthalten und installiert sind oder nicht
- Paketinformationen bestimmen wie Version, Inhalt, Abhängigkeiten, Integrität des Pakets und Installationsstatus (ob das Paket installiert ist oder nicht)

Liste wichtiger Dateien, Verzeichnisse und Anwendungen:
```
/etc/apt/sources.list
dpkg
dpkg-reconfigure
apt-get
apt-cache
aptitude
```

102.5 RPM- und YUM-Paketverwaltung verwenden

Gewichtung: 3
Beschreibung: Kandidaten sollten in der Lage sein, Pakete mit den RPM- und YUM-Werkzeugen zu verwalten.

Wichtigste Wissensgebiete:
- Pakete mit RPM und YUM installieren, erneut installieren, aktualisieren und entfernen
- Informationen über RPM-Pakete bestimmen wie Version, Status, Abhängigkeiten, Integrität und Signaturen
- Herausfinden, welche Dateien ein Paket zur Verfügung stellt, und herausfinden, aus welchem Paket eine bestimmte Datei kommt

Liste wichtiger Dateien, Verzeichnisse und Anwendungen:
```
rpm
rpm2cpio
/etc/yum.conf
/etc/yum.repos.d/
yum
yumdownloader
```

103 Thema

GNU- und Unix-Kommandos

1.103.1	Auf der Kommandozeile arbeiten	S. 80
1.103.2	Textströme mit Filtern verarbeiten	S. 90
1.103.3	Grundlegende Dateiverwaltung	S. 96
1.103.4	Ströme, Pipes und Umleitungen verwenden	S. 104
1.103.5	Prozesse erzeugen, überwachen und beenden	S. 111
1.103.6	Prozess-Ausführungsprioritäten ändern	S. 116
1.103.7	Textdateien mit regulären Ausdrücken durchsuchen	S. 119
1.103.8	Grundlegendes Editieren von Dateien mit dem vi	S. 126

26 Sie haben nachfolgendes Problem. Was wird wahrscheinlich die Ursache sein?

```
linux:~ # ls -l programm
-rwxr-x---   1 root      root          24680 Jul 15  2002 programm
linux:~ # programm
bash: programm: command not found
linux:~ #
```

[ ] a) Der Nutzer hat keine Ausführungsrechte für diese Datei.

[ ] b) Diese Datei enthält keinen gültigen Programmcode.

[ ] c) Der Pfad „." ist nicht in der Umgebungsvariable PATH enthalten. Mit dem Aufruf ./programm würde es funktionieren.

[ ] d) Dieser Nutzer darf generell keine Programme starten.

Selbstverständlich hat der Nutzer Ausführungsrechte für diese Datei: An der Raute (#) ist zu erkennen, dass wir Superuser sind und als Dateibesitzer auch über Ausführungsrechte (x-Bit, Modus 750) verfügen. Auch Antwort d) ist Unsinn, denn es gibt keine Möglichkeit, einzelnen Nutzern das Ausführen von Programmen generell zu verbieten. Man kann allenfalls Partitionen so mounten, dass von diesen kein Programm gestartet werden kann, aber das ist ein anderes (LPIC-relevantes) Thema.

Würde die Datei keinen gültigen Programmcode enthalten, sähe die Fehlermeldung anders aus (cannot execute binary file).

Bleibt Antwort c) – und für jene, die damit nichts anfangen können, einige kurze Erläuterungen dazu; wer noch über frühe DOS-Kenntnisse verfügt, dem wird das Folgende vielleicht bekannt vorkommen.

Um Programme ohne Pfadangabe starten zu können, muss das System die Aufgabe übernehmen, Verzeichnisse nach dem gewünschten Programm zu durchsuchen. Um diesen Vorgang zu beschleunigen, wird die Suche auf die Verzeichnisse beschränkt, in denen Programme üblicherweise abgelegt sind – ein wichtiges Argument dafür, alle Programme in ein Verzeichnis /usr/bin zu packen, statt sie, wie bei Windows, über unzählige Ordner in C:/Programme/xyz zu verstreuen.

In welchen Verzeichnissen das System nach einem aufgerufenen Programm suchen soll, ist in der Umgebungsvariablen PATH gespeichert:

1.103.1 Auf der Kommandozeile arbeiten [4]

```
user@linux:~$ echo $PATH
/usr/local/bin:/usr/bin:/usr/X11R6/bin:/bin:/usr/games:/opt/gnome2/bin:/
opt/gnome/bin:/opt/kde3/bin:/opt/kde2/bin:/usr/lib/java/jre/bin:/opt/gno
me/bin:.
```

Wir wir sehen, ist hier zuletzt noch der Punkt („.") als Pfad gespeichert – und repräsentiert bekanntlich das jeweils aktuelle Verzeichnis, in dem wir uns befinden. Der oben angezeigte Pfad gilt für einen normalen Benutzer; für ihn wird der Programmname auch im aktuellen Verzeichnis gesucht und die Anwendung gestartet.

Bei root sieht das anders aus:

```
linux:~ # echo $PATH
/usr/sbin:/bin:/usr/bin:/sbin:/usr/X11R6/bin
```

Hier fehlt der „." ebenso wie viele andere Verzeichnisse. Das heißt: Für root wird ausschließlich in den hier genannten Verzeichnissen gesucht. Liegt ein Programm (wie in der Frage angenommen) im aktuellen Verzeichnis, würde das System dieses einfach nicht finden.

Um das Programm aber dennoch starten zu können, müssen wir dem System mitteilen, wo genau es liegt, und zwar entweder über eine vollständige Pfadangabe oder durch ein simples vorangestelltes „./", das ja das aktuelle Verzeichnis bezeichnet. Dadurch weiß Linux nun genau, welches Programm wir meinen.

```
linux:~ # pwd
/root
linux:~ # ls -l programm
-rwxr-x---   1 root      root          24680 Jul 15  2002 programm
linux:~ # /root/programm

   Hallo Welt!

linux:~ # ./programm

   Hallo Welt!

linux:~ #
```

Der Grund für diesen Aufwand? Sicherheit! Es soll verhindert werden, dass gerade root fremde/manipulierte Programme untergeschoben werden, die die Sicherheit des Systems gefährden. Nehmen wir an, in /tmp (immerhin beschreibbar für alle!) legt ein Angreifer ein Programm namens jeo ab, vielleicht ein kleines Skript, das einen zweiten Superuser-Account mit einem bestimmten Passwort einrichtet.

Nun muss der Angreifer nur noch warten, bis sich root einmal im Verzeichnis /tmp befindet, sich vielleicht vertippt und statt des Texteditors joe versehentlich das Angreifer-Skript `jeo` startet. Wenn der Angreifer klug ist, lädt `jeo` anschließend `/usr/bin/joe` nach und löscht sich dann selbst, so dass `root` nicht einmal merkt, dass er sich vertippt hat.

Über die Frage, wie lange ein Angreifer denn hier auf einen solchen Vertipper warten müsste, kann man nun trefflich streiten, und sicher gibt es bessere „Tippfehlernamen", aber das Prinzip ist deutlich geworden: Man kann `root` hier ein „Kuckucksei" unterschieben, das er mit `root`-Rechten ausführt und über das man mit `root`-Rechten im System agieren kann.

Also limitiert man gerade bei `root` die zu durchsuchenden Programmpfade auf ein Minimum und schließt nur Pfade ein, die ausschließlich für `root` beschreibbar sind – zum Beispiel `/usr/bin` und Co. Aus Bequemlichkeit auch „." in die `PATH`-Umgebungsvariable aufzunehmen verbietet sich also kategorisch!

Für normale Benutzer hingegen ist der „." oft eingetragen. Das Risiko ist dort nicht sehr groß, da Kuckuckseier allenfalls die Benutzer-ID des jeweiligen Users erlangen könnten. Zudem würden wohl die wenigsten Benutzer verstehen, warum sie ein Programm mit `./programm` starten müssen, obwohl es doch „direkt vor ihnen liegt".

- Wissen Sie, wo die `PATH`-Variable gesetzt wird? Schauen Sie in `/etc/profile` nach.

- Wie kann ein Benutzer seine `PATH`-Variable anpassen und/oder ändern? Schauen Sie in `~/.profile` in den User-Homeverzeichnissen!

1.103.1 Auf der Kommandozeile arbeiten [4]

Das Mailprogramm mutt **liest aus der Umgebungsvariablen** $MAIL **einen benötigten Pfad aus. Wie können Sie diese Variable in der** bash **setzen, so dass** mutt **sie auslesen kann?**

[ ] a) $MAIL=/var/mail/$USER

[ ] b) MAIL=/var/mail/$USER

[ ] c) global MAIL=/var/mail/$USER

[ ] d) export MAIL=/var/mail/$USER

[ ] e) export $MAIL=/var/mail/$USER

Wer die „Hausaufgabe" der vorherigen Frage gemacht und /etc/profile erkundet hat, der sollte die Antwort kennen. Andernfalls ziehen Sie /etc/profile nochmals heran und studieren Sie diese Datei. Wie werden Variablen angelegt und/oder wie werden ihnen Werte zugewiesen?

Erkenntnis Nummer eins: Wenn wir Variablen Werte *zuweisen*, sprechen wir sie *ohne* Dollar-Zeichen an, denn wir wollen der bash dann den *Namen* der Variablen übergeben, und nicht deren *Inhalt*! Wenn wir aber die Variable *auslesen* wollen, so müssen wir ein Dollar-Zeichen voransetzen, damit die Shell weiß, dass es uns auf den *Wert* ankommt – und damit die Shell bei einer Ausgabe mittels echo zum Beispiel weiß, ob wir ein Wort oder eine Variable meinen.

```
linux:~ # TEST=Hallo
linux:~ # echo TEST
TEST
linux:~ # echo $TEST
Hallo
linux:~ #
```

Falsch ist es, bei einer Wertzuweisung der Variablen ein Dollar-Zeichen voranzustellen. Dann würde die Shell bei der Ausführung den Variablenwert einsetzen und deren Wert als aufzurufenden Programmnamen verstehen:

```
linux:~ # $TEST=Hollodri
sh: Hallo=Hollodri: command not found
linux:~ #
```

Kurz gefasst als Merksatz: *Links* vom Gleichheitszeichen wird die Variable immer ohne Dollar-Zeichen genannt.

Doch was hat es nun mit `export` auf sich? Normalerweise gelten diese Umgebungsvariablen nur für den Prozess (bzw. die Shell), für den bzw. in der sie gesetzt werden. Werden von diesem Prozess/dieser Shell weitere Prozesse/Shells gestartet, so bekommen diese die Umgebungsvariablen *nicht* vererbt!

Um Umgebungsvariablen in später gestarteten Skripten oder Programmen benutzen zu können, müssen wir sie als *globale* Variablen definieren, d. h. *exportieren*. Dadurch wird das System angewiesen, sie dauerhaft auch anderen, später gestarteten Programmen zugänglich zu machen.

Richtig ist oben also allein d). Würde das `export` fehlen, stünde `mutt` diese Variable später nicht zur Verfügung.

Und der Vollständigkeit halber: c) ist frei erfunden und existiert nicht.

- LPI verlangt von Ihnen auch Wissen über grundlegende Umgebungsvariablen, deren Bedeutung und Namen. Mit dem Kommando `env` (*environment*) erhalten Sie eine Liste aller Umgebungsvariablen. Stöbern Sie die Ausgabe einmal konzentriert durch und verschaffen Sie sich einen Überblick, was es alles gibt!

- Prägen Sie sich wichtige Variablen ein – Sie könnten danach gefragt werden. Die Variable TERM z. B. enthält wichtige Informationen über die Steuercodes für Terminalsitzungen.

- LPI stellt Fragen manchmal auch bezogen auf eine konkrete Software oder ein bestimmtes Anwendungsbeispiel. Lassen Sie sich davon nicht verwirren! Mit Linux-Wissen können Sie diese Fragen lösen, auch wenn Sie die genannte Software nicht kennen. So wie in dieser Frage ist `mutt` lediglich ein Anwendungsbeispiel, denn auch wenn man `mutt` kennt, hilft einem das nicht wirklich weiter.

1.103.1 Auf der Kommandozeile arbeiten [4]

Welches Kommando setzen Sie in der bash ein, um den fünftletzten Befehl erneut aufzurufen?

[ ] a) !-5

[ ] b) hist 5

[ ] c) !5

[ ] d) :5

[ ] e) bash 5

Sicher kennen Sie die Funktion der bash, mit den Cursor-Pfeiltasten die letzten Befehle erneut aufrufen und ausführen zu lassen. Kennen Sie übrigens auch die Möglichkeit, angefangene Befehle durch Drücken der Bild-Hoch-/Bild-Runter-Tasten zu bereits bekannten Kommandozeilen ergänzen zu lassen, inklusive Aufrufparameter etc.?

Die bash speichert die zuletzt eingegebenen Befehle in ~/.bash_history. Geben Sie history ein, werden die letzten Kommandos durchnummeriert aufgelistet. Wie viele Kommandos gespeichert werden, bestimmt die Umgebungsvariable $HISTSIZE, die gewöhnlich in /etc/profile gesetzt wird, die sich aber auch jeder Nutzer selbst definieren kann. Ein üblicher Wert ist 500.

Über die Eingabe eines Ausrufezeichens und der Nummer können Sie so gezielt einzelne Kommandos zur Ausführung bringen: !460 führt also das Kommando Nr. 460 aus.

Gleichzeitig können Sie aber auch von unten zu zählen beginnen – um eben beispielsweise den fünftletzten Befehl ausführen zu lassen. Antwort a) ist richtig, denn bei einem negativen Zahlenwert zählt die bash „von unten": !5 ist das fünfte Kommando (von oben) und !-5 eben das fünfte Kommando von unten.

Übrigens: Zwischen Ausrufezeichen und der Zahl steht *kein* Leerzeichen!

29

Sie geben folgende Kommandos ein:

```
linux:~ # TEXT='Hallo Welt'
linux:~ # export TEXT
linux:~ # bash
linux:~ # TEXT='Hallo Sonnenschein'
linux:~ # export TEXT
linux:~ # exit
```

Wenn Sie nun echo $TEXT eingeben – welche Bildschirmausgabe werden Sie bekommen?

[ ] a) Hallo Welt

[ ] b) Hallo Sonnenschein

[ ] c) TEXT

[ ] d) Nichts, $TEXT ist leer.

Die Antwort ist einfach, wenn wir uns an die vorangegangenen Fragen und deren Erläuterungen erinnern: Exportierte Variablen werden an *nachfolgende* Prozesse *vererbt*. Jedoch haben Veränderungen an diesen Variablen in den sog. Child-Prozessen keine Auswirkungen auf den Hauptprozess.

$TEXT hätte hier also weiter den ursprünglichen Wert Hallo Welt behalten, denn was in der zwischenzeitlich gestarteten bash passiert ist, spielt keine Rolle. Richtig ist also a).

Denken Sie bei dieser Gelegenheit noch einmal daran, wann Variablen ein $-Zeichen vorangestellt wird!

1.103.1 Auf der Kommandozeile arbeiten [4]

30 Welche Befehle gehören zum Dokumentationssystem von Linux? Geben Sie alle zutreffenden Antworten an.

[ ]   a) man

[ ]   b) help

[ ]   c) apropos

[ ]   d) info

[ ]   e) doc

[ ]   f) view

[ ]   g) whatis

Seien Sie nicht zu schnell mit Ihren Antworten: Geben Sie *alle* zutreffenden Kommandos an! man kennt wohl jeder, auch info ist den meisten durchaus noch ein Begriff, wird aber nur selten benutzt. Obwohl es info schon vor man gab, konnte es sich nie richtig durchsetzen, möglichwerweise wegen der ein wenig gewöhnungsbedürftigen Bedienung. Als Hypertextsystem (Webseiten vergleichbar) ist es man eigentlich überlegen, da es Stichworte verlinken kann. Selten findet man heute noch Projekte, die eine Man-Page mitbringen und für eine ausführliche Dokumentation auf info ausweichen.

whatis durchsucht die Namen der man-Pages exakt nach dem Stichwort. Man kann damit eine Auflistung bekommen, in welchen Kategorien eine man-Page zum Stichwort vorhanden ist:

```
linux: # whatis passwd
passwd (1ssl)        - compute password hashes
passwd (1)           - change user password
passwd (5)           - password file
linux: #
```

apropos arbeitet fast wie whatis, durchsucht aber auch die Kurzbeschreibungen der Man-Pages und liefert darum mehr Ergebnisse:

```
linux: # apropos passwd
ldappasswd (1)       - change the password of an LDAP entry
gpasswd (1)          - change group password
passwd (1)           - change user password
```

```
getpwent_r (3)      - get passwd file entry reentrantly
yppasswd (1)        - change your password in the NIS database
fgetpwent_r (3)     - get passwd file entry reentrantly
chpasswd (8)        - change user passwords in batch
[...]
mkpasswd (1)        - Overfeatured front end to crypt(3)
pam_rpasswd (8)     - PAM module to change remote password
rpasswd.conf (5)    - configuration file for remote password update client
linux: #
```

`help` lässt sich in der `bash` zwar durchaus eingeben und liefert eine kleine Befehlsübersicht über die Befehle der bash, zählt aber nicht zum Dokumentationssystem von Linux.

Übrigens: Kennen Sie sich mit den Kategorien der Man-Pages aus? Das sollten Sie! Vielleicht sind Ihnen im Beispiel zu `whatis passwd` schon die aufgelisteten Zahlen aufgefallen. Auch sonst finden Sie häufig Verweise wie `SEE ALSO passwd(5)`. Andererseits finden Sie, wenn Sie nur `man passwd` eingeben, in der Kopfzeile den Eintrag `passwd(1)`:

```
linux: # man passwd
PASSWD(1)                                                    PASSWD(1)


NAME
       passwd - change user password

SYNOPSIS
       passwd [-f|-s|-k[-q]] [name]
       passwd [-g] [-r|R] group
[...]
```

Dies ist also eine Beschreibung des *Programms* `passwd`, mit dem Sie die Kennwörter ändern können.

Geben Sie jedoch Folgendes ein:

```
linux: # man 5 passwd
PASSWD(5)                                                    PASSWD(5)


NAME
       passwd - The password file

DESCRIPTION
       passwd  contains  various  pieces  of information for each
       user account. Included is
[...]
```

dann erhalten Sie als Ergebnis die Beschreibung der *Datei* `/etc/passwd`.

1.103.1 Auf der Kommandozeile arbeiten [4]

Man-Pages unterscheiden also verschiedene Kategorien – diese sollten Sie kennen. `man man` gibt darüber Auskunft.

```
linux: # man man
[...]
   1    Ausführbare Programme oder Shellbefehle
   2    Systemaufrufe (Kernelfunktionen)
   3    Bibliotheksaufrufe (Funktionen in System-Bibliotheken)
   4    Spezielle Dateien (gewöhnlich in /dev)
   5    Dateiformate und Konventionen, z. B. /etc/passwd
   6    Spiele
   7    Makropakete und Konventionen, z. B. man(7), groff(7)
   8    Systemadministrationsbefehle (in der Regel nur für root)
   9    Kernelroutinen [Nicht Standard]
[...]
```

Relevant im Alltag sind insbesondere 1, 5 und 8. Kategorie 5 vor allem dann, wenn Sie die Syntax der Config-Dateien benötigen. LPI geht davon aus, dass Sie diese Kategorien kennen. Über `man <nr> <stichwort>` können Sie gezielt eine Man-Page aus einer bestimmten Kategorie anfordern; ohne Angabe von `<nr>` beginnt man bei 1.

Richtig sind hier die Antworten a), c) d) und g).

31

Sie möchten die Zeilen eines Textes zählen. Wie lautet ein korrekter Aufruf?

[ ] a) `cat test | wc -r`

[ ] b) `cat test | wc -c`

[ ] c) `cat test | wc -l`

[ ] d) `wc -n test`

[ ] e) `wc -r < test`

Das Programm `wc`: klein, fein, Linux! Es tut eigentlich nichts Weltbewegendes, aber in der Skriptprogrammierung ist es immer wieder ein unverzichtbares Werkzeug.

`wc` zählt Text – wahlweise eine angegebene Datei (siehe Antworten d) und e)) oder auch den Standard-Input (siehe Antworten a), b) und c)). Bis hierher könnten also zunächst einmal alle angegebenen Antworten zutreffen.

```
linux:~ # wc lpi101-1.tex
3048    137257  137257  lpi101-1.tex
```

Das Ergebnis von `wc` ohne Optionen ist die Ausgabe von Zeilen, Wörtern und Zeichen des Input – in dieser Reihenfolge. In der Skriptprogrammierung benötigt man allerdings oft nur eine dieser drei Angaben, um sie sogleich weiterzuverarbeiten. Die Aufrufparameter sollten Sie also kennen; lesen Sie mit `man wc` nach!

Ein nettes Detail ist übrigens die Unterscheidung zwischen den Parametern `-m` (Anzahl Zeichen) und `-c` (Anzahl Bytes). Gerade neuere Zeichensätze wie UTF-8 nehmen für die Kodierung von Sonderzeichen mehrere Bytes:

```
linux:~ # cat umlauttest.txt
ä
linux:~ # wc -m umlauttest.txt
2 umlauttest.txt
linux:~ # wc -c umlauttest.txt
3 umlauttest.txt
```

Zurück zur Frage: Geht man davon aus, dass die Optionskürzel jeweils für ein englisches Wort stehen, kommen eigentlich nur a) oder c) in Frage – aber wie heißt es nun? -r für „rows" oder etwa -l für „lines"?

Richtig ist Antwort c), der Parameter -l geht tatsächlich auf das englische „lines" zurück, wie übrigens bei vielen Programmen dieser Art.

- Wie zählen Sie mit wc eigentlich nur Wörter oder nur Buchstaben?

- Die in diesem Beispiel genannten Antworten sind übrigens auch Kandidaten für den sogenannten „Useless use of cat"-Award, denn es ist normalerweise sinnfrei und überflüssig, eine Datei erst mit cat auszulesen und dann an wc zu pipen, wenn doch wc < datei viel einfacher und kürzer ist. Auf http://partmaps.org/era/unix/award.html finden sich schön zusammengestellt auch andere Varianten des „useless use of", beispielsweise zu test, kill -9, ls * oder echo.

  Da sich diese cat-Beispiele jedoch so in eingen LPI-Fragen wiederfinden, um zu testen, ob die Kandidaten diese Konstrukte verstehen und nachvollziehen können, habe ich in verschiedenen Fragen des Buches auch die „böse" Vorgehensweise genutzt.

32

Sie möchten mittels `sed` in der Datei `input.txt` den jeweils ersten Buchstaben X einer Zeile durch Y ersetzen und das Ergebnis auf STDOUT ausgeben lassen. Mit welchem Kommando führen Sie das durch?

[ ] a) `cat input.txt | sed -s X -r Y`

[ ] b) `cat input.txt | sed s/X/Y/`

[ ] c) `cat input.txt | sed -s X,Y`

[ ] d) `cat input.txt | sed -s "X" "Y"`

[ ] e) `cat input.txt | sed /X/Y/s`

Der *Streaming Editor* sed ist ein Editor der besonderen Art: Er arbeitet nicht mit Dateien, die er öffnet und speichert, sowie einem Interface, in dem der Nutzer zeilenweise auf und ab scrollen kann, sondern bearbeitet grundsätzlich *Datenströme* – also Standard-Input und Standard-Output.

sed kann dadurch hervorragend in Pipe-Ketten oder bei der Skript-Programmierung eingebunden werden, da er als vorprogrammierter, nichtinteraktiver Editor festgelegte Aufgaben automatisiert erledigen kann.

Das erfordert ein anderes Herangehen, als Sie es von normalen Texteditoren gewohnt sind. Natürlich können Sie mit sed auch Dateien bearbeiten, indem Sie mittels Ein-/Ausgabe-Umleitung die Datei in STDIN verwandeln bzw. den STDOUT wieder in eine Datei umlenken: `sed parameter < input.txt > output.txt`.

sed ist unübersichtlich, aber mächtig – ein vollwertiger Editor. LPI kann (ebenso wie bei vi) nicht von Ihnen verlangen, alles über sed zu wissen. Aber grundlegende Funktionen dürfen kein Problem sein, und mit ein wenig praktischer Erfahrung sollten Sie Lösung b) rasch als die korrekte erkennen.

Für eine Suche/Ersetze-Operation nutzt sed die Syntax: `sed s/SUCHE/ERSETZE/` (s für *substitute*). Beachten sollten Sie dabei, dass das Suchmuster auch mit einem „/" abgeschlossen sein muss. sed ersetzt den Begriff dann jeweils *einmal* pro Zeile, also immer den ersten Treffer.

Schwierigkeiten gibt es aber bei weiteren Sonderzeichen, beispielsweise bei einem Leerzeichen im Suchmuster: `sed s/Frau Bezelmann/Kollege O/`. Diese müssen wir durch ein vorangestelltes „\" maskieren und in ihrer Sonderbedeutung aufheben: `sed s/Frau\ Bezelmann/Kollege\ O/`.

Auch ein „/" im Suchmuster ist heikel und muss entsprechend wie ein Sonderzeichen der Regular Expressions (siehe Frage 46, Seite 119) behandelt werden, da `sed` das Suchmuster stets als RegExp versteht: Ein „." in RegExp steht eben für ein beliebiges Zeichen.

`sed s/./A/` ersetzt *jedes beliebige* Zeichen durch `A` (aber wieder nur den ersten Treffer pro Zeile). Sie müssen solche Zeichen mit besonderer Bedeutung jeweils durch einen Backslash markieren, der die Sonderbedeutung aufhebt: `sed s/\./A/` sucht jetzt tatsächlich nach einem Punkt.

Schwierig und unübersichtlich wird es, wenn Sie nach einem Backslash selbst suchen wollen. Prinzipiell gilt auch da: Sie müssen den Backslash mit einem Backslash markieren, damit er von `sed` nicht als Sonderzeichen interpretiert wird. Suchen Sie nach einem „\", müssen Sie `sed` jeweils ein „\\" übergeben: `sed s/\\/AA/`.

Doch Sie werden merken, dass auch das noch nicht funktioniert, es ist leider noch ein wenig komplizierter: Wie Sie an den Listings dieses Buches sehen, können Sie ein Shell-Kommando auf mehrere Zeilen aufteilen, indem Sie die Zeilen mit einem „\" beenden. Wenn Sie nun einen einfachen Backslash in einem Programmparameter angeben, so wird ihn die Shell als Sonderzeichen „für sich selbst" interpretieren – das Programm wird den Backslash jedoch nie zu sehen bekommen.

Soll er tatsächlich an das Programm durchgereicht werden, so gilt auch hier: Markieren Sie ihn mit einem Backslash, um für die `bash` die Sonderbedeutung aufzuheben. Kurz gesagt: Aus einem „\\" in der Kommandozeile wird als Aufrufparameter für das Programm ein einfacher „\"!

Wenn nun aber `sed` seinerseits schon zwei Backslashes benötigt, müssen wir bei der Shell-Eingabe mit *vier* Backslashes starten! Aus dem Kommando `sed s/\\\\/AA/` macht die Shell den Aufruf `sed s/\\/AA/`, und `sed` erkennt daraus, dass es nach einem simplen „\" suchen soll.

Der gezeigte Weg soll lediglich noch einmal das Escapen der Sonderzeichen in der Shell erklären – ist aber natürlich etwas mühsam. Es geht auch einfacher, wenn man nur Quote-Zeichen („einfache Anführungszeichen") nutzt, damit die Shell die enthaltenen Sonderzeichen in Ruhe lässt. Dann sind zwar nach wie vor zwei Backslashes für `sed` notwendig, aber wenigstens entfällt der Aufwand für die Shell: `sed 's/\\/AA/'`

- Oft übersehen wird das pikante Detail, dass diese Suche per Default nur den jeweils *ersten* Treffer einer Zeile ersetzt. Stünde in diesem Beispiel in der Datei `input.txt` die Buchstabenfolge `XXX`, so würde Antwort b) als Ergebnis `YXX` liefern. Will man alle Treffer einer Zeile ersetzen, so muss die Option g (*global*) ergänzt werden: `sed s/X/Y/g`.

33

Sie haben eine 3,5 GByte große Datei `archiv.tgz` mit einem Backup Ihrer Daten angelegt, die Sie nun auf CD-ROMs mit 700 MByte Kapazität brennen wollen. Wie teilen Sie das Archiv in einzelne Dateien auf?

[ ] a) `split -m 5 archiv.tgz`

[ ] b) `split -c 5 archiv.tgz`

[ ] c) `split -M 700 archiv.tgz`

[ ] d) `split -b 700m archiv.tgz`

Wenn Sie keine Routine mit `split` haben, sollten Sie die Man-Page studieren und das Ganze mit einer Beispieldatei nachvollziehen. Wie lauten die Namen der Teilarchive, die dabei entstehen?

Die richtige Antwort ist hier d), und wir merken uns, dass wir über -b (*Bytes*) die Größe der Archive angeben, es aber nicht möglich ist, die gewünschte Stückzahl vorzugeben. Die Angabe erfolgt grundsätzlich in Bytes, wobei durch ein k oder m auch KBytes und MBytes angegeben werden können.

Wenn Sie eine Datei in zehn Teile zerlegen wollen, müssen Sie also zuvor ausrechnen, wie groß eine einzelne Datei entsprechend ist.

Übrigens können Sie die Dateien durch ein `cat dateiname* > originaldatei` auch wieder zusammenfügen, da das von `split` gewählte Suffix die alphabetische Reihenfolge bewahrt.

- Nehmen Sie sich eine Datei mittlerer Größe und probieren Sie es aus!

1.103.2 Textströme mit Filtern verarbeiten [3]

- Die Tools der Kommandozeile spielen natürlich auch im LPI-Test eine sehr große Rolle, schließlich ist es ja gerade deren Beherrschung, die einen routinierten Administrator ausmacht.

- Im LPI-Test gibt es darum über die verschiedenen Prüfungsbereiche verteilt immer wieder Fragen, bei denen es auch darum geht, welche Funktion und Bedeutung einige dieser Programme haben, bzw. bei denen Sie zu einer Aufgabe das passende Programm benennen müssen. Insofern müssen Sie mit mehr als nur den drei Fragen rechnen, die laut Gewichtung der Objectives 1.103.2 eigentlich zu erwarten sind.

- Die Bedeutung der nachfolgend genannten Programme ist im LPI-Test darum nicht zu unterschätzen! Aus Platzgründen werden wir nicht jedes einzelne Tool hier vorstellen, denn es führt ohnehin kein Weg daran vorbei, sich in der Praxis damit zu beschäftigen.

- Lesen Sie von *allen* diesen Programmen die Man-Pages und *benutzen Sie sie auch*! Eine absolut sichere Kenntnis aller dieser Tools ist eine wirklich wichtige Quelle für sichere Punkte in der Prüfung.

```
cat         paste
cut         pr
expand      sed
fmt         sort
head        split
join        tail
less        tee
more        tr
nl          uniq
od          wc
```

- Zu diesen Programmen müssen Sie die wichtigsten Aufrufparameter kennen. Mit `sed` sollten Sie sich beispielsweise soweit beschäftigt haben, dass Sie z. B. ein „Suche/Ersetze" mühelos bewerkstelligen, `head` und `tail` können Sie im Schlaf, und auch etwas exotischere Kandidaten wie `join`, `expand`, `nl` etc. gehören zu den geforderten Grundkenntnissen (kurz gesagt: alle hier genannten Tools).

34

Sie möchten den Verzeichnisbaum /var 1:1 auf eine zweite, unter /mnt gemountete Festplatte kopieren, um ein Backup zu haben. Wie lautet der sinnvollste Befehl, so dass auch Socket, Pipes, Symlinks und Devices erhalten bleiben?

[ ] a) cp -Rpd /var /mnt

[ ] b) rcp -v /var /mnt

[ ] c) cp -Rl /var /mnt

[ ] d) cp -rfu /var /mnt

[ ] e) cp -dv /var /mnt

Selbstverständlich: Die Aufrufparameter von cp müssen aus der Praxis bekannt sein. Das Programm rcp (*remote copy*), das zur so genannten „r-Familie" gehört, können wir aber gleich ausklammern: Es wird allenfalls noch zum Kopieren innerhalb eines Netzwerkes eingesetzt und ist hier falsch.

Schauen wir uns einige wichtige Parameter von cp an (werfen Sie parallel auch einen Blick in die Man-Page!):

-d (*no dereference*)
> kopiert Symlinks als Symlinks und *nicht* deren Inhalt; im Zielordner wird also wieder ein Symlink angelegt. Das ist sinnvoll, wenn Sie den Zielordner, auf den der Symlink verweist, in das Backup einschließen; es ist aber fatal, wenn Sie das nicht tun, denn dann geht der Link ins Leere und die Daten sind weg.

-f (*force*)
> soll die Aktion auch bei Problemen durchführen; können Zieldateien nicht geöffnet/überschrieben werden, so werden sie gelöscht und neu angelegt.

-i (*interactive*)
> fragt nach, bevor Zieldateien überschrieben werden

-l (*link*)
> kopiert die Dateien nicht physisch, sondern legt im Zielordner Hardlinks an (-s legt Symlinks an!) – natürlich nur, solange Hardlinks möglich sind, also nur innerhalb derselben Partition.

-p (*preserve attributes*)
: behält Dateiattribute (Owner, Zugriffszeiten, Dateirechte) bei. Wichtig für Backups!

-R oder -r (*recursive*)
: kopiert Unterordner mit

-s (*symlink*)
: legt im Zielordner nur Symlinks an, kopiert diese Dateien aber nicht physisch; -l macht dasselbe, nutzt aber Hardlinks.

-u (*update*)
: überschreibt eventuell vorhandene Zieldateien nur dann, wenn die Quelldatei neuer ist

-v (*verbose*)
: gibt ausführlichere Meldungen aus

Zurück zur Frage: b) wurde bereits ausgeschlossen, aber auch c) kann es kaum sein, schließlich würde da nur verlinkt und kein physisches Backup angelegt.

Antwort d) kopiert die Dateien zwar physisch, auch rekursiv, würde aber symbolische Links auflösen und Dateirechte nicht sauber übertragen. Wenn wir daraus im Falle eines Falles unser System restaurieren wollten, dürften wir lediglich ein Chaos vorfinden.

e) kopiert zwar Symlinks als Symlinks, geht aber weder rekursiv vor, noch kümmert es sich um Dateiattribute. Also auch keine Lösung.

Es bleibt Antwort a): Rekursiv, Symlinks beibehalten, Dateiattribute 1:1 übertragen – die einzig hier sinnvolle Antwort.

Übrigens: Da -Rpd weder kurz noch einfach ist, die damit zu erledigende Backup-Lösung aber durchaus häufig vorkommt, steht stattdessen auch der Parameter -a (*Archiv*) zur Verfügung. Er bewirkt dasselbe wie -Rpd.

35

Mit welchen Befehlen können Sie die Datei `tux.gz` entpacken? Geben Sie alle möglichen Antworten an.

[ ] a) `unzip tux.gz`

[ ] b) `gzip -d tux.gz`

[ ] c) `decompress tux.gz`

[ ] d) `gunzip tux.gz`

[ ] e) `gunzip -d tux.gz`

Eine richtige Antwort zu finden, dürfte nicht schwierig sein: Antwort d) ist natürlich korrekt. Aber was ist mit den anderen?

Auch b) stimmt – der Parameter -d steht für *decompress*. Achtung, wenn Sie andere Packer kennen oder die `tar`-Parameter gewohnt sind: Ein `-x` für *extract* gibt es nicht!

Was ist aber nun mit e)? Kann man das kombinieren? `gunzip` *und* `-d`? Überlegen Sie kurz, was `gunzip` eigentlich ist.

Früher war es oft nur ein Symlink auf `gzip`:

```
linux:~ # ls -la /usr/bin/gunzip
lrwxrwxrwx   1 root     root     13 Mai 25 18:35 gunzip -> /bin/gzip
```

Dass wir mit `gunzip datei.gz` auspacken können, ohne einen Parameter angeben zu müssen, liegt daran, dass `gzip` erkennen kann, unter welchem Namen es gestartet worden ist, und sich entsprechend verhält.

Heute ist es oft auch nur ein kleines Shell-Skript, das `gzip` aufruft:

```
linux:~ # cat /bin/gunzip
#!/bin/sh
PATH=$GZIP_BINDIR-'/bin':$PATH
exec gzip -d "$@"
```

`gzip` kennt also auch den Parameter -d, und die sozusagen doppelte Angabe stört hier nicht – `gzip` entpackt das Archiv so oder so. Auch e) ist also möglich.

Interessant sind nun a) und c). `decompress` klingt ein wenig ausgedacht – existiert aber als Relikt aus früheren Zeiten. Aus heutiger Sicht gibt es bessere Packalgorithmen, so dass `decompress` und das Pendant `compress` fast nicht mehr benutzt werden. Mit `gzip`-Archiven kann `decompress` auch nicht umgehen – Antwort c) ist also falsch.

Und a)? Die immer wieder gestellte Frage: Sind `zip` und `gzip` austauschbar? Antwort: Nein, sind sie nicht! Während `zip` mit seinen vielen verbreiteten Clones und Programmen (in der Windows-Welt beispielsweise das populäre *WinZip*) dafür gedacht ist, auch ganze Verzeichnisse, Dateistrukturen etc. rekursiv in ein Archiv zu packen und dabei auch noch auf Dateinamen, Erstellungsdatum u. Ä. aufzupassen, kann `gzip` das nicht. Ein Manko? Mitnichten: Absicht! Denn um Dateien in einem Archiv zusammenzufassen, gibt es `tar` – `gzip` kümmert sich dann um die Komprimierung.

`gzip` kann einen Datenstrom komprimieren – aber nicht mehrere Dateien in einem Archiv bündeln. Der Output von `gzip` enthält keine Dateinamen, kein Erstellungsdatum, keinen Pfad, sondern ausschließlich den Dateninhalt in komprimierter Form. Der Dateiname ergibt sich aus dem Namen der komprimierten Datei: `datei.txt.gz` heißt entpackt eben `datei.txt`; würden Sie die `.gz`-Datei umbenennen, würde auch die entpackte Datei entsprechend anders heißen.

Darum lässt sich `gzip` einfach in eine Pipe-Kette einsetzen, wenn der Input zu komprimieren und der entsprechende Output weiterzuverarbeiten ist. Mit einem dateiorientierten Packer wie `zip`, `arc`, `rar` o. Ä. geht das nicht. Das bedeutet aber auch, dass `zip` und `gzip` inkompatibel zueinander sind, auch wenn sie einen verwandten Packalgorithmus nutzen. a) ist also falsch.

36

Sie haben die Datei `sourcecode-snapshot.tar.bz2`. Mit welchem Befehl können Sie das Archiv auspacken?

[ ] a) `tar -xvzf sourcecode-snapshot.tar.bz2`

[ ] b) `tar -cvjf sourcecode-snapshot.tar.bz2`

[ ] c) `tar -ezf sourcecode-snapshot.tar.bz2`

[ ] d) `tar -xvjf sourcecode-snapshot.tar.bz2`

[ ] e) `tar -xj sourcecode`

Selbstverständlich wäre es auch möglich, das Archiv zunächst mit `bzip2` zu entpacken, um dann `sourcecode-snapshot.tar` durch `tar` zu schicken. Aber das ist weder elegant, noch entspricht es der hier gestellten Aufgabe.

Grundsätzliches über `tar` müssen Sie allerdings in jedem Falle wissen, darum in aller Kürze:

Mit `-c` erzeugen Sie ein Archiv (*create*). Antwort b) scheidet damit aus, auch wenn die übrigen Optionen die richtigen wären, wie wir noch sehen werden. Da „Auspacken" aus Archiven oft mit „extract" übersetzt wird, scheint `-e` naheliegend, allerdings ist `-e` häufig die „erase"-Option und somit belegt. Tatsächlich bewirkt `-x` fast immer das Entpacken.

Es bleiben also nur a), d) und e) als mögliche Antworten. Die Option `-v` (*verbose*) ist oft sehr hilfreich, hat aber nichts mit der Frage zu tun.

Wichtig ist es jedoch, `tar` den Dateinamen des Archivs mit `-f` zu übergeben, andernfalls nutzt `tar` den Standard-Input oder Standard-Output. Antwort e) ist damit ausgeschlossen, abgesehen davon, dass natürlich auch die Dateiendung mit anzugeben wäre.

Es bleiben a) und d), aber nur d) ist richtig, denn: Variante a), `-xvzf`, ist zwar ein sehr häufiger Aufruf, doch das z steht für ein mit `gzip` komprimiertes Archiv. Wir haben hier aber ein `bzip2`-Archiv, das zu `gzip` nicht kompatibel ist. Über `-j` weisen wir `tar` an, zum Ein-/Auspacken `bzip2`/`bunzip2` zu verwenden. Dies kann, gerade bei umfangreichen Archiven, empfehlenswert sein, da `bzip2` stärker komprimiert – dafür allerdings auch deutlich mehr Zeit benötigt als `gzip`.

Ältere `tar`-Versionen kennen den Parameter `-j` unter Umständen noch nicht. Dann gibt es zwei Möglichkeiten.

- Sie dekomprimieren, wie oben erwähnt, das Archiv zunächst mit `bunzip2` und übergeben es dann an `tar`.

1.103.3 Grundlegende Dateiverwaltung [4]

- Sie fassen den gesamten Vorgang in einer Pipe-Kette zusammen:

  ```
  linux:~ # bunzip2 -c sourcecode-snapshot.tar.bz2 | tar -xvf -
  ```

  Alternativ geht übrigens auch:

  ```
  linux:~ # bzcat sourcecode-snapshot.tar.bz2 | tar -xvf -
  ```

Durch die Pipe sparen Sie Festplattenplatz, da das Archiv nicht mehrfach als Datei gespeichert werden muss. Da wir `tar` keinen Archivnamen mehr angeben müssen, fällt die Option `-f` weg: Das „-" am Ende des Befehls zeigt an, dass STDIN als Input übernommen werden soll.

37

Wie können Sie sich den Inhalt von `archiv.tar` anzeigen lassen?

[ ] a) `tar -tf archiv.tar`

[ ] b) `tar -cf archiv.tar`

[ ] c) `tar -if archiv.tar`

[ ] d) `tar -f archiv.tar`

Sie sollten sich mit den Aufrufparametern von `tar` intensiv beschäftigen. `tar` ist zweifellos Grundwissen für LPI-Niveau!

b) müssen wir streichen, denn der Parameter `-c` dient dazu, ein neues Archiv anzulegen; davon war ja bereits die Rede.

c) klingt gut (i für *info*?), ist aber falsch.

Wer sich etwas mit `tar` beschäftigt hat, wird auch d) sofort ausschließen können, denn `-f` (*file*) allein nützt bekanntlich nicht viel.

Bleibt noch a) – aber wofür steht das `-t`? Konsultieren Sie bei Bedarf `man tar`. Mit `-t` *testet* man eigentlich ein Archiv auf seine Integrität und mögliche Fehler. Allerdings wird gleichzeitig eine Übersicht der enthaltenen Dateien ausgegeben, so dass `tar` gar keinen speziellen Parameter kennt, um eine Inhaltsliste anzuzeigen. Also bleibt a) als korrekte Antwort.

1.103.3 Grundlegende Dateiverwaltung [4]

Sie möchten Ihr Netzwerk so einrichten, dass sich jeder Nutzer an einem beliebigen Host einloggen kann, ohne seine gewohnte Arbeitsumgebung zu verlieren. Welches Verzeichnis sollten Sie dazu per NFS exportieren?

[ ] a) `/home`

[ ] b) `/usr`

[ ] c) `/var`

[ ] d) `/mnt`

[ ] e) `/boot`

Eine leichtere Frage, bei der man Punkte sammeln kann: `/mnt` und `/boot` ergeben keinen Sinn. `/var` ist gerade *nicht* dazu gedacht, über mehrere Hosts hinweg verteilt zu werden, schließlich liegen dort ja gerade hostspezifische Daten, wie z. B. `/var/log` oder `/var/run`. Es ist *unshareable*.

`/usr` ist im Gegensatz dazu *shareable*, kann also von mehreren Hosts gemeinsam per NFS genutzt werden, z. B. um `/usr/bin` auf allen beteiligten Hosts synchron zu haben. Doch was soll das hier bringen?!

`/home` ist unser Treffer, denn userspezifische Einstellungen sind stets im Home-Verzeichnis gespeichert (an anderer Stelle bestehen ja auch keine Schreibrechte). Wenn es um die Anordnung der Icons, die Wahl des Bildschirmschoners oder Hintergrundbildes, das persönliche Wörterbuch der Textverarbeitung oder die Sprache von KDE oder Gnome geht – alles im Home-Verzeichnis der Nutzer gespeichert. Halten wir das über alle Client-Hosts identisch, findet jeder Nutzer an jedem Client seine persönlichen Einstellungen vor.

Richtig ist also a).

39

Was bewirkt der Aufruf `cmd1 || cmd2`?

[ ] a) `cmd2` wird nur gestartet, wenn `cmd1` fehlerfrei beendet wurde.

[ ] b) `cmd2` wird nur gestartet, wenn `cmd1` nicht fehlerfrei beendet wurde.

[ ] c) Die Ausgabe von `cmd1` wird an die Datei `cmd2` angehängt.

[ ] d) Die Standardausgabe von `cmd1` wird mit der Standardeingabe von `cmd2` verbunden.

[ ] e) `cmd1` und `cmd2` werden nacheinander ausgeführt.

Eine Frage, die Sie nicht wirklich zum Nachdenken bringen sollte, aber selbst in LPI-Kursen doch immer wieder für betretenes Schweigen sorgt...

Schauen wir uns kurz das an, was in Büchern unter dem Stichwort *Kommandoverkettung* behandelt wird:

1. `cmd1 | cmd2`
   Die *Pipe* – jeder sollte sie (eigentlich) kennen. Aber was bewirkt eine Pipe? Sie verbindet zwei Programme – aber wie und was genau? Eine Definition lautet ungefähr wie folgt: Sie verbindet die Standardausgabe des ersten Programms mit der Standardeingabe des zweiten Programms. Antwort d) umschreibt hier also eine Pipe.

2. `cmd1 ; cmd2`
   Einfache Sache: `cmd2` wird gestartet, wenn `cmd1` beendet ist – ganz egal, wie und warum `cmd1` endete. Eine simple Verknüpfung *nacheinander* auszuführender Befehle in einer Zeile.

3. `cmd1 && cmd2`
   Jedes Programm übergibt zuletzt an das Betriebssystem einen so genannten Returncode (auch „Errorlevel" oder „Exitlevel" genannt). Bei einem Returncode Null ist alles in Ordnung, bei jedem Wert ungleich Null trat ein Fehler auf. In diesem Fall der Kombination wird `cmd2` nur dann ausgeführt, wenn der Returncode von `cmd1` gleich Null war, das Programm `cmd1` sich also fehlerfrei beenden konnte.

4. `cmd1 || cmd2`
   Hier das genaue Gegenteil: `cmd2` wird nur ausgeführt, wenn `cmd1` fehlerhaft beendet wurde, also mit einem Returncode ungleich Null. Also ist Antwort b) die richtige Lösung.

1.103.4 Ströme, Pipes und Umleitungen verwenden [4]

5. `cmd1 & cmd2`
   Das &-Zeichen am Ende einer Befehlszeile kennen Sie sicherlich: Es sorgt dafür, dass die Shell dieses Kommando im Hintergrund ausführt und sofort wieder für eine Befehlseingabe zur Verfügung steht. Nichts anderes passiert hier: `cmd1` wird im Hintergrund gestartet, `cmd2` läuft anschließend im Vordergrund, ohne abzuwarten, ob und wie `cmd1` beendet wurde.

Darüber hinaus sollten Sie sich in Bezug auf Umleitung der Ein- und Ausgabekanäle auskennen:

`cmd > /tmp/output.log` oder auch `cmd 1> /tmp/output.log`
   Die Standard-Ausgabe (STDOUT) wird in die Datei `/tmp/output.log` geschrieben.

`cmd >> /tmp/output.log`
   Die Standard-Ausgabe (STDOUT) wird an die Datei `/tmp/output.log` *angehängt*.

`cmd 2> /tmp/error.log`
   Die Standard-Fehlerausgabe (STDERR) wird in die Datei `/tmp/error.log` geschrieben.

`cmd &> /tmp/complete.log`
   Die Standard-Ausgabe und Standard-Fehlerausgabe werden *beide* in die Datei `/tmp/complete.log` geschrieben.

`cmd < /tmp/input`
   Die Standard-Eingabe erfolgt nicht über die Tastatur, sondern aus der Datei `/tmp/input`.

`cmd << EOT`
   Die Standard-Eingabe wird nur bis zur frei wählbaren Zeichenfolge EOT gelesen und dann beendet. Man nennt diese Konstruktion ein HERE-Dokument. Sie können es wie folgt einsetzen:

   ```
   cat << EOT | sort
   so eine Zeile
   kommt selten
   alleine
   EOT
   alleine
   kommt selten
   so eine Zeile
   ```

   Oder auch um in einem Shell-Skript eine längere Mail zu versenden:

```
cat << EOM | mail tux@geeko.de
Subject: Hallo!

Hier kommt eine Mail vom Host 'uname'!

EOM
```

Natürlich sind auch Kombinationen möglich:

```
cmd < /tmp/input > /tmp/output.log 2> /tmp/error.log
```

Oft dient folgendes Konstrukt dazu, STDERR auf STDOUT umzulenken:

```
cmd < /tmp/input > /tmp/output.log 2>&1
```

Doch gerade haben wir festgestellt, dass die folgende Schreibweise das Ganze kürzer und eleganter erledigt:

```
cmd < /tmp/input &> /tmp/output.log
```

Es ist auch möglich, die Ausgabe eines Programms in eine Datei *und* nach STDOUT auszugeben. Das Programm `tee` stellt dafür eine Abzweigung („T-Kreuzung" – daher der Name) zur Verfügung. So können Sie die Ausgabe von `cmd` sowohl am Bildschirm verfolgen als auch später in `output.log` nachlesen:

```
cmd | tee output.log
```

Natürlich können Sie die Ausgabe per Pipe an andere Programme weiterleiten:

```
cmd | tee output.log | wc -l
```

40

Wie lässt sich das Ergebnis des folgenden Programmaufrufs beschreiben?

`foo | bar &> foo.bar`

[ ] a) Das ist kein gültiger Programmaufruf.

[ ] b) Der Inhalt der Dateien `foo` und `bar` wird in die Datei `foo.bar` geschrieben.

[ ] c) Die Kommandos `foo` und `bar` werden beide im Hintergrund gestartet, das Kommando `foo.bar` wird im Vordergrund gestartet.

[ ] d) Die Standard-Ausgabe von `foo` wird zum Standard-Input von `bar`. Dessen Ausgabe wird in die Datei `foo.bar` geschrieben.

Dies ist im Grunde eine reine Wiederholung der vorherigen Erläuterungen: `foo` leitet über eine Pipe den Output an `bar`. Standard-Ausgabe und Standard-Fehlerausgabe von `bar` hingegen werden in die Datei `foo.bar` umgeleitet – Antwort d) ist also richtig.

Bei dieser Gelegenheit ist es an der Zeit, die Shell-Option `noclobber` zu erwähnen. Ist sie nicht gesetzt, lassen sich durch eine normale Ausgabeumleitung keine existierenden Dateien überschreiben:

```
linux:~ # echo Huhu > test.txt
linux:~ # set -o noclobber
linux:~ # echo Huhu > test.txt
bash: test.txt: cannot overwrite existing file
linux:~ # set +o noclobber
linux:~ # echo Huhu > test.txt
linux:~ #
```

Das *Anhängen* an vorhandene Dateien geht trotzdem:

```
linux:~ # echo Huhu > test.txt
linux:~ # set -o noclobber
linux:~ # echo Huhu >> test.txt
linux:~ #
```

Und noch ein kleiner Hinweis: Die Option `noclobber` wird nicht an später gestartete Subshells vererbt.

41

Sie möchten alle Backupdateien mit der Endung „~" rekursiv aus Ihrem gesamten Dateisystem löschen. Wie gehen Sie vor?

[ ] a) `find / -name \*~ | rm`

[ ] b) `find / -name \*~ -exec rm {} \;`

[ ] c) `rm 'find / \*~'`

[ ] d) `for find / -name \*~ ; do rm`

Haben Sie bereits eine Idee? Wenn nein, sollten Sie sich mit `find` intensiver auseinander setzen.

Zunächst schließen wir Antwort d) aus: Zwar existieren `for`-Schleifen, aber deren Syntax sieht doch erheblich anders aus.

Syntax und Möglichkeiten von `find` sollten Ihnen keinen Schrecken einjagen. Wissenswert – und ein wenig gewöhnungsbedürftig – ist die Tatsache, dass auch der *Dateiname* aus Sicht von `find` nur ein beliebiges Dateikriterium ist, das wir über den Parameter `-name` angeben.

Was hat es nun mit Antwort c) auf sich? Dass sie falsch ist, wissen wir bereits. Es fehlt die Angabe `-name`. Aber – abseits der Fragestellung – angenommen, Antwort c) würde wie folgt lauten:

`rm 'find / -name \*~'`

Wäre sie dann korrekt? Gibt es diese Hochkommata (Shift- und Apostroph-Taste)? Ja, dies wäre der einfache Fall einer *Kommandosubstitution*, und damit befinden wir uns „mitten in Linux": Die `bash` erkennt an den Hochkommata die Kommandosubstitution, die mit der „Klammerrechnung" in der Mathematik vergleichbar ist: Zunächst wird die Klammer ausgerechnet und aufgelöst, dann der Output eingesetzt und der Rest der Formel bearbeitet. Nicht anders ist es hier: Zunächst wird der Befehl in den Hochkommata bearbeitet und mit dessen Ausgabe (!) die eigentliche Kommandozeile generiert und ausgeführt. Doch auch im vorliegenden Fall gerät diese Variante schnell an ihre Grenzen, wenn `find` mehr Dateien findet als die Shell für `rm` als Aufrufparameter bereitstellen kann.

Abbildung 103.1 verdeutlicht den Prozess.

1.103.4 Ströme, Pipes und Umleitungen verwenden [4]

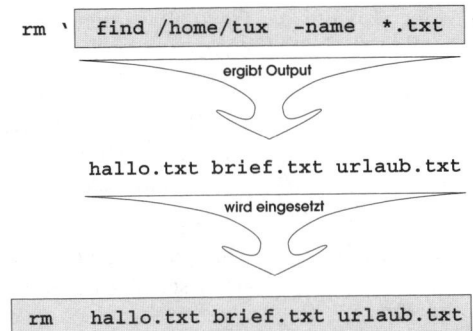

Abbildung 103.1: Eine Kommandosubstitution funktioniert wie Klammerrechnung

Wäre die Syntax von `find` oben korrekt, wäre c) eine richtige Antwort. Wegen des falschen `find`-Aufrufs scheidet sie jedoch aus.

Auch a) funktioniert leider nicht: Eine Pipe verbindet die Standard-Ausgabe des ersten Programms mit der Standard-Eingabe des zweiten Programms. Programme wie `rm`, `cp`, `mv` und andere Dateiprogramme erwarten die Übergabe der Dateinamen aber stets als *Aufrufparameter*, nicht als Standard-Input. Oder anders: `cp` oder `mv` erwarten (mindestens) zwei Parameter: Quelle und Ziel der Dateioperation. Wie sollte man diesen Programmen eine Liste der zu bearbeitenden Dateien über eine Pipe zukommen lassen? Wie sollten diese Programme erkennen, welchem Parameter der Inhalt der Pipe nun entsprechen soll?

Für solche Fälle bleibt also der Weg über eine Kommandosubstitution, über die wir den Output eines anderen Programms als Aufrufparameter einsetzen lassen können.

Doch es gibt noch eine weitere Möglichkeit, die Sie im Rahmen der LPIC-1-Prüfung kennen müssen: `xargs`! Dieses Tool liest die Standard-Eingabe als Liste und führt für jedes Listenelement einen Kommandoaufruf durch.[1] Das jeweilige Listenelement kann nun über einen Platzhalter als Aufrufparameter in einem beliebigen Kommando eingesetzt werden.

Ein kleines Beispiel macht das schnell deutlich:

```
linux:~ # cat /root/hostnamen
test
bla
fasel
linux:~ # cat /root/hostnamen | xargs -I HOST scp file.txt root@HOST:/ro
ot \;
```

---

[1] Per Default ist der Zeilenumbruch das Trennzeichen zwischen den Listenelementen; es kann aber über `-d` auch ein anderes Zeichen definiert werden. Ein `-d " "` setzt ein Leerzeichen als Delimiter und trennt damit Einträge, die in einer Zeile stehen.

Über den Parameter -I wird definiert, dass anstelle des Ausdrucks HOST später jeweils ein Element aus der über STDIN übergebenen Liste eingesetzt wird. HOST dient hier also nur als Platzhalter. Aus `scp file.txt root@HOST:/root` wird `scp file.txt root@test:/root`.

Zurück zur Frage – und damit zur hier richtigen Antwort b). Deren Syntax sollten Sie sich gut merken: Sie können `find` über den Parameter -exec anweisen, für *jeden einzelnen Treffer* der Suche das genannte Kommando auszuführen. Das einzelne Suchergebnis wird dann anstelle von {} eingesetzt.

Durch diesen Platzhalter können Sie das Suchergebnis auch bei mehreren Parametern gezielt an die richtige Stelle setzen lassen. Dieser Aufruf kopiert alle gefundenen Dateien nach /tmp:

`find / -name \*~ -exec cp {} /tmp \;`

Wichtige Ergänzung: `find` erwartet, dass der -exec-Aufruf durch ein „\;" abgeschlossen wird. Würden wir ein einfaches „;" angeben, würde dieses Semikolon von der `bash` abgefangen und gar nicht an `find` übergeben. Wir müssen das Semikolon also durch einen Backslash markieren („escapen"), damit die `bash` dieses Zeichen auch direkt an `find` durchreicht. Gleiches mussten wir ja auch für das „*" angeben, andernfalls wäre es sogleich von der Shell als Sonderzeichen interpretiert und aufgelöst worden.

1.103.5 Prozesse erzeugen, überwachen und beenden [4]

Was bewirken Sie, wenn Sie bei einem laufenden Kommando in der Konsole (Strg)-(Z) drücken?

[ ] a) Der Prozess wird gestoppt.

[ ] b) Der Prozess wird abgebrochen.

[ ] c) Die Bildschirmausgabe wird angehalten.

[ ] d) Der Prozess wird in den Hintergrund verlagert.

[ ] e) Alle Prozesse der Konsole werden beendet und der User ausgeloggt.

Versuchen Sie es! Nehmen Sie sich einen Prozess, der etwas länger läuft und Sie dabei über eine Ausgabe auf dem Laufenden hält – zum Beispiel ein `tar`-Job:

```
linux:~ # tar -cvzf /tmp/muell.tgz /usr
tar: Entferne führende '/' von Archivnamen.
usr/
usr/X11
usr/bin/
usr/bin/w
[...]
```

Wenn Sie (Strg)-(Z) drücken, stoppt der Prozess, und Ihre Eingabe-Shell meldet sich wieder. Ist er beendet? Ein Blick in die Prozessliste hilft weiter:

```
[...]
usr/bin/ld
usr/bin/mc

[4]+  Stopped                 tar -cvzf /tmp/muell.tgz /usr/
linux:~ # ps ax
[...]
 2794 pts/1    T      0:00 tar -cvzf /tmp/muell.tgz /usr/
 2795 pts/1    T      0:00 gzip
[...]
```

Vielleicht haben Sie schon das etwas ungewöhnliche `T` in der dritten Spalte bemerkt. Unser `tar`-Prozess wurde nicht beendet, sondern nur gestoppt, sozusagen eingefroren – richtig ist also Antwort a). Der Prozess könnte jederzeit wieder aktiviert werden, er fährt dann genau an der Stelle fort, an der er anhalten musste. Wie? Das klärt die nächste Frage.

43

Welcher Befehl listet alle derzeit gestoppten oder im Hintergrund laufenden Prozesse auf?

[ ] a) stop

[ ] b) paused

[ ] c) jobs

[ ] d) tasks

[ ] e) bg

Wie immer gilt: Probieren Sie es aus! Und da wir uns mit dieser kleinen Know-how-Frage nicht lange aufhalten wollen: Mit `jobs` erhalten Sie die hier gewünschte Übersicht, Antwort c) ist also richtig.

```
linux:~ # jobs
[1]+  Stopped                 tar -cvzf /tmp/muell.tgz /usr/
```

Antwort e), bg, liefert diese Übersicht zwar nicht, steht aber in Zusammenhang damit: Sie können einzelne gestoppte Prozesse im Hintergrund weiterlaufen lassen (*background*). Das Programm `fg` (*foreground*) lässt gestoppte Prozesse im Vordergrund weiterlaufen. Wichtig: Sie müssen als Parameter die Job-Nummer angeben, nicht etwa die Prozess-ID!

```
linux:~ # bg 1
```

oder eben

```
linux:~ # fg 1
```

Vorsicht: Wie üblich gibt es hier das Problem, wenn im Hintergrund laufende Programme auf STDOUT schreiben. Sollten Sie unser obiges `tar`-Beispiel nachvollziehen, so wundern Sie sich nicht, wenn `tar` den Bildschirm vollschreibt und *scheinbar* im Vordergrund läuft. Das tut es nicht! Drücken Sie einige Male die Return-Taste, dann sehen Sie, dass die Shell Ihre Eingabe erwartet.

1.103.5 Prozesse erzeugen, überwachen und beenden [4]

- Sie müssen die wichtigsten Aufrufparameter von `ps` kennen. Wie werden die Besitzer der Prozesse angezeigt, wie die CPU-Last und der Ressourcenverbrauch? – Beispielsweise über `ps u` oder `ps axu`.

- Auch rund um `jobs` sollten Sie Bescheid wissen: Wie holen Sie im Hintergrund laufende Prozesse wieder in den Vordergrund? – `jobs` listet gestoppte *und* im Hintergrund laufende Prozesse auf. Mit `fg <jobid>` können Sie auch Hintergrundprozesse sofort in den Vordergrund holen!

- Statt `kill <pid>` können Sie „genicete" oder im Hintergrund laufende Prozesse auch über ein Prozentzeichen und ihre Job-ID ansprechen: `kill %<jobid>`

- Zu guter Letzt sollten Sie natürlich wissen, dass es zwei Ausgabekanäle gibt: `STDOUT` und `STDERR` – von diesen war ja bereits die Rede. Zudem sollte Ihnen präsent sein, dass Sie eine oder beide Ausgaben in eine Datei oder nach `/dev/null` umleiten, wenn Sie einen Job im Hintergrund laufen lassen wollen – beispielsweise `cmd > /dev/null` oder `cmd 2> /dev/null` oder `cmd & /dev/null`.

44

Sie sind per SSH mit einem Server verbunden und möchten ein über lange Zeit laufendes Suchkommando starten. Wie stellen Sie sicher, dass das Kommando auch dann nicht beendet wird, wenn Sie die SSH-Sitzung schließen?

[ ] a) `bg programm`

[ ] b) `programm`

[ ] c) `programm &`

[ ] d) `nohup programm &`

[ ] e) `nokill programm`

Ein Kommando besitzt immer einen *Parent-Prozess*, von dem es abstammt und der auf Beendigung des Subkommandos wartet. `pstree` stellt diese Abhängigkeiten anschaulich dar:

```
user@linux:~$ pstree
[...]
     |_sshd___sshd___bash
     |       |_sshd___bash___grep
     |                    |_pstree
[...]
```

Wird ein übergeordneter Prozess beendet, sind damit in der Regel auch alle davon abstammenden Prozesse terminiert. Das hier gestartete fiktive Kommando `programm` würde also einen SSH-Logout des Administrators nicht überleben, es sei denn, im Programm selbst werden entsprechende Signale abgefangen. Antwort b) scheidet also aus.

In den vorangegangenen Fragen haben wir uns schon mit Prozessen im Hintergrund beschäftigt. Auch bei diesen bleibt die Abhängigkeit von ihrem Parent-Prozess bestehen, so dass sie beim Beenden der Login-Shell ebenfalls terminiert werden. Die Antworten a) und c) können darum nicht richtig sein; abgesehen davon ist a) schon darum falsch, weil bg als Parameter die Job-ID eines laufenden Kommandos verlangt, nicht aber neue Kommandos in den Hintergrund starten kann.

Das Kommando `nohup` (*no hangup*) schützt die darüber gestarteten Kommandos vor den Signalen `SIGHUP`, `SIGINT`, `SIGQUIT` und `SIGTERM` (Details dazu in Frage 45, Seite 116). Eine Terminierung der Login-Shell hat dann keine Auswirkungen auf das nachgestartete Kommando.

Der Output des Kommandos wird automatisch in die Datei nohup.out umgeleitet, so dass dem Admin nichts entgeht. nohup selbst sorgt jedoch noch nicht dafür, dass das Kommando im Hintergrund gestartet wird und der Admin die Shell weiter nutzen kann. Aus diesem Grunde wird oft (wie hier in Antwort d) zu sehen) noch ein „&" angehängt, damit alles von der Shell in den Hintergrund gepackt wird.

Und da ein nokill nicht existiert, verbleibt d) als einzig richtige Antwort auf dieser Frage.

45 Was bewirkt dieser Aufruf?

```
linux:~ # nice -18 programm
```

[ ] a) Das Signal 18 (SIGDATE) wird an `programm` gesendet.

[ ] b) `programm` wird mit erhöhter Priorität gestartet.

[ ] c) `programm` wird mit niedrigerer Priorität gestartet.

[ ] d) `programm` wird auf Konsole 18 gestartet.

[ ] e) `programm` loggt bei syslog in den Kanal 18.

Und wieder ein Thema auf LPI-Grundniveau: `nice`! Aber eine kleine Falle ist hier versteckt, die auch erfahrene Administratoren aufs Glatteis führt. Doch zunächst zu den Grundlagen:

Ein Signal namens SIGDATE? Gibt es das? Was sind eigentlich diese *Signale*? Mittels `kill -9 <pid>` haben Sie sicherlich schon Prozesse gewaltsam beendet: `kill` tut hier nichts anderes, als das Signal Nummer 9 – alias SIGKILL – an die angegebene Prozess-ID zu senden. Schauen Sie sich einmal die Man-Page `man 7 signal` und die Liste der möglichen Signale an. Sie müssen keineswegs alle kennen, aber einige sollten Ihnen aus der täglichen Praxis vertraut sein:

SIGTERM (15)
  Wann immer Sie kein Signal explizit angeben, wird `kill` ein SIGTERM senden – die Aufforderung an das Programm sich zu beenden.

SIGKILL (9)
  Erst wenn das Programm sich nicht mehr selbst beendet, sollte man zu einem härteren Mittel greifen und das System ein SIGKILL schicken lassen – das berühmte `kill -9`. In diesem Fall beendet das System rabiat den jeweiligen Prozess.

  Und so ist `kill` auch zu seinem martialischen Namen gekommen: Man kann damit Programme „killen". Aber `kill` kann noch mehr, nämlich *jedes* Signal an ein Programm senden, auch Signale, die mit dem Beenden gar nichts zu tun haben. Insofern ist der Name `kill` eigentlich irreführend; `send-signal` oder vielleicht nur `signal` wären eigentlich treffender.

SIGHUP (1)

SIGHUP stammt aus guter alter Datenfernübertragungszeit: Ursprünglich war es gedacht, ein System zum Beenden eines Modem-Anrufs zu bewegen (*Hang UP immediately*). Heute dient es ausschließlich dazu, bereits laufende Programme zum Einlesen ihrer Konfigurationsdatei zu bewegen, ohne dass sie beendet und neu gestartet werden müssen. Berühmtestes Beispiel ist hier der `inetd` (Frage 117, Seite 288, bzw. Frage 120, Seite 295), den man mittels `kill -HUP <pid>` anweisen kann, die `/etc/inetd.conf` neu einzulesen.

SIGSTOP (17,19,23)

Laufende Programme in der Konsole können wir mittels (Strg)-(Z) anhalten (Frage 42, Seite 111). Dabei geschieht nichts anderes, als dass das System ein `SIGSTOP` aussendet.

Mit den übrigen Signalen hat man im Alltag selten zu tun. Übrigens: Sie können die Signale immer über die Nummer (`kill -1 1232`) oder über den Namen (`kill -HUP 1232`) angeben – ohne das „SIG"!

Zurück zur Frage: Weder gibt es ein Signal namens `SIGDATE`, noch hätte dieses die Signalnummer 18. Antwort a) muss also falsch sein. Auch Antwort d) ist eine Niete, und e) ist gänzlich ausgedacht.

Es bleiben b) und c): `nice` startet Prozesse mit verändertem „nice"-Wert, also, einfach und nicht ganz korrekt ausgedrückt, mit anderer Priorität. „Genicete" Prozesse haben eine höhere Priorität zur Ausführung; so wäre es zum Beispiel nicht einzusehen, einem im Hintergrund laufenden Backup-Prozess wertvolle Rechenzeit zuzuteilen.

Sie kennen den `nice`-Wert vielleicht schon aus der Prozessliste (`ps ax`) oder aus der Übersicht von `top` – dort die Spalte NI.

Welche `nice`-Werte gibt es denn? Welcher ist der höchste, welcher der niedrigste Wert, den Sie einem Prozess geben können?

Grundsätzlich gibt es jeweils 20 Stufen, wobei ein *negativer* `nice`-Wert eine *hohe* Priorität bedeutet, ein *hoher* `nice`-Wert eine *niedrige* Priorität. Merken Sie es sich zum Beispiel folgendermaßen: Je höher der `nice`-Wert, umso „netter" sind Sie zu anderen Nutzern und umso mehr Rechenzeit geben Sie ab.

Also -20 bis +20? *Nein!* Denn wir dürfen die Null nicht vergessen – der Wertebereich liegt also zwischen -20 und +19.

Ist es nun b) oder c)? Negative Werte stehen für eine höhere Priorität – also Antwort b)? Vorsicht: Der Strich ist kein „Minus", sondern zeigt an, dass ein Parameter folgt.

Stellen Sie sich den Aufruf einmal so vor:

`nice -18 <pid>`
: ist dasselbe wie `nice -+18 <pid>`. Hier wird also ein höherer `nice`-Wert (= niedrigere Priorität!) gesetzt.

`nice --18 <pid>`
: würde tatsächlich ein -18 setzen!

Richtig ist also Antwort c).

- Um ein bereits laufendes Programm mit einem neuen `nice`-Wert zu versehen, können Sie entweder das Programm `renice` benutzen oder mit einem kleinen Umweg die `renice`-Funktion von `top` zu Hilfe nehmen.

- Einen schönen Überblick über die verschiedenen Signale liefert `man 7 signal`, aber diese muss man keinesfalls auswendig lernen. Nur die Signale 9 und 15 müssen bekannt sein.

1.103.7 Textdateien mit regulären Ausdrücken durchsuchen [2]

Sie haben die folgende Regular Expression: `[^abc][abci]x.*y$`
Wo trifft dieser Ausdruck zu?

46

[ ] a) `abxy`

[ ] b) `linxaxabcy`

[ ] c) `xbxstuy$`

[ ] d) `xbxstuyz`

[ ] e) `linux`

Um eine kurze Wiederholung in Sachen *Regular Expressions* (RegExp) kommen wir nicht herum, aber mit folgenden drei Elementen ist man schon ein ganzes Stück weiter:

. Der Punkt steht für *ein* beliebiges Zeichen (auch Leerzeichen).

^ Das „Dach" (*caret*) kennzeichnet den Anfang der Zeile, d. h., der Ausdruck muss ganz links am Zeilenanfang stehen.

$ Das Dollar-Zeichen kennzeichnet das Ende der Zeile, d. h., der davor stehende Ausdruck muss die Zeile abschließen.

Einige Beispiele: `^Guten Tag` trifft auf die Zeile `Guten Tag, wie geht es zu`, nicht aber auf die Zeile `Sie sagte: Guten Tag!`
Der Ausdruck `Grüßen$` trifft auf `Mit freundlichen Grüßen` zu, nicht aber auf: `Mit vielen Grüßen verbleibe ich`.
Der Punkt repräsentiert genau ein beliebiges Zeichen. Der Ausdruck `L.n.x` trifft folglich auf `Linux`, `Lunix`, `Lonex` oder andere Kombinationen zu, nicht aber auf `Lnux` oder `Liinux`.

Neben diesen Sonderzeichen (das waren nur die drei wichtigsten, es gibt natürlich mehr) gibt es noch so genannte „Multiplizierer" (*Quantifier*), manche Bücher nennen sie im Deutschen auch „Repetierer". Sie beziehen sich stets auf den Ausdruck *davor* und geben an, wie oft sich dieser wiederholen kann. Im Einzelnen:

? Das Fragezeichen steht für *keine* oder *eine* Wiederholung eines vorherigen Ausdrucks oder Zeichens. Der Ausdruck „.?" steht also für ein beliebiges Zeichen, das keinmal oder einmal vorkommt.

+ Das Plus-Zeichen steht – anders als das Fragezeichen – für *genau eine* oder *mehrere* Wiederholungen des vorherigen Ausdrucks oder Zeichens.

* Das Sternchen steht für *keine* bis *beliebig viele* Wiederholungen des vorherigen Ausdrucks oder Zeichens. Der Joker schlechthin ist also „.*", ein beliebiges Zeichen, das gar nicht vorkommt oder beliebig oft wiederholt wird.

Abbildung 103.2 verdeutlicht die Geltungsbereiche der Multiplizierer.

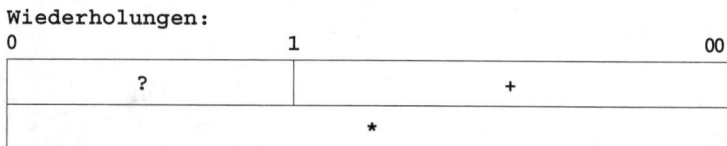

Abbildung 103.2: Geltungsbereiche der Multiplizierer

Es gibt auch die Möglichkeit, durch eckige Klammern eine Gruppe von Buchstaben zu definieren, die wahlweise vorkommen darf. Schauen wir uns den Ausdruck ^[hH].* an: ^ steht für den Zeilenanfang, gefolgt von h oder H, und schließlich ein beliebiges Zeichen, das beliebig oft (oder gar nicht) wiederholt wird.

Vorsicht: Das Zeichen „^" hat zwei Bedeutungen, die nicht verwechselt werden dürfen: Außerhalb der eckigen Klammern steht es für den Zeilenanfang, *innerhalb* der eckigen Klammern negiert es aber die Gruppendefinition: [^abc] bedeutet, dass es *kein* Zeichen der Gruppe [abc] ist (also d bis z, A bis Z oder jedes andere Zeichen)! Mit einem Zeilenanfang hat es aber nichts zu tun, wenn es innerhalb der eckigen Klammern steht. Die logische Kombination wäre dann ^[^abc] – ein Zeilenanfang, der nicht mit mit a, b oder c anfängt.

Auch Von-bis-Angaben sind möglich: [a-f] trifft auf die Buchstaben a bis f zu (nicht aber A bis F!).

Übrigens: Verwechseln Sie nicht *Regular Expressions* mit *Wildcards*! Wildcards werden normalerweise in der Shell benutzt: Als ls *.txt oder als cp 2006-*.tgz /tmp. Das * bei Wildcards entspricht dem .* bei RegExp, ein „." bei Wildcards steht ganz normal für einen Punkt, der in RegExp als „\." dargestellt werden müsste.

Zurück zur Frage:

a) kann es nicht sein, weil es mit a anfängt. c) und e) können es auch nicht sein, weil sie nicht auf y enden.

Es bleibt b), und wenn man sich den Ausdruck genau anschaut, stimmt er auch mit dem Rest der Regular Expression überein. Dass b) zuerst noch mit einigen beliebigen Buchstaben beginnt schadet nicht: Es wurde ja explizit nicht gefordert, dass das gesuchte Textmuster am Zeilenanfang steht – dies wäre `^[^abc][abci]x.*y$` gewesen.

- Die man-Page `regex(7)` – aufzurufen über `man 7 regex` – gibt eine ausführliche Einführung in Regular Expressions. LPI verlangt laut Objectives vom Administrator, dass er von dieser man-Page weiß!

- Literaturhinweis: Jeffrey E. F. Friedl, „Reguläre Ausdrücke" (3. Aufl.), O'Reilly (für Interessierte zur Vertiefung, für den Test nicht relevant).

- Ein schönes Lernprogramm ist *The Regex-Coach*, `http://www.weitz.de/regex-coach/`

47

Sie möchten alle Dateien unterhalb des Verzeichnisses /etc nach dem Text „Blafasel" durchsuchen. Mit welchem Kommando können Sie das erreichen? Geben Sie alle zutreffenden Antworten an.

[ ] a) `grep Blafasel /etc/*`

[ ] b) `grep Blafasel /etc`

[ ] c) `grep -r Blafasel /etc`

[ ] d) `rgrep Blafasel /etc`

[ ] e) `egrep Blafasel /etc`

---

grep ist *das* Kommando, um Dateien nach Zeichen bzw. Textmustern zu durchsuchen, und das geht auch rekursiv: Der Aufrufparameter `-r` existiert, und Antwort c) ist damit richtig.

Auch das in manchen Distributionen vorhandene Tool `rgrep` wäre eine passende Möglichkeit, denn es ist identisch mit dem Aufruf `grep -r`. Die beiden Antworten c) und d) bewirken damit im Ergebnis genau das gleiche.

Auch `egrep` existiert und entspricht `grep -E`; es bedeutet darum nur, dass das Suchpattern nicht als *Basic*, sondern als *Extended* Regular Expression interpretiert wird (was in Zusammenhang mit LPIC-1 keine Rolle spielt). Mit einer rekursiven Suche hat das jedoch noch nichts zu tun und ist damit eine falsche Antwort.

Werfen wir noch einen Blick auf die übrigen, falschen Antworten: b) führt nicht zum Ziel, denn `grep` würde ausschließlich das Verzeichnis /etc anfassen, also nicht die darin liegenden Dateien. Das kann zu keinem Treffer führen. a) scheint hingegen auf den ersten Blick plausibel, denn die Shell expandiert das Sternchen durch eine Liste aller Dateinamen in /etc. Doch wenn es Unterverzeichnisse gibt, wird klar, warum auch a) nicht als richtig gewertet werden kann: Eine Datei `/etc/cups/printers.conf` würde nicht erfasst und durchsucht werden.

Es bleibt also bei den beiden richtigen Antworten c) und d).

1.103.8 Grundlegendes Editieren von Dateien mit dem vi [3]

48

Sie haben in `vi` die Texteingabe beendet und wieder (Esc) und (:) gedrückt, um in den Kommandozeilenmodus zu gelangen. Mit welcher Tastenkombination beenden Sie nun `vi`, ohne Ihre Änderungen zu speichern?

[ ] a) `wq`

[ ] b) `quit`

[ ] c) `ALT-X`

[ ] d) `q!`

[ ] e) `Q Y`

`vi` ist eine Wissenschaft für sich. Wenn von Microsoft Windows behauptet wird, es sei das anspruchsvollste Grafik-Adventure der Welt, dann ist `vi` wohl das Pendant im Textbereich. Böse Zungen behaupten, `vi` sei ein Betriebssystem. Aber einige grundlegende Dinge muss auch ein LPI-geprüfter Admin über `vi` wissen: Laden, Speichern, Blockoperationen, Suche/Ersetze u. Ä. Schließlich kann es Ihnen immer einmal passieren, dass Sie sich auf einem (Rettungs-)System wiederfinden, wo es eben nur einen `vi` gibt.

Grundsätzlich unterscheidet `vi` zwischen Kommandozeilen-, Befehls- und Einfügemodus.

Befehlsmodus
Mit Drücken der Taste (Esc) gelangt man in den Befehlsmodus, in dem viele einfache Operationen wie das Ausschneiden/Einfügen oder das Löschen von Zeilen möglich ist.

Kommandozeilenmodus
Mit (Esc) und dann (:) gelangt man in den Kommandozeilenmodus. Sie erkennen ihn daran, dass der Cursor in die letzte Zeile springt und ein : als Eingabeprompt erscheint. Hier sind komplexere Befehle möglich (Suche/Ersetze), darüber hinaus jedoch auch das Speichern oder Verwerfen des Textes und damit das Beenden von `vi`.

Einfügemodus
Durch die Tasten (Esc) und dann (I) oder (A) gelangen Sie in den Einfügemodus. Tastendrücke werden dann als normale Texteingabe gewertet – sprich: Sie können Ihren Text editieren und schreiben, wie in jedem anderen Editor auch.

1.103 GNU- und Unix-Kommandos

Die Kürzel in `vi` gehen oft auf die englischen Ursprungswörter zurück:

`w`
:   (write) abspeichern

`w <dateiname>`
:   speichert in eine andere Datei

`r`
:   (read) Datei lesen, also als Block an Cursorposition hinzufügen

`q`
:   (quit) beenden

`i`
:   beendet Kommando-Modus und geht wieder in den Insert-Modus, also zur Texteingabe

Wichtig zu wissen: Mit (Esc)(:)(Q) würden Sie `vi` beenden – aber der Text wird nicht automatisch gespeichert! Speichern mit Beenden wäre (Esc)(:)(W)(Q). Sie können die Kommandos auch kombinieren – achten Sie auf die Reihenfolge: (Esc)(:)(Q)(W) ist nicht wirklich sinnvoll!

`vi` weigert sich, ein Quit auszuführen, wenn die Änderungen des Textes noch nicht gespeichert sind. Ein (Esc)(:)(Q) funktioniert also nur, wenn seit dem letzten Speichern keine Änderungen am Text vorgenommen worden sind.

```
user@linux:~$ vi /tmp/nureintest
Hier ein neuer Text...
~
~
~
Esc : q
E37: seit der letzten Änderung wurde nicht geschrieben (erzwinge mit !)
Drücken Sie die EINGABETASTE oder geben Sie einen Befehl ein
Esc : q!
user@linux:~$
```

Um `vi` dazu zu bringen, die Änderungen zu verwerfen und sich ohne Speichern zu beenden, können Sie mittels (!) den Abbruch erzwingen: (Esc)(:)(Q)(!) beendet `vi`, auch wenn Änderungen nicht gesichert wurden – richtig ist Antwort d).

- Schauen Sie sich die wichtigsten Kommandos von vi an. Leichte Blockoperationen (Lesen, Schreiben, Kopieren, Verschieben, Löschen) oder ein Suche/Ersetze sollte man beherrschen: Wortsuche vorwärts: /, Wortsuche rückwärts: ?, Suche/Ersetze: s/altes/neues/ (RegExp, wie sed).

- Auch grundlegende Cursorbewegungen müssen Ihnen geläufig sein. Sie müssen sich dazu (durch Eingabe von (Esc)) im Befehlsmodus befinden. 5 Zeilen hinauf: 5k, 5 Zeilen hinunter: 5j, 5 Zeichen nach links: 5h, 5 Zeichen nach rechts: 5l, 5 Wörter nach links: 5b, 5 Wörter nach rechts: 5w, an den Anfang der Zeile: 0, an das Ende der Zeile: $.

- Zur Klärung: Den *Kommandozeilenmodus* erreicht man durch (Esc)(:). Ist nach einem Kommando gefragt, das man „im Kommandozeilenmodus" (*command line mode*) einzugeben hat, so fällt die Eingabe von (Esc)(:) natürlich weg, da man sich – laut Fragestellung – ja bereits im passenden Modus befindet.

- Ein schönes Tool ist übrigens vimtutor. Es vermittelt in kürzester Zeit durch verschiedene Lektionen und praktische Übungen alles Wissenswerte zu vi und vim. vim ist der große Bruder von vi (*Vi IMproved*). Bei vielen Distributionen verbirgt sich hinter dem Kommando vi ohnehin bereits ein vim-Aufruf. Für den LPI-Test sind die Unterschiede zwischen beiden Varianten unerheblich.

- Vielleicht nehmen Sie sich an dieser Stelle 30 Minuten Zeit für einige praktische Übungen mit vimtutor, bevor Sie mit den weiteren Fragen zu vi in diesem Buch weitermachen?

49

Sie möchten in einem Text eine Zeile kopieren und 3 Zeilen später wieder einfügen. Mit welcher Kommandofolge können Sie das erreichen?

[ ] a) ckkkp

[ ] b) yy3jp

[ ] c) c3p

[ ] d) C nnn Y

[ ] e) yjjjp

Diese Antwort führt uns tiefer in die vi-Bedienung: Sie greift die bereits besprochene Navigation auf und verlangt darüber hinaus Kenntnisse über Cut & Paste unter vi.

Beginnen wir mit einer kleinen Übersicht über die noch nicht behandelten vi-Kommandos, deren Kenntnis LPI erwartet:

c
: (change) löscht den Buchstaben bzw. angegebenen Bereich und wechselt (anders als bei d) automatisch in den Insert-Modus: ce löscht ab Cursor-Position bis zum Wortende.

d
: (delete) löscht einen Buchstaben bzw. angegebenen Bereich: dw löscht das Wort, dd die aktuelle Zeile. Der gelöschte Text liegt anschließend im Puffer vor.

y
: kopiert den Buchstaben bzw. den angegebenen Bereich in den Puffer: yw kopiert das Wort, yy kopiert die aktuelle Zeile.

p
: (paste) fügt den im Puffer befindlichen Text wieder an der Cursor-Position ein.

Ein klassisches Copy & Paste fügt sich also aus den Kommandos y und p zusammen, ein Cut & Paste basiert hingegen auf d und p.

Bleiben also nur die Antworten b) und e). Beachten Sie bei der Gelegenheit auch, dass die anderen Antworten darüber hinaus schon aufgrund der fehlerhaften Bewegung im Text nicht richtig sein können: Eine Abwärtsbewegung um drei Zeilen ist 3j oder jjj, wohingegen Antwort a) mit kkk eine *Aufwärts*bewegung um drei Zeilen bewirkt.

Laut Fragestellung soll jedoch die aktuelle *Zeile* kopiert werden: Ein klarer Fall für yy. Antwort e) muss also ausscheiden. Richtig ist b).

Thema 103: GNU- und Unix-Kommandos

103.1 Auf der Kommandozeile arbeiten

Gewichtung: 4
Beschreibung: Kandidaten sollten in der Lage sein, über die Kommandozeile mit Shells und Kommandos zu interagieren. Dieses Prüfungsziel setzt die bash als Shell voraus.

Wichtigste Wissensgebiete:
- Einzelne Shellkommandos und einzeilige Kommandofolgen verwenden, um einfache Aufgaben auf der Kommandozeile zu lösen
- Die Shellumgebung verwenden und anpassen, etwa um Umgebungsvariable zu definieren, zu verwenden und zu exportieren
- Die Kommando-Vorgeschichte verwenden und ändern
- Kommandos innerhalb und außerhalb des definierten Suchpfads aufrufen

Liste wichtiger Dateien, Verzeichnisse und Anwendungen:

```
bash
echo
env
exec
export
pwd
set
unset
man
uname
history
```

103.2 Textströme mit Filtern verarbeiten

Gewichtung: 3
Beschreibung: Kandidaten sollten in der Lage sein, Filter auf Textströme anzuwenden.

Wichtigste Wissensgebiete:
- Textdateien und Ausgabeströme durch Text-Filter schicken, um die Ausgabe mit Standard-Unix-Kommandos aus dem GNU-textutils-Paket zu verändern

Liste wichtiger Dateien, Verzeichnisse und Anwendungen:
```
cat
cut
expand
fmt
head
od
join
nl
paste
pr
sed
sort
split
tail
tr
unexpand
uniq
wc
```

103.3 Grundlegende Dateiverwaltung

Gewichtung: 4

Beschreibung: Kandidaten sollten in der Lage sein, die grundlegenden Linux-Kommandos zur Verwaltung von Dateien und Verzeichnissen zu verwenden.

Wichtigste Wissensgebiete:
- Einzelne Dateien und Verzeichnisse kopieren, verschieben und entfernen
- Mehrere Dateien kopieren und Verzeichnisse rekursiv kopieren
- Dateien entfernen und Verzeichnisse rekursiv entfernen
- Einfache und fortgeschrittene Dateinamen-Suchmuster in Kommandos verwenden
- find verwenden, um Dateien auf der Basis ihres Typs, ihrer Größe oder ihrer Zeiten zu finden und zu bearbeiten
- tar, cpio und dd verwenden

Liste wichtiger Dateien, Verzeichnisse und Anwendungen:
```
cp
find
mkdir
mv
ls
rm
rmdir
touch
tar
cpio
dd
file
gzip
gunzip
bzip2
Dateisuchmuster
```

103.4 Ströme, Pipes und Umleitungen verwenden

Gewichtung: 4

Beschreibung: Kandidaten sollten in der Lage sein, Ströme umzuleiten und zu verbinden, um Textdaten effizient zu verarbeiten. Zu diesen Aufgaben gehören das Umleiten der Standardeingabe, Standardausgabe und Standardfehlerausgabe, das Weiterleiten der Ausgabe eines Kommandos an die Eingabe eines anderen Kommandos, die Verwendung der Ausgabe eines Kommandos als Argumente für ein anderes Kommando und das Senden der Ausgabe sowohl an die Standardausgabe als auch eine Datei.

Wichtigste Wissensgebiete:
- Umleiten der Standardeingabe, Standardausgabe und Standardfehlerausgabe
- Weiterleiten der Ausgabe eines Kommandos an die Eingabe eines anderen Kommandos (Pipe)
- Verwenden der Ausgabe eines Kommandos als Argumente für ein anderes Kommando
- Senden der Ausgabe sowohl an die Standardausgabe als auch eine Datei

Liste wichtiger Dateien, Verzeichnisse und Anwendungen:
```
tee
```

103.5 Prozesse erzeugen, überwachen und beenden

Gewichtung: 4
Beschreibung: Kandidaten sollten einfache Prozessverwaltung beherrschen.

Wichtigste Wissensgebiete:
- Jobs im Vordergrund und Hintergrund ablaufen lassen
- Einem Programm signalisieren, dass es nach dem Abmelden weiterlaufen soll
- Aktive Prozesse beobachten
- Prozesse zur Ausgabe auswählen und sortieren
- Signale an Prozesse schicken

Liste wichtiger Dateien, Verzeichnisse und Anwendungen:
```
&
bg
fg
jobs
kill
nohup
ps
top
free
uptime
killall
```

103.6 Prozess-Ausführungsprioritäten ändern

Gewichtung: 2
Beschreibung: Kandidaten sollten in der Lage sein, die Ausführungsprioritäten von Prozessen zu verwalten.

Wichtigste Wissensgebiete:
- Die Standardpriorität eines neu erzeugten Jobs kennen
- Ein Programm mit einer höheren oder niedrigeren Priorität als im Normalfall laufen lassen
- Die Priorität eines laufenden Prozesses ändern

Liste wichtiger Dateien, Verzeichnisse und Anwendungen:
```
nice
ps
renice
top
```

103.7 Textdateien mit regulären Ausdrücken durchsuchen

Gewichtung: 2

Beschreibung: Kandidaten sollten in der Lage sein, Dateien und Textdaten mit regulären Ausdrücken zu manipulieren. Dieses Prüfungsziel umfasst etwa die Erstellung einfacher regulärer Ausdrücke, die mehrere Beschreibungselemente enthalten. Es umfasst ebenfalls den Einsatz von Werkzeugen, die reguläre Ausdrücke zum Durchsuchen eines Dateisystems oder von Dateiinhalten verwenden.

Wichtigste Wissensgebiete:
- Einfache reguläre Ausdrücke mit mehreren Beschreibungselementen aufstellen
- Werkzeuge verwenden, die mit regulären Ausdrücken Dateisysteme oder Dateiinhalte durchsuchen

Liste wichtiger Dateien, Verzeichnisse und Anwendungen:
```
grep
egrep
fgrep
sed
regex(7)
```

103.8 Grundlegendes Editieren von Dateien mit dem vi

Gewichtung: 3

Beschreibung: Kandidaten sollten in der Lage sein, Textdateien mit dem vi zu editieren. Dieses Prüfungsziel umfasst vi-Navigation, grundlegende vi-Modi, Einfügen, Ändern, Löschen, Kopieren und Finden von Text.

Wichtigste Wissensgebiete:
- Mit vi in einem Dokument navigieren
- Grundlegende vi-Modi verwenden
- Text einfügen, ändern, löschen, kopieren und finden

Liste wichtiger Dateien, Verzeichnisse und Anwendungen:
```
vi
/, ?
h, j, k, l
i, o, a
c, d, p, y, dd, yy
ZZ, :w!, :q!, :e!
```

104 Thema

Geräte, Linux-Dateisysteme, Filesystem Hierarchy Standard

1.104.1	Partitionen und Dateisysteme anlegen	S. 134
1.104.2	Die Integrität von Dateisystemen sichern	S. 136
1.104.3	Das Ein- und Aushängen von Dateisystemen steuern	S. 142
1.104.4	Platten-Quotas verwalten	S. 147
1.104.5	Dateizugriffsrechte und -eigentümerschaft verwalten	S. 150
1.104.6	Harte und symbolische Links anlegen und ändern	S. 159
1.104.7	Systemdateien finden und Dateien am richtigen Ort platzieren	S. 162

50 Welche Partitions-ID hat eine erweiterte Partition?

[ ] a) 7

[ ] b) c

[ ] c) f

[ ] d) 82

[ ] e) 83

Wenn Sie schon einmal manuell über `fdisk` eine Festplatte partitioniert haben, sollte Ihnen die *Partitions-ID* ein Begriff sein. Über diese wird angegeben, welches Betriebs- oder Dateisystem für diese Partition vorgesehen ist (was aber noch lange nicht heißt, dass sie auch entsprechend formatiert ist).

Selbstverständlich müssen Sie nicht alle möglichen IDs kennen; LPI verlangt praxisrelevantes Wissen und dazu gehört:

7
: Windows NTFS

c
: VFAT-32 LBA

5 / f
: erweiterte Partition (die hier richtige Antwort)

83
: Linux-Dateisystem (ext2, ReiserFS etc.)

82
: Linux Swapspace

1.104.1 Partitionen und Dateisysteme anlegen [2]

- Starten Sie `fdisk /dev/hda` (oder eine andere Platte) und lassen Sie sich mit l die möglichen IDs anzeigen. Seien Sie vorsichtig: Löschen Sie nicht Ihre Festplatte! q beendet das Programm ohne Speichern.

- Das Prinzip von primären, erweiterten und logischen Partitionen sollten Sie kennen, zumal dies auch nichts Linux-Spezifisches ist.

- Wie viele primäre, wie viele erweiterte Partitionen darf es maximal geben? Und wie viele logische Partitionen können Sie in einer erweiterten Partition anlegen?
  Antwort: IDE-Platten bieten maximal 63 Partitionen: Vier primäre Partitionen (`hda1` bis `hda4`), von denen eine (!) als erweiterte Partition genutzt werden kann. In dieser können dann maximal 59 logische Partitionen erzeugt werden – bis `hda63` – siehe `man 8 fdisk`. SCSI-Platten bieten übrigens maximal 15 Partitionen.

1.104 Geräte, Linux-Dateisysteme, Filesystem Hierarchy Standard

51

Welches Kommando gibt Informationen über die Dateigrößen einzelner Dateien aus? Geben Sie alle zutreffenden Antworten an.

[ ] a) `ls -l`

[ ] b) `ls -la`

[ ] c) `du -s`

[ ] d) `ls -a`

[ ] e) `ls`

Ja, auch solche etwas ausgefallenen Dinge müssen Sie wissen – probieren Sie es im Zweifelsfall aus!

du steht für *disk usage*; es zeigt den in Blöcken belegten Festplattenplatz in einem Verzeichnis (ggf. mit Unterverzeichnissen) an. du zeigt in der hier gezeigten Variante *nicht* den Platzverbrauch einzelner Dateien, sondern nur gesamter Verzeichnisse und kann darum hier keine richtige Antwort sein.

Aber: Beschäftigen Sie sich auch mit du! Klären Sie dabei folgende Fragen:

- Wie können Sie die Ausgabe in KByte/MByte/GByte statt in Blöcken erreichen? Antwort: `du -h` (*human readable*)

- Normalerweise zeigt du auch die Unterverzeichnisse mit ihren Größen an. Wie erhalten Sie lediglich die Gesamtsumme für das aktuelle Verzeichnis (also nicht, wie in der Frage gefordert, für einzelne Dateien)? Antwort: `du -s`

- Auch du können Sie dazu bringen, die Größen einzelner (!) Dateien auszugeben. Wie? Antwort: `du -a`

Kommen wir zu `ls`: Der Aufrufparameter `-a` (*all*) zeigt zwar auch versteckte Dateien an, also solche, die mit einem „ . " beginnen, Dateigrößen spielen dabei aber keine Rolle.

Einzig `-l` hilft uns weiter (*long format*). Es gibt unter anderem auch die Dateigrößen aus, bei zusätzlicher Angabe von `-h` im *human readable format*, also mit KByte/ MByte/GByte-Angabe.

Richtige Antworten sind also a) und b), aber du wäre bei anderer Parameterwahl auch geeignet.

- Wenn Sie `ls <directoryname>` eingeben, wird der Inhalt dieses Verzeichnisses angezeigt. Wie erhalten Sie aber Angaben über das Verzeichnis selbst, z. B. über dessen Dateirechte? Antwort: `ls -ald <directoryname>`
- Wie lässt sich die Anzeige rückwärts sortieren? Antwort: `ls -r` (Ein `ls -R` listet alle Verzeichnisse rekursiv auf.)
- Überhaupt: Wie wird nach Datum/Größe/atime etc. sortiert? Oder gar nicht sortiert?

52

Welcher Befehl sagt Ihnen, wie viel Platz in Ihrem aktuellen Verzeichnis noch frei ist?

[ ] a) df /

[ ] b) du

[ ] c) du /

[ ] d) df .

[ ] e) du .

Nicht ganz trivial, auch wenn die Programme du (*disc usage*) und df (*disc free*) bekannt sind. In der vorherigen Frage war davon bereits die Rede. Doch haben Sie diese Programme schon oft genug benutzt, um deren Ausgabe genau vor Augen zu haben?

du listet auf, welche Verzeichnisse wie viel Platz *belegen*. Doch gibt du auch aus, wie viel noch frei ist? Nein!

Dafür gibt es df, das üblicherweise eine Liste über alle gemounteten Dateisysteme ausgibt:

```
linux:~ # df
Dateisystem          1K-Blöcke    Benutzt Verfügbar Ben% Eingehängt auf
/dev/hda1             24803564   14784344  10019220  60% /
/dev/hda2             15735632    3055884  12679748  20% /home
/dev/hda3             27217160   12824212  14392948  48% /var
shmfs                    63216          0     63216   0% /dev/shm
```

Nun stellt obige Frage die Wahl zwischen „ . " und „ / ". Offensichtlich lassen sich auch Dateipfade angeben:

```
linux:~ # df /var
Dateisystem          1K-Blöcke    Benutzt Verfügbar Ben% Eingehängt auf
/dev/hda3             27217160   12824212  14392948  48% /var
```

Erfahrungsgemäß bereitet der Unterschied zwischen „df . " und „df / " gewisse Probleme, geben diese Kommandos in den meisten Fällen doch dasselbe Ergebnis aus. Das gilt aber nur, wenn sich das aktuelle Verzeichnis auf der root-Partition befindet! Liegt das Verzeichnis /home auf der Partition /dev/hda2 und das root-Verzeichnis auf /dev/hda1, so gibt es unterschiedliche Ergebnisse:

1.104.2 Die Integrität von Dateisystemen sichern [2]

```
linux:/home # df .
Dateisystem         1K-Blöcke    Benutzt Verfügbar Ben% Eingehängt auf
/dev/hda1           15735632     3055884  12679748  20% /home
linux:/home # df /
Dateisystem         1K-Blöcke    Benutzt Verfügbar Ben% Eingehängt auf
/dev/hda5           24803564    14784344  10019220  60% /
```

Bei Fragen dieser Art sollten Sie sich konzentrieren: Gefragt war ausdrücklich nach dem freien Platz im *aktuellen* Verzeichnis – richtig ist also allein Antwort d)!

Bevor wir uns der nächsten Frage widmen, müssen wir kurz auf den Unterschied zwischen dem noch freien *Platz* und den noch freien *Inodes* eingehen, denn das ist mitnichten dasselbe. Inodes werden benötigt, um Verwaltungsinformationen einer Datei zu speichern. Normalerweise ist der Festplattenplatz der limitierende Faktor, so dass man sich um Inodes nicht zu kümmern braucht. Doch wenn ein Dateisystem extrem viele kleine Dateien enthält, kann es sein, dass mehr Inodes gebraucht werden als zur Verfügung stehen und keine neuen Dateien mehr angelegt werden können, obwohl noch ausreichend Festplattenplatz frei wäre.

Der Aufruf von `df -i` verschafft einen Blick über die Inode-Auslastung:

```
linux:/home # df .
Dateisystem         1K-Blöcke    Benutzt Verfügbar Ben% Eingehängt auf
/dev/hda1           15735632     3055884  12679748  20% /home
linux:/home # df -i .
Dateisystem           INodes    IBenut.    IFrei IBen% Eingehängt auf
/dev/hda1            1115728     141802   973926   12% /home
```

- Doch damit kann dieses Thema in Ihrer LPI-Vorbereitung noch nicht als abgeschlossen gelten. Können Sie mit du und df umgehen?

- Wie lautet der Parameter für du, wenn Sie nur eine Gesamtsumme für das Verzeichnis haben wollen, ohne rekursiv alle Unterverzeichnisse einzeln aufgelistet zu bekommen? Antwort: `du -s`

- Wie lautet der Parameter für du, wenn Sie sowohl rekursiv alle Verzeichnisse als auch eine Gesamtsumme haben wollen? Antwort: `du -c`

53

Wie prüfen und reparieren Sie Ihr ext2-Dateisystem?

[ ]   a) `fsck -s /dev/hda`

[ ]   b) `fsck -a -N /dev/hda`

[ ]   c) `fsck -a -N -t ext2 /dev/hda1`

[ ]   d) `fsck.ext2 -a /dev/hda1`

[ ]   e) `chkdsk /dev/hda1`

`chkdsk`?! Nun, diese Antwort dürfte auf unserem Betriebssystem wohl kaum stimmen... Das Programm `fsck.ext2` gibt es hingegen, Sie finden es gewöhnlich unter `/sbin/fsck.ext2`. Aber es ist kein eigenes Programm, sondern entspricht `fsck -t ext2`.

Es bleibt hier nur die Frage nach den richtigen Aufrufparametern. Die Angabe von `-t ext2` schadet nicht, wird aber nicht zwingend benötigt, `fsck` kann den Dateisystemtyp meist selbst erkennen.

Schauen wir uns die wichtigsten Aufrufparameter an:

`-s` (*serialize*)
: führt die Dateisystemchecks *nacheinander* durch; üblicherweise werden mehrere Festplatten parallel geprüft. Diese Option wird nur dann benötigt, wenn Sie `fsck` interaktiv im manuellen Modus laufen lassen (s. u., Option `-r`).

`-A` (*all*)
: prüft alle in `/etc/fstab` aufgeführten Dateisysteme

`-N` (*no operation* / NOOP)
: schaltet in einen Dummy-Modus, d. h. führt etwaige Änderungen und Fehler auf, nimmt aber tatsächlich keine Änderungen am Dateisystem vor

`-p` (*preen*), früher: `-a` (*automatic*)
: prüft und repariert die Dateisysteme nach Möglichkeit automatisch und ohne Rückfrage – nicht immer ist das möglich. In den letzten Jahren wurde `-a` durch den Parameter `-p` ersetzt.

Die Frage lässt sich mit diesem Wissen bereits lösen: Jede Antwort mit `-N` kann nicht näher in Betracht kommen, und bei Antworten a) und b) fehlen zudem die genaue Angabe der Partition.

Richtig ist allein Antwort d). Damit identisch wäre der Aufruf `fsck -t ext2 -a /dev/hda1`.

- Nicht nur für LPI, auch für eigene Zwecke sollten Sie sich noch zwei weitere wichtige Programme anschauen: Mit `tune2fs` können Sie gezielt die Parameter Ihrer ext2/ext3-Partition verändern – nach wie vielen Mounts automatisch ein `fsck` erfolgen muss, wie viele Mounts bereits erfolgt sind, welchen Namen die Partition trägt, wie sich das Dateisystem im Fehlerfall verhalten soll oder welche Journaling-Methode ext3 benutzen soll.

  `debugfs` ist eine große Hilfe, um im Katastrophenfall gelöschte Verzeichnisse oder Ordner zu retten oder wiederherzustellen. Mit diesem mächtigen Werkzeug können Sie gezielt auf einzelne Inodes zugreifen, defekte Verzeichnisse rekonstruieren und vieles andere mehr. Hoffen wir, dass Sie dieses Tool nie brauchen werden (und wenn Sie es brauchen: Nehmen Sie routinierte Hilfe in Anspruch, *bevor* Sie noch mehr kaputt machen). Falls Sie damit üben, tun Sie es niemals an Partitionen, die wichtige Daten ohne Backup enthalten.

54

Welche Zeile wäre ein syntaktisch korrekter Ausschnitt aus `/etc/fstab`?

[ ] a) `/dev/cdrom /media/cdrom cd ro,noauto,user,exec 0 0`

[ ] b) `/dev/hda6 / ext3 defaults 1 1`

[ ] c) `/mnt /dev/hdc isofs ro,noauto 0 0`

[ ] d) `/dev/hd7 /swap swap auto`

[ ] e) `/usr /dev/hd5 ext2 ro,nodev,auto 1 1`

Zwei Erkenntnisse sollte die Beschäftigung mit dieser Frage bringen: Zum einen natürlich über das Format der `fstab`, denn ein Profi kann Einträge hier auch per Hand vornehmen, zum anderen in Bezug auf mögliche mount-Optionen.

Der erste Punkt ist schnell erledigt – eine Zeile in der `fstab` hat sechs (!) Spalten:

Quelle	Mountpoint	Dateisystem	Optionen	Dump	FSCheck

Die ersten drei Spalten sollten klar sein: Die erste wurde hier absichtlich „Quelle", und nicht etwa „Gerät" oder „Device" genannt, da sie ja auch ein NFS-Netzlaufwerk enthalten könnte. In aller Regel ist es aber eine Gerätedatei wie z. B. `/dev/hda1`. Spalte zwei nennt den so genannten *Mountpoint*, also die Stelle, an der die Quelle im Verzeichnisbaum eingebunden wird.

Spalte drei nennt das Dateisystem auf diesem Laufwerk. Werfen wir einen kurzen Blick auf die möglichen Dateisysteme:

Bekannt sein sollten `ext` (veraltete Version 1), `ext2`, `ext3`, `reiserfs`, `jfs` (*Journaling File System*), `iso9660` (CD-ROM), `vfat`, `ntfs`, aber auch `hpfs` (*High Performance File System* von IBM OS/2), `nfs` (für Verzeichnisse von NFS-Servern) und `smbfs` (Freigaben von Windows-Servern).

Daraus folgt bereits: Antworten a) und c) können nicht korrekt sein, denn die Filesystemtypen `cd` und `isofs` gibt es nicht. Schauen Sie bei man 5 mount nach! CD-ROMs sind vom Typ `iso9660`. Für Profis: Es gibt einen Patch für ein `cdfs`, das die Sessions einer CD als Sessions anzeigt, so dass man z. B. das Boot-Image einer CD extrahieren kann. Sehr interessant, für LPI allerdings irrelevant.

Auch Antwort d) kann es nicht sein, das Gerät `/dev/hd7` gibt es nicht: Der Buchstabe der Platte fehlt.

Es bleiben b) und e) – und hier sollte die Wahl leicht fallen, schließlich haben wir bereits geklärt, dass erst die Quelle, dann der Mountpoint zu benennen ist. Also: b) ist richtig, e) ist falsch. Zudem wäre bei e) die Angabe `/dev/hd5` wieder kein gültiges Device.

Kommen wir zu den Mount-Optionen der vierten Spalte; schauen Sie unbedingt auch in `man mount` nach, dort unter dem Aufrufparameter `-o`, mit dem wir diese Optionen beim manuellen Mounten angeben können.

Die wichtigsten Optionen im Überblick:

`async, sync`
: Normalerweise erfolgen Schreibzugriffe *asynchron*, d. h., auch sie können im Cache gepuffert werden. Das bringt Geschwindigkeitsvorteile mit sich – birgt im Falle eines Crash jedoch das Risiko eines Datenverlustes.

`atime, noatime`
: Für jede Datei wird eine so genannte *atime* gespeichert, die den Zeitpunkt des letzten lesenden Zugriffs angibt (*access time*). Das bedingt viele kleine Schreiboperationen, auch wenn wir nur von einer Partition lesen wollen. Unter Performance-Gesichtspunkten kann es daher sinnvoll sein, ein Setzen der `atime` zu unterbinden. Im normalen Betrieb ist dies aber uninteressant.

`dev, nodev`
: Wird eine Partition mit der Option `nodev` gemountet, kann sie keine Device-Dateien enthalten, bzw. Device-Dateien werden vom System ignoriert. `nodev` wird z. B. automatisch durch die Option `user(s)` mit gesetzt (s. u.); damit wird verhindert, dass Nutzer CD-ROMs mounten, auf denen sie sich z. B. Device-Dateien für das RAM (siehe `/proc/mem`) oder die Festplatte (siehe `/dev/hda2`) o. Ä. mitbringen, auf die sie dann als normaler Nutzer völlig freien Lese- und Schreibzugriff hätten; dadurch könnten sie das System manipulieren oder Passwörter auslesen.

`exec, noexec`
: ähnlich wie `dev/nodev`, nur dass von dieser Partition keine Programme ausgeführt werden (ggf. sinnvoll für die Verzeichnisse `/home` oder `/tmp`); dadurch können wir erreichen, dass nur von `root` in `/usr/bin` installierte Programme o. Ä. gestartet werden können.

`suid, nosuid`
: legt fest, ob SUID-/SGID-Bits ausgewertet werden; auch hier wieder die Sicherheits-Idee, dass sich User nicht z. B. auf CDs eigene Dateien und Programme mit `suid`-Programmen mitbringen und ins System einschleusen können.

`rw, ro`
: bestimmt, ob die Partition readonly oder read/write gemountet wird; aus Sicherheitsgründen könnte man z. B. `/usr` auf Servern `ro` mounten.

`nouser, user, users`
: Normalerweise ist das Mounten root vorbehalten. Bei der Angabe der Option `user` kann jeder User das Gerät mounten (z. B. ein CD-ROM-Laufwerk oder Disketten) – allerdings kann dann auch nur dieser User wieder umounten. Bei `users` hingegen kann *jeder* User auch wieder umounten, auch wenn urspünglich ein anderer gemountet hat.

Gleichzeitig führt die Option `user(s)` dazu, dass die Optionen `nodev`, `noexec` und `nosuid` gesetzt werden.

Diese Optionen sind nur in der `/etc/fstab` erlaubt und nicht als Aufrufparameter in der Kommandozeile!

Über das fünfte bzw. vorletzte Feld `Dump` lässt sich einstellen, welche Partitionen in ein Backup einbezogen werden sollen.

Der letzte Eintrag regelt die Frage, ob und in welcher Reihenfolge von Partitionen ein Festplattencheck beim Start des Systems durchgeführt wird. Bei einer 0 wird die Partition gar nicht gecheckt, eine 1 markiert die root-Partition, die zuerst geprüft wird; ist das erledigt, prüft `fsck` alle Einträge mit einer 2, also alle weiteren Partitionen. Dabei werden Partitionen auf unterschiedlichen Platten parallel geprüft, um Zeit zu sparen.

1.104.3 Das Ein- und Aushängen von Dateisystemen steuern [3]

Sie möchten im laufenden Betrieb eine bereits schreibbar gemountete Partition nun readonly mounten. Geben Sie alle möglichen Aufrufe an.

[ ] a) `mount -o remount,ro /dev/hda1`

[ ] b) `remount -ro /dev/hda1`

[ ] c) `remount ro /dev/hda1`

[ ] d) `mount -ro -o remount /dev/hda1`

[ ] e) `mount -remount -ro /dev/hda1 /usr`

Haben Sie `man mount` gelesen, wie in der vorherigen Aufgabe nahe gelegt, sollte die Antwort nicht schwer fallen; zumindest dürften einige falsche Antworten direkt ausscheiden.

Wenn wir manuell über die Kommandozeile mounten, können wir `mount` diverse Optionen mitgeben – die wichtigsten wurden in der vorherigen Frage beleuchtet.

Wie Sie in der Man-Page gesehen haben, werden diese bei Aufruf mit `-o` übergeben, gefolgt von den jeweiligen Optionen, z. B. `mount -o ro /dev/hda5 /mnt`. *Nicht* aber werden die Optionen direkt übergeben, also `mount nodev /dev/hda5 /mnt`, `mount -ro /dev/hda5 /mnt`, `mount ro /dev/hda5 /mnt` o. Ä. Damit scheiden die Antworten d) und e) aus.

Es bleiben a), b) und c). Antwort a) ist korrekt: Sowohl `remount` als auch `ro` sind Optionen, die über `-o` angegeben werden, darüber hinaus reicht die Angabe der Gerätedatei *oder* des Mountpoints aus, da es sich ja um ein bereits gemountetes Dateisystem handelt und Linux alle notwendigen Informationen bekommen kann.

Was hat es nun mit `remount` auf sich? Welche Ergebnisse liefern `locate remount` oder `which remount` in Ihrem System? Keine? Aber zumindest auf SUSE-Systemen scheint es dieses `remount` zu geben, denn der Aufruf bewirkt dort, dass die möglichen Parameter für `mount` aufgelistet werden. Wäre es aber ein Link auf `mount`, wären wir bei der oben beschriebenen Suche fündig geworden...

Der Kenner sucht mit System, der Verzweifelte grept das `/etc`-Verzeichnis durch:

```
linux:~ # grep remount /etc/*
/etc/bash.bashrc:      remount () /bin/mount -o remount,${1+"$@"} ;
linux:~ #
```

remount ist also als Alias (genauer: Funktion) in der Shell definiert. Und wir sehen – auch wenn die Syntax ${1+"$@"} vielleicht nicht ganz klar ist –, dass hier bereits mount -o angegeben wird und unsere Parameter dahinter eingefügt werden. Ein nochmaliges -o wäre also unsinnig: Antwort b) entspricht dem Aufruf -o remount,-ro, und das ist natürlich Unfug.

Korrekt sind a) und bei SUSE-Systemen auch c).

- Machen Sie sich mit allen möglichen mount-Optionen vertraut: ro, nodev, nosuid, noexec, users, noauto etc.

- Über ein mount -a können Sie alle in /etc/fstab eingetragenen Devices mounten lassen.

- Wenn Sie Ihr System auf mehrere Partitionen aufteilen – welche Verzeichnisbäume sollten auf eigene Partitionen, und mit welchen mount-Optionen? Welche Verzeichnisbäume *können* gar nicht auf eigenen Partitionen liegen?

- Wiederholen Sie dazu ggf. Frage 12 auf Seite 50.

1.104.4 Platten-Quotas verwalten [1]

Sie haben über edquota Ihre Quotas festgelegt. Dennoch scheinen diese Beschränkungen nicht zu wirken, Ihre Nutzer können weiterhin beliebig viele Daten ablegen. Mit welchem Befehl aktivieren Sie die Quotas?

[ ] a) quotaon

[ ] b) startquota

[ ] c) edquota -start

[ ] d) quota -start

Mit *Quotas* können Sie festlegen und kontrollieren, wie viel Festplattenplatz ein einzelner Nutzer in Anspruch nehmen darf. In großen Mehrbenutzerumgebungen nicht nur eine sinnvolle, sondern bisweilen notwendige Funktion.

Man unterscheidet zwischen Softquotas, die für einen bestimmten Zeitraum (*grace period*) überschritten werden dürfen, und Hardquotas, die nie überschritten werden können (Schreibzugriffe werden dann verweigert).

Quotas müssen vom Dateisystem unterstützt werden, denn es muss Funktionen zur Verfügung stellen, die den belegten Platz pro Nutzerkennung ermitteln. FAT und dessen Abarten sind dafür gänzlich ungeeignet.

Das gute alte ext2 hat damit natürlich kein Problem, und wer ein Journaling Filesystem einsetzen muss oder möchte, ist mit ext3 gut bedient, denn dieses setzt auf ext2 auf. Auch ReiserFS hat mit Quotas mittlerweile keine Probleme mehr.

Die Verwaltung der Quotas erledigen einige wichtige Programme:

quotaon, quotoff
: aktiviert bzw. deaktiviert auf den angegebenen Partitionen die Quotas

edquota
: stellt die Quotas eines oder mehrerer Nutzer ein

repquota
: erzeugt einen Bericht über die Auslastung der einzelnen Userquotas eines kompletten Dateisystems (*report quota*)

quota
: zeigt einem Nutzer die eigene Quota-Auslastung an; root darf mit quota username natürlich auch andere Accounts abfragen.

Sinnvoll ist es, sich ein Quota-System übungshalber aufzubauen:

1. Quota-Fähigkeit muss in den Kernel einkompiliert sein; beim SUSE Standard-Kernel ist das bereits der Fall.

2. In `/etc/fstab` muss für die jeweilige Partition die Option `usrquota` oder auch `grpquota` angegeben werden.

3. In der obersten Ebene *dieser Partition* (!) müssen die Dateien `quota.user` und `quota.group` existieren. Legen Sie sie mit `touch` an und geben Sie ihnen die Dateirechte 600. Nochmals der Hinweis: Diese Dateien müssen auf der jeweiligen Partition liegen. Haben Sie `/home` auf einer eigenen Partition, die Sie mit Quotas versehen möchten, so heißen diese Dateien `/home/quota.user` und `/home/quota.group`.

   In der Version 2 der Quota-Tools heißen diese beiden Dateien übrigens `aquota.user` und `aquota.group`. Am Prinzip ändert sich aber nichts.

4. `quotacheck -augv` initialisiert Quota-Datenbanken in diesen beiden Dateien. Neuere Versionen legen die Dateien `aquota.user` und `aquota.group` automatisch an, so dass der vorherige Schritt unter Umständen entfallen kann.

5. Zuletzt wird mit dem Befehl `quotaon -a` auf allen Partitionen in `/etc/fstab` der Quota-Mechanismus aktiviert. Ohne den Start von `quotaon` ist zwar alles vorbereitet, eine Quota-Überwachung im Hintergrund findet aber nicht statt. Schauen Sie sich Ihre Distribution daraufhin an, i. d. R. verfügt sie über ein init-Skript, um Quotas beim Booten automatisch zu aktivieren.

6. Fertig: Mittels `edquota` können Sie nun die gewünschten Einstellungen vornehmen.

Richtig ist also a).

- Machen Sie sich die Funktionsweise der Quotas klar, verschaffen Sie sich einen Überblick über die hier genannten Programme und die Art und Weise, wie Quotas funktionieren und vom System überwacht werden. Prägen Sie sich ein, wo die Steuer-/Config-Dateien liegen, und werfen Sie einen Blick auf die Aufrufparameter.

- Welche Einträge in `/etc/fstab` müssen Sie vornehmen, um eine Partition per Quotas zu überwachen?

1.104.4 Platten-Quotas verwalten [1]

Wie kann sich root anzeigen lassen, welche Quota-Einstellungen derzeit für den Nutzer tux aktiv sind? Geben Sie alle zutreffenden Antworten an.

[ ] a) `quotainfo tux`

[ ] b) `quotainfo --user tux`

[ ] c) `repquota -a`

[ ] d) `repquota -u tux`

[ ] e) `quota tux`

[ ] f) `quota --user tux`

Auch diese Frage lässt sich rasch beantworten, wenn Sie die vorhergehenden Ausführungen aufmerksam gelesen haben.

Das Programm `repquota` erzeugt – je nach Aufrufparameter – einen Report über alle Quotas auf dem angegebenen Dateisystem. Ein `repquota -a` verschafft einen Überblick über die Quotas der Nutzer auf allen Dateisystemen; alternativ können Sie auch eine bestimmte Partition abfragen:

```
linux:~ # repquota /dev/hda7
*** Report for user quotas on /dev/hda7 (/var)
                        Block limits               File limits
User            used    soft    hard   grace    used   soft   hard  grace
root      --      23       0       0               6      0      0
tux       --     929    1000    4000              60     65     80
```

Aber auch das Programm `quota` gibt diesen Überblick, so dass sich der Nutzer seine eigene Auslastungsstatistik anzeigen lassen kann. root kann selbstverständlich auch andere Nutzerkonten abfragen.

```
linux:~ # quota tux
Disk quotas for user tux (uid 500):
    Filesystem  blocks   quota   limit   grace   files   quota   limit   grace
      /dev/hda2    721    2000    4000              59      70      90
```

Richtig sind hier also die Antworten c) und e).

> - Bauen Sie auf einer eigenen Partition testweise ein Quota-System auf!

58

Wie können Sie Ihren Nutzern helfen, dass neu angelegte Dateien sichere Dateirechte bekommen? Wählen Sie die beste Antwort.

[ ] a) Ich schreibe ein Cron-Skript, das regelmäßig rekursiv die Dateirechte prüft und ggf. sicherer setzt.

[ ] b) Indem ich den Nutzern `chmod` erkläre und beibringe.

[ ] c) Man muss sichere (restriktive) Dateirechte für die Home-Verzeichnisse der Nutzer vergeben.

[ ] d) Ich setze die Umgebungsvariable `SECUREPERM=yes` und exportiere sie.

[ ] e) Ich setze eine sichere `umask` in den profiles.

Hier eine Art von LPI-Frage, mit deren Ansatz ich persönlich nicht ganz einverstanden bin: Antwort d) ist falsch und ausgedacht, diese Variable ist nicht vorgesehen und zeigt keinerlei Wirkung. Aber die übrigen vier Antworten sind grundsätzlich geeignet, sicherere Dateirechte herbeizuführen bzw. zu erzeugen.

Sie müssen die Fragestellung in solchen Fällen also richtig interpretieren: Wenn nur eine Lösung möglich ist (achten Sie auf die entsprechende Angabe im Test!), wird die *bestmögliche*, und nicht etwa eine im weitesten Sinne richtige Antwort erwartet.

Und bestmöglich heißt hier: Welches Verfahren würde ein routinierter Administrator im Alltag anwenden?

Vor diesem Hintergrund scheidet a) als „Bastellösung" aus, die im Nachhinein an User-Dateien herumpfuscht und vermutlich mehr Schaden anrichtet als nützt. Wenig sicher ist es auch, neue Dateien bis zum nächsten Cron-Durchlauf mit beliebigen Dateirechten vorzuhalten und dann pauschal eventuell auch solche Dateien auf restriktive Rechte zu setzen, die der Nutzer für alle lesbar oder schreibbar haben wollte. Diese Antwort scheidet also auch aus.

Antwort c) führt im weitesten Sinne zu sicheren Dateirechten im System, doch ist auch das nur eine halbgare Lösung: Was geschieht mit Dateien in `/tmp` oder anderen globalen Verzeichnissen? Was mit Home-Verzeichnissen, die für andere Nutzer lesbar sein *sollen*? Und es sollte, abgesehen von diesen offensichtlichen Mängeln, klar sein, dass dieser Weg sicher nicht die optimale Lösung ist.

Es bleiben b) und e), und auch wenn es nie schadet, Nutzern das System und dessen Werkzeuge näher zu bringen, sollte einem routinierten Admin klar sein, dass damit ein beachtliches Fehlerpotenzial entsteht – vom unnötigen Arbeitsaufwand, jede Datei nach dem Anlegen manuell auf andere Dateirechte zu setzen, ganz zu schweigen. Antwort b) fällt auch weg.

Es bleibt e), und wer mit `umask` nichts anfangen kann, sollte es sich genauer anschauen – in Frage 62 auf Seite 157 finden Sie zudem eine detaillierte Fragestellung zu diesem Thema.

Sie sehen folgendes Listing – welche Aussage ist korrekt?

```
user@linux:/var/spool$ ls -l
drwxrwsr-x   4 tux      projekt       4096 Jul 27 02:39 secret
user@linux:/var/spool$
```

[ ] a) Ein S-Bit gibt es nur bei Programmen, das Listing ist falsch.

[ ] b) Nur Benutzer der Gruppe dieses Verzeichnisses haben Zugriff.

[ ] c) In diesem Verzeichnis gestartete Programme laufen SGUID, also mit den Rechten der Benutzergruppe `projekt`.

[ ] d) Neue Dateien in diesem Verzeichnis bekommen die Gruppe `projekt`.

Das Gruppen-S-Bit ist kaum bekannt, aber sehr interessant. Wenn Sie tatsächlich verschiedene Benutzergruppen in Ihren Accountgruppen abbilden möchten, kann es sehr hilfreich sein, woraus folgt: Es gibt dieses S-Bit bei Verzeichnissen, und Antwort a) kann nicht richtig sein.

Ein S-Bit assoziieren Sie vielleicht zunächst einmal mit dem SUID/SGID-Bit, das dafür sorgt, dass ein Programm nicht unter der User-ID des Aufrufers, sondern des Dateibesitzers gestartet wird. In der Regel haben einige Systemprogramme wie `passwd` ein solches SUID-Bit, damit sie unter root-Rechten laufen. Ein SUID-Bit sorgt dafür, dass es unter der User-ID des Dateibesitzers gestartet wird, ein SGID-Bit, dass es unter der Gruppen-ID des Dateibesitzers gestartet wird.

Antwort c) wäre also durchaus denkbar. Doch das SUID-/SGID-Bit muss unter Sicherheitsaspekten sehr kritisch betrachtet werden, und Fehler in solchen SUID-Programmen sind stets auch eine fatale Sicherheitslücke. Unser Ziel als sicherheitsbewusste Administratoren muss es also sein, die Zahl der SUID-Programme auf ein Minimum zu reduzieren (besonders „gehärtete" Systeme rühmen sich, ganz ohne SUID-Bits auszukommen).

Das Letzte, was wir in unserem System tun sollten, ist, die Programme eines Verzeichnisses pauschal mit einem SUID-/SGID-Bit auszustatten! Das kann und darf nicht sein.

Richtig ist hier d): Alle in diesem Verzeichnis neu angelegten Dateien werden der Gruppe des Verzeichnisses, also `projekt`, zugeordnet.

Ein mögliches Anwendungsszenario macht das vielleicht deutlicher: Sie haben in einer Firma u. a. die drei Benutzergruppen `verkauf`, `buchhaltung` und `entwicklung`.

Nun planen Sie ein neues Projekt und bilden eine Arbeitsgruppe mit Mitarbeitern aus allen drei Bereichen. Sie führen dazu eine neue Gruppe `projekt` ein, der diese User ebenfalls angehören und in die sie auch problemlos mittels `newgrp projekt` wechseln können. Der Befehl `groups` gibt aus, welcher Gruppe ein User angehört.

Das Problem ist nun folgendes: Neu angelegte Dateien tragen als Gruppenkennung jeweils die gerade aktive Gruppe des jeweiligen Benutzers, in der Regel also die der Hauptgruppe, sofern kein Gruppenwechsel mit `newgrp` stattgefunden hat. Innerhalb der Projektgruppe kann das aber sehr lästig sein, weil die Mitglieder aus den beiden anderen Benutzergruppen beispielsweise auf Dateien ihrer Hauptgruppe nicht zugreifen können:

```
user@linux:~$ touch datei1
user@linux:~$ newgrp projekt
user@linux:~$ touch datei2
user@linux:~$ ls -la
insgesamt 3
drwxr-xr-x   2 user     verkauf       96 2003-01-01 17:33 .
drwxr-xr-x  56 user     verkauf     3408 2003-01-01 17:32 ..
-rw-rw----   1 user     verkauf        0 2003-01-01 17:32 datei1
-rw-rw----   1 user     projekt        0 2003-01-01 17:33 datei2
user@linux:~$
```

Hat unser Benutzer vergessen, vor der Arbeit an den gemeinsamen Projektdateien ein `newgrp` auszuführen, kommen die anderen Teammitglieder nicht an diese Dateien heran. Die Kollegen aus `buchhaltung` und `entwicklung` könnten an `datei1` nicht mehr weiterarbeiten.

Das Gruppen-S-Bit bei Verzeichnissen sorgt dafür, dass automatisch die Gruppen-ID des Verzeichnisses übernommen wird. Alle in diesem Verzeichnis angelegten Dateien bekommen dann automatisch die Gruppen-ID `projekt`. Somit ist ein Wechsel mittels `newgrp` nicht mehr notwendig, solange sich alle Projektdateien in einem Verzeichnis befinden! In diesem Fall hätte also auch `datei1` sogleich die Gruppenkennung `projekt` bekommen und alles hätte funktioniert.

Übrigens: Neue Verzeichnisse in einem derart präparierten Verzeichnis erhalten dann ebenfalls automatisch ein gesetztes S-Bit: Diese Fähigkeit wird also „vererbt".

60

Welche Bedeutung hat das s in der ersten Spalte dieser Ausgabe?

```
linux:~ # ls -l
srwx------  1 vscan    nogroup     24680 Jul 15  2002 amavisd
```

[ ] a) Es handelt sich um einen Socket.

[ ] b) Die Datei hat das SUID-Bit (setuid) gesetzt.

[ ] c) Die Datei ist secure/verschlüsselt.

[ ] d) Diese Datei ist ein Symlink.

[ ] e) Die Datei wird beim Löschen mit Nullbytes überschrieben.

Wenn Sie Frage 59 bearbeitet haben, wissen Sie, dass es SUID- und SGID-Bits gibt. Ist eines dieser s-Bits gesetzt, steht in der Rechteauflistung statt des x ein s. Es hätte im obigen Beispiel dann -rws------ heißen müssen! Antwort b) ist also falsch.

c) wäre denkbar, denn es gibt ja Dateiattribute, die mit `chattr` setzbar sind. Ein vergleichbares Attribut c gibt es auch – für komprimierte Dateien. Aber zum einen wurde das Crypto-Attribut nie geplant, zum anderen wäre es als Dateiattribut implementiert gewesen und allenfalls (hier unsichtbar) mittels `chattr` abfragbar und setzbar gewesen. c) ist also auch falsch.

Für e) gelten die gleichen Überlegungen: Zwar gibt es tatsächlich ein s-Attribut, es steht auch tatsächlich für *secure deletion*, d. h., die Datei wird beim Löschen durch Zufallsdaten überschrieben. Aber Dateiattribute dieser Art tauchen nicht in den normalen Directory-Listings auf, die wir mit `ls -l` erhalten. Auch e) ist also falsch, obwohl eine solche Funktion bei ext2/ext3 grundsätzlich implementiert ist.

Stattdessen bezeichnet die erste Spalte den Typ; bekanntester Eintrag ist hier das d für *directory*.

In unserem Falle haben wir einen *Socket* vor uns. Er ermöglicht es, dass zwei Prozesse miteinander kommunizieren können, und ist eine Art Kommunikationskanal, eine „Telefonleitung" zwischen zwei Prozessen – üblicherweise ein Kanal zwischen einem Client und einem Server. Der MySQL-Client und -Server können z. B. über einen Socket miteinander kommunizieren (häufig: `/var/lib/mysql/mysql.sock`); in obigem Beispiel handelt es sich um den Socket des Mail-Virenfilters AMaViS. Der `amavis`-Client kann darüber mit dem `amavisd`-Daemon kommunizieren.

Frage 69 auf Seite 169 behandelt die einzelnen Dateitypen nochmals genauer.

1.104.5 Dateizugriffsrechte und -eigentümerschaft verwalten [3]

61

Welcher Aufruf ist syntaktisch richtig?

[ ] a) chmod u=rwx g=rw dateiname

[ ] b) chattr u+rwx,g+rw dateiname

[ ] c) chmod u+rwx,g+rw dateiname

[ ] d) chattr u=rwx g=rw dateiname

[ ] e) chmod u+rwx g+rw dateiname

Zunächst zum Unterschied zwischen `chattr` und `chmod`: Das ext2-/ext3-Dateisystem kennt neben den Datei*rechten* noch sog. Datei*attribute*. Folgende sind definiert:

a (*append only*)
: Die Datei kann beschrieben werden, jedoch nur in der Form, dass Dateien am Ende angehängt werden. Bereits vorhandene Daten können nicht mehr geändert/überschrieben werden; selbstverständlich kann die Datei auch nicht gelöscht werden. Sinnvoll ist dies beispielsweise bei Logfiles.

c (*compressed*)
: Die Datei wird komprimiert geschrieben (und beim Auslesen wieder dekomprimiert). Dieses Attribut ist zwar vorgesehen, wird vom Linux-Kernel bislang aber nicht unterstützt (und wird es wohl auch nie).

i (*immutable*)
: Die Datei ist unveränderbar: Sie kann weder gelöscht, umbenannt noch in ihrem Inhalt verändert werden, nicht einmal ein Link zu ihr darf erstellt werden.

s (*secure deletion*)
: Beim Löschen werden die Festplattensektoren dieser Datei mit Zufallsdaten überschrieben, und damit ist sie (mit normalen Mitteln) nicht wieder zu retten. Normalerweise werden beim Löschen von Dateien die Sektoren der Datei freigegeben, enthalten aber zunächst noch die Dateidaten, so dass eine Rekonstruktion u. U. möglich ist.

S (*synchronous update*)
: Die Datei wird grundsätzlich sofort geschrieben und nicht durch den Festplatten-Cache des Kernels schreibgepuffert.

u (*undeletable*)
: Das Gegenteil von s: Die Datei soll gerade nicht überschrieben werden und ist somit mit geeigneten Systemwerkzeugen rekonstruierbar. Dieses Attribut ist zwar geplant und vorgesehen, wird vom Linux-Kernel bislang aber nicht unterstützt (und wird es wohl auch nie).

Soweit die *Attribute*, die Sie üblicherweise auch nicht zu sehen bekommen und die auch selten eingesetzt werden. Mittels `chattr +a datei` können Sie das a-Attribut setzen, mit `chattr -a datei` können Sie es wieder entfernen.

Kommen wir aber nun zu den Datei*rechten*: Was u+rwx oder g+rw bedeutet, muss bekannt sein. Nicht immer präsent ist aber die Notation g=rw, die die entsprechenden Rechte *exakt so* setzt, d. h., ein etwaiges x-Bit der Nutzergruppe würde in diesem Fall gelöscht. Würde man hingegen g+rw benutzen, so würde ein bereits vorhandenes x-Bit der Gruppe gesetzt bleiben.

Zudem sollten Sie sich klar machen, wie Sie Dateirechte für den *User*, für die *Gruppe* und für alle anderen gleichzeitig setzen können. Welches Kommando ist richtig?

`chmod u+rwx,g+rw dateiname` oder `chmod u+rwx g+rw dateiname`?

Die Antwort könnte man sich herleiten: Da dem `chmod`-Befehl mehrere Dateien übergeben werden können, müssen Sie die zu vergebenden Rechte durch ein Komma trennen! Ohne Komma, also beispielsweise mit Leerzeichen getrennt, würde `chmod` den zweiten Teil bereits als Dateinamen interpretieren und sich darüber beschweren, dass die Datei g+rw nicht zu finden ist.

Richtig ist hier also Antwort c).

- Sie müssen Dateirechte sowohl über die hier benutzten Buchstaben als auch in dezimaler Schreibweise angeben können (rw-r--r-- = 644).

- Interpretieren Sie das o bei o+r nicht fälschlicherweise als *owner*: Richtig ist u für *user*, g für *group* und o für *other*.

- Zudem sollten Sie wissen, dass die Dateirechte auch vierstellig angegeben werden können, z. B. 6755 für eine Datei mit den Rechten 755, die aber zusätzlich auch die Bits SUID (= 4) und SGID (= 2), nicht aber das *sticky*-Bit (= 1) gesetzt hat!

1.104.5 Dateizugriffsrechte und -eigentümerschaft verwalten [3]

Was ist eine sinnvolle umask für einen normalen User?

[ ] a) 022

[ ] b) 644

[ ] c) 700

[ ] d) 755

Mit der so genannten umask wird definiert, welche Dateirechte eine neu angelegte Datei bzw. ein neu angelegtes Verzeichnis bekommt, denn irgendwelche Standardwerte müssen ihr ja zugewiesen werden.

Mit dem Programm umask kann sich jeder User den passenden Wert selbst einstellen – und ggf. durch Aufnahme in die Datei ~/.bashrc auch dauerhaft auf einen bestimmten Wert setzen.

Voreilige Leser mögen jetzt meinen: Klar, die Dateimaske von neuen Dateien ist meist rw-r--r--, also 644 und damit Antwort b). Aber die umask ist etwas anderes – und schon beim Anblick eines neu angelegten Verzeichnisses mit den Rechten rwxr-xr-x müsste man sich für 755 und damit Antwort d) entscheiden. Also kann hier irgendetwas noch nicht stimmen!

Die umask gibt an, welche Bits von der Standard-Dateimaske *abgezogen* werden. Und die Standard-Dateimaske ist

- für Dateien 666 (alias rw-rw-rw)
- für Verzeichnisse und Programme 777 (alias rwxrwxrwx)

Nimmt man eine umask von 022, so ergibt sich:

- für Dateien 666 - 022 = 644 (alias rw-r--r--)
- für Verzeichnisse und Programme 777 - 022 = 755 (alias rwxr-xr-x)

Die umask ist also etwas anderes als das eigentliche Dateirecht!

Man mag sich nun über die Definition „sinnvoll" streiten – je nach Einsatz des Servers mag eine mehr oder weniger restriktive umask angebracht sein. Tatsache ist jedoch: Von den vier hier genannten kommt beim besten Willen nur eine überhaupt in Frage.

Schauen Sie sich noch einmal die Antworten an: Eine umask beschneidet eigentlich immer die Dateirechte der Gruppe (g) und aller anderen (o): also etwas wie 022, 026 o. Ä. Typischerweise haben Sie also keine umask im Stil von 620 (ergibt bei Dateien `----w-rwx`) oder 700 (ergibt `---rwxrwx`), denn das würde beliebigen Dritten mehr Rechte belassen als dem Dateibesitzer selbst. umasks sind also meist „aufsteigend" in den Werten.

Richtig ist Antwort a).

1.104.6 Harte und symbolische Links anlegen und ändern [2]

Welche Arten von Links sind möglich?

[ ] a) Symlinks für Dateien und Verzeichnisse; Hardlinks für Dateien und Verzeichnisse.

[ ] b) Symlinks nur für Dateien; Hardlinks für Dateien und Verzeichnisse.

[ ] c) Symlinks nur für Dateien und Verzeichnisse innerhalb des gleichen Dateisystems; Hardlinks nur für Dateien.

[ ] d) Symlinks immer, auch für Gerätedateien; Hardlinks nur für Dateien innerhalb desselben Dateisystems.

Kennen Sie den genauen Unterschied zwischen Sym- und Hardlinks? Bei Symlinks wird ein Verweis auf den neuen Datei*namen* hinterlegt. Sozusagen ein „Redirect" auf einen anderen Dateinamen, der im besten Fall auch existiert, ggf. aber auch nicht vorhanden ist. Bei einem Symlink gibt es also ein „Original" und Links darauf. Löscht man die Originaldatei, weist der Link ins Leere.

Ein Hardlink hingegen zeigt unmittelbar auf den Inode/Sektor der jeweiligen Datei. Es gibt dann keinen Unterschied zwischen „Original" und „Link": Ein und dieselbe Datei taucht an mehreren Stellen im Dateibaum auf. Löschen wir einen dieser Einträge, bleibt die Datei erhalten, denn an anderer Stelle wird auf diese Inodes ja noch referenziert.

Ein kurzer Vergleich aus dem realen Leben:

- Steht im Telefonbuch unter „Tux" der Eintrag „siehe unter Pinguin", so entspricht dies einem Symlink. Fehlt der Eintrag „Pinguin", haben wir eben Pech.

- Steht hingegen sowohl unter „Tux" als auch unter „Pinguin" die Telefonnummer, so entspricht das einem Hardlink. Streichen wir einen dieser Einträge, gibt es lediglich einen Verweis weniger auf die Telefonnummer (= Inode).

Daraus folgt, dass Symlinks auch dateisystemübergreifend angelegt werden können, da wir ja über den Namen im Dateisystem auflösen und unsere Zieldatei auch problemlos auf einer anderen Festplatte oder einem NFS-Laufwerk liegen kann. Ebenso ist es kein Problem, auf spezielle Dateien (dev-Dateien, Fifos, Sockets) mit Symlinks zu verweisen.

1.104 Geräte, Linux-Dateisysteme, Filesystem Hierarchy Standard

Hardlinks hingegen können nur innerhalb desselben Dateisystems angelegt werden, da sie ja direkt auf den Inode/Sektor des jeweiligen Dateisystems verweisen müssen, in dem der Link angelegt ist.

Etwas problematisch ist das bei Verzeichnissen: *Theoretisch* sind Hardlinks bei Verzeichnissen möglich (und genau genommen sind die Dateieinträge „ . " und „ . . ", die Sie in jedem Verzeichnis finden, auch nur Hardlinks). Praktisch aber sind sie für User und auch `root` bei Verzeichnissen nicht benutzbar, so dass Sie auch innerhalb desselben Dateisystems auf Symlinks zurückgreifen sollten, wenn Sie Verzeichnisse referenzieren wollen.

Richtig ist darum allein Antwort d)!

- Machen Sie sich die Syntax von `ln` klar. Steht der Name des Links oder der Name der verlinkten Datei an erster Stelle? Vielleicht hilft Ihnen diese Eselsbrücke: „Zuerst das, was schon da ist!"
- Was passiert, wenn Sie mit `cp` einen Symlink kopieren?

1.104.6 Harte und symbolische Links anlegen und ändern [2]

Sie möchten mit einem Symlink namens /home/tux/test **auf die Datei** /home/tux/orginal/test **verweisen. Mit welchem Kommando können Sie diesen Symlink anlegen, wenn Sie sich bereits im Home-Verzeichnis von** tux **befinden? Geben Sie alle zutreffenden Antworten an.**

[ ] a) `ln -s test original/test`

[ ] b) `ln -s original/test test`

[ ] c) `link -s original/test test`

[ ] d) `symlink test original/test`

[ ] e) `cp -s test original/test`

[ ] f) `cp -s original/test test`

Die Eselsbrücke hatten wir schon genannt: *Immer zuerst das, was schon da ist!* Sie erzeugen also für eine (existierende) Datei einen Symlink unter dem neuen Dateinamen.

Da es die Datei `original/test` schon gibt, kommen nur noch die Antworten b), c) und e) in Betracht.

Die Programme `link` und `symlink` existieren nicht, also scheidet auch c) aus.

Es verbleiben als richtige Antworten b) und e) – denn tatsächlich kann man auch mit cp Dateien als Symlink „kopieren".

65

Mit welchem Befehl können Sie sich den Pfad zu einem bestimmten *Programm* anzeigen lassen?

[ ] a) `who programm`

[ ] b) `path programm`

[ ] c) `which programm`

[ ] d) `locate --executable programm`

[ ] e) `find programm`

Probieren Sie die genannten Programme aus:

`who`
: liefert eine Liste der derzeit eingeloggten Benutzer

`path`
: existiert als Programm überhaupt nicht; allenfalls existiert die (groß geschriebene!) Umgebungsvariable $PATH, die die zu durchsuchenden Programmpfade des Systems enthält.

`which`
: sucht tatsächlich alle Pfade von $PATH nach dem gewünschten Programm durch und liefert den entsprechenden Pfad. Hier also die richtige Antwort! Bei manchen Distributionen ist `which` einfach ein Alias für `type -p` (s. u.).

`locate`
: ist zwar grundsätzlich geeignet, Pfade zu beliebigen Dateien herauszusuchen, da `locate` seine Informationen aber aus der Datenbank `locatedb` holt – einer Namensliste (fast) aller Dateien des Systems –, kennt es nur Pfade und Dateinamen, verfügt jedoch über keine Informationen zu den jeweiligen Dateirechten. Genau danach ist aber hier gefragt („Programm" = x-Bits).

In der Praxis birgt `locate` daher auch Sicherheitsprobleme. Lassen wir die `locatedb` mit `root`-Rechten aufbauen, so enthält sie auch Pfade von Dateien, die ein normaler User üblicherweise nicht zu sehen bekommt (z. B. persönliche Dateien aus den Home-Verzeichnissen der User).

Andere Nutzer könnten damit zwar nur Dateinamen ermitteln, die Datei aber nicht öffnen. Doch auch das kann ja schon heikel genug sein (`bloeder_chef.txt`). Üblicherweise lässt man die `locatedb` darum mit den Rechten von `nobody` aufbauen, was bewirkt, dass nicht-öffentliche Dateien nicht mit `locate` gefunden werden. Ein Nutzer würde ggf. also seine eigenen Dateien aus seinem Home-Verzeichnis nicht von `locate` angezeigt bekommen, sofern diese nicht öffentlich einsehbar sind. Aber das ist immer noch die bessere Lösung. +

Es gibt übrigens eine Variante namens `slocate` (*secure* locate), die auch die Dateirechte in der Datenbank speichert und abhängig von den Leserechten des jeweiligen Users entscheidet, ob eine Datei angezeigt wird oder nicht – also wie im normalen Dateisystem auch.

`find`
liefert zwar grundsätzlich Pfade zu dem Programm und kann dabei auch nach bestimmten gesetzten Dateirechten schauen, der hier genannte Aufruf würde aber nicht zur Ausgabe des Pfades zum gefragten Programm führen, sondern pauschal alle Dateien *unterhalb* des aktuellen Verzeichnisses auflisten – egal ob diese ausführbar sind oder nicht.

`type`
zeigt, ob ein Kommando ein waschechtes Programm, eine bash-Funktion, ein bash-Alias, ein bash-Kommando o. Ä. ist.

```
user@linux:~$ which test
user@linux:~$ type test
test is a shell builtin
user@linux:~$ which vi
/usr/bin/vi
user@linux:~$ type vi
vi is /usr/bin/vi
user@linux:~$ which ls
user@linux:~$ type ls
ls is aliased to '/bin/ls $LS_OPTIONS'
user@linux:~$ type type
type is a shell builtin
user@linux:~$
```

Korrekt ist darum Antwort c).

66

Mit welchem Befehl können Sie sich alle Dateien in und unterhalb Ihres Home-Verzeichnisses anzeigen lassen, auf die Sie vorgestern schreibend zugegriffen haben?

[ ] a) `find ~ -mtime 2`

[ ] b) `find ~ -atime 48`

[ ] c) `find -access 48`

[ ] d) `find ~ -days 2`

[ ] e) `find -ctime 48`

Probieren Sie es aus, denn mit `find` sollten Sie Übung haben. Zwei Dinge sind besonders zu beachten:

1. Sobald Suchkriterien angegeben werden, benötigte `find` früher ein *Startverzeichnis*, von dem aus es suchen sollte. e) und c) waren früher schon aus diesem Grunde falsch. Heute kann auf das Startverzeichnis verzichtet werden, doch müssen Sie ggf. damit rechnen, noch auf eine alte Frage im LPI-Test zu stoßen.

2. Das ext2-Dateisystem speichert auch Angaben, die bei der normalen Ausgabe eines Inhaltsverzeichnisses üblicherweise nicht auftauchen:

    atime
    > *access*-Time, also der Zeitpunkt, an dem zum letzten Mal (auch lesend) auf die Datei zugegriffen wurde; solange Sie eine Partition nicht read-only gemountet haben, finden also auch Schreibzugriffe statt, wenn Sie Dateien nur zum Lesen öffnen (über einen `mount`-Parameter kann man dieses Verhalten beeinflussen – siehe Frage 54 auf Seite 142).

    mtime
    > *modification*-Time, also der Zeitpunkt, an dem der Dateiinhalt (!) zuletzt geändert wurde, oder kurz: als zuletzt schreibend auf die Datei zugegriffen wurde

    ctime
    > *change*-Time, die vermerkt, wann zuletzt der Datei*status* geändert wurde, also Dateizugriffsrechte oder der Dateibesitzer, denn dies ist ja etwas anderes als der Dateiinhalt. Wann immer Sie mit `chmod` oder `chown` Dateien bearbeiten, wird die *ctime* gespeichert.

1.104.7 Systemdateien finden und Dateien am richtigen Ort platzieren [2]

Merken Sie sich: `find` erwartet diese Angaben in *Tagen*. Die Man-Page kann da zu Missverständnissen führen: Die Rede ist von „n × 24 Stunden". Der Parameter `-ctime 2` meint also 2 × 24 Stunden, alias 2 Tage. Schon aus diesem Grunde kann b) nicht die richtige Antwort sein, sehen wir einmal davon ab, dass nach der *access*-Time auch nicht gefragt war.

Richtig ist also a).

- `find` ist LPI-Standardthema – probieren Sie es aus und verschaffen Sie sich durch die Man-Page einen Überblick.
- Wie lassen Sie sich Dateien anzeigen, auf die Sie *in den vergangenen beiden* Tagen zugegriffen haben?
  Antwort: `find ~ -atime -3`
- Und wie sieht es aus, wenn Sie „vor mehr als zwei Tagen" als Suchkriterium haben möchten?
  Antwort: `find ~ -atime +2`.

67

Wie ist das folgende Verhalten zu erklären?

```
user@linux:~$ locate programm
/home/user/programm
user@linux:~$ rm programm
user@linux:~$ locate programm
/home/user/programm
user@linux:~$
```

[ ] a) Es fehlten die Rechte, um diese Datei zu löschen.

[ ] b) Der Write-Cache der Festplatte ist eingeschaltet, die Änderung ist noch nicht geschrieben. Der Aufruf von `sync` würde den Cache auf die Platte schreiben.

[ ] c) Es erfolgte noch kein Lauf von `updatedb`.

[ ] d) `locate` liefert immer den Standardpfad eines Programms und hat nichts damit zu tun, ob eine entsprechende Datei tatsächlich existiert.

[ ] e) Der Nutzer war im falschen Verzeichnis, hat diese Datei also nicht gelöscht.

Würden Dateirechte fehlen, gäbe es eine Fehlermeldung; selbstverständlich auch dann, wenn der Nutzer im falschen Verzeichnis ist, denn dann versucht er ja lediglich eine Datei zu löschen, die es nicht gibt. Aber abgesehen vom Fehlen der Fehlermeldung sehen wir hier schon an der Tilde im Dateipfad („~"), dass sich der User in seinem Home-Verzeichnis befindet.

Antwort b) stimmt zwar insoweit, als es einen Schreibcache gibt, und `sync` sorgt tatsächlich dafür, dass dieser geschrieben wird. Allerdings wäre es fatal, wenn wir darum falsche Informationen bekämen. Das ist auch nicht der Fall: Denn wenn wir von der Platte lesen, stammen die Daten ja ebenfalls wieder aus diesem Cache, so dass sie natürlich in sich stimmig sind.

Antwort d) ist Unsinn: Einen „Standardpfad" gibt es nicht, Programme liegen dort, wo sie gespeichert wurden.

Anders als `find` bedient sich `locate` einer Datenbank, in der alle Dateien mit vollständigem Pfad gespeichert sind. Darum ist `locate` ja auch so schnell, denn es muss nicht viele GByte Festplatte mit Tausenden Verzeichnissen und Dateien durchsuchen. Ein kurzer Blick in `/var/lib/locatedb` genügt – richtig ist also Antwort c).

1.104.7 Systemdateien finden und Dateien am richtigen Ort platzieren [2]

Üblicherweise wird diese Datenbank täglich durch das Programm `updatedb` aktualisiert, z. B. durch ein Cron-Skript (häufig kurz nach Mitternacht).

Das bedeutet aber auch, dass realer Stand und Datenbank differieren, wenn letztere noch den Stand vom Vortag gespeichert hat. Eine vor wenigen Minuten angelegte bzw. gelöschte Datei wird `locate` nicht kennen bzw. noch immer anzeigen. Doch wie viele Dateien ändern sich tatsächlich am Tag? Nicht viele – und zur Not gibt es ja auch noch `find`.

68 Welche nachfolgenden Geräte können Block Devices sein?

[ ] a) Streamer

[ ] b) Festplatten

[ ] c) Serielle Schnittstellen

[ ] d) Loopback Devices

[ ] e) virtuelle Terminals

Man unterscheidet zwei Grundtypen von Gerätedateien: *Character* Devices und *Block* Devices. Im Inhaltsverzeichnis sind sie durch ein c bzw. ein b kenntlich gemacht:

```
linux:~ # ls -al /dev/ttyS1 /dev/hda1
brw-rw----   1 root     disk       3,   1 Mär 23  2002 /dev/hda1
crw-rw----   1 root     uucp       4,  65 Mär 23  2002 /dev/ttyS1
```

Character Devices
> werden Zeichen für Zeichen angesprochen; Beispiele dafür sind die serielle Schnittstelle, die Tastatur, aber auch die Bildschirmausgabe im Textmodus (virtuelles Terminal/Konsole). Auch Streamer gehören dazu. Antworten a), c) und e) sind also falsch.

Block Devices
> Hier werden nie einzelne Bytes ausgelesen, sondern immer Blöcke einer gewissen Größe von zum Beispiel 512 oder 1024 Bytes. Das sorgt bei großen Datenmengen für bessere Performance und ermöglicht eine gezielte und schnelle Ansprache bestimmter Bereiche. Musterbeispiele dafür sind Festplatten. Antwort b) ist also korrekt.

Loopback Devices
> können nun beides sein – es kommt darauf an, welches Device wir auf das Loopback-Interface legen. Da wir uns aber strikt an die Fragestellung halten, *kann* es auch ein Block Device sein, und deshalb müsste d) ebenfalls angekreuzt werden!

1.104.7 Systemdateien finden und Dateien am richtigen Ort platzieren [2]

Ergänzen Sie die jeweiligen Buchstaben für die Dateitypen:

69

[ ] a) Verzeichnis

[ ] b) Symlink

[ ] c) Zeichengerät („Character Device")

[ ] d) Blockgerät („Block Device")

[ ] e) Fifo

[ ] f) Socket

Klären wir zunächst zwei Dateitypen, von denen bislang noch nicht die Rede war: *Fifo* steht für „first in, first out". Ein Fifo ist eine spezielle Datei, die von zwei Prozessen gleichzeitig benutzt wird. Ein Prozess schreibt, der andere liest. Das Besondere daran ist, dass der zweite Prozess natürlich nur das auslesen kann, was der erste bereits hineingeschrieben hat. Die Datei hat in diesem Sinne keinen echten Anfang und kein echtes Ende, sie ist eine Art Warteschlange. Verglichen mit dem Fließband an der Supermarktkasse: Sie legen die Sachen aufs Band, und in exakt dieser Reihenfolge kann der Kassierer (der lesende Prozess) die „Daten" auslesen, ohne Sie natürlich jemals überholen zu können (mit Ausnahme der Kassiererinnen von Aldi, die können das...).

Ein Socket ist dem vergleichbar, aber doch anders; in Frage 60 (Seite 154) war bereits die Rede davon. Auch ein Socket ermöglicht zwei Prozessen, miteinander zu kommunizieren, doch eher als „flexible Verbindung" mit einem ständigen Hin und Her – vergleichbar mit einem Telefongespräch.

Der Vollständigkeit halber zu den Typen-Buchstaben:

```
d    Verzeichnis
l    Symlink
c    Zeichengerät („Character Device")
b    Blockgerät („Block Device")
p    Fifo
s    Socket
```

Thema 104: Geräte, Linux-Dateisysteme, Filesystem Hierarchy Standard

104.1 Partitionen und Dateisysteme anlegen

Gewichtung: 2

Beschreibung: Kandidaten sollten in der Lage sein, Plattenpartitionen zu konfigurieren und dann Dateisysteme auf Medien wie Festplatten anzulegen. Dies umfasst auch den Umgang mit Swap-Partitionen.

Wichtigste Wissensgebiete:
- Verschiedene mkfs-Kommandos verwenden, um Partitionen zu installieren und verschiedene Dateisysteme anzulegen wie ext2, ext3, xfs, reiserfs v3, vfat

Liste wichtiger Dateien, Verzeichnisse und Anwendungen:
```
fdisk
mkfs
mkswap
```

104.2 Die Integrität von Dateisystemen sichern

Gewichtung: 2

Beschreibung: Kandidaten sollten in der Lage sein, ein Standarddateisystem und die zusätzlichen Daten eines Journaling-Dateisystems zu verwalten.

Wichtigste Wissensgebiete:
- Die Integrität von Dateisystemen überprüfen
- Freien Platz und verfügbare Inodes überwachen
- Einfache Probleme von Dateisystemen reparieren

Liste wichtiger Dateien, Verzeichnisse und Anwendungen:
```
du
df
fsck
e2fsck
mke2fs
debugfs
dumpe2fs
tune2fs
```
xfs-Werkzeuge (etwa `xfs_metadump` und `xfs_info`)

104.3 Das Ein- und Aushängen von Dateisystemen steuern

Gewichtung: 3
Beschreibung: Kandidaten sollten in der Lage sein, das Einhängen eines Dateisystems zu konfigurieren.

Wichtigste Wissensgebiete:
- Dateisysteme manuell ein- und aushängen
- Das Einhängen von Dateisystemen beim Systemstart konfigurieren
- Von Benutzern einhängbare Wechseldateisysteme konfigurieren

Liste wichtiger Dateien, Verzeichnisse und Anwendungen:
```
/etc/fstab
/media
mount
umount
```

104.4 Platten-Quotas verwalten

Gewichtung: 1
Beschreibung: Kandidaten sollten in der Lage sein, Platten-Quotas für Benutzer zu verwalten.

Wichtigste Wissensgebiete:
- Platten-Quotas für ein Dateisystem in Kraft setzen
- Benutzer-Quota-Berichte anpassen, prüfen und erzeugen

Liste wichtiger Dateien, Verzeichnisse und Anwendungen:
```
quota
edquota
repquota
quotaon
```

104.5 Dateizugriffsrechte und -eigentümerschaft verwalten

Gewichtung: 3
Beschreibung: Kandidaten sollten in der Lage sein, Dateizugriffe durch angemessenen Einsatz von Rechten und Eigentümerschaft zu steuern.

Wichtigste Wissensgebiete:
- Zugriffsrechte für reguläre und besondere Dateien sowie Verzeichnisse verwalten

- Zugriffsmodi wie SUID, SGID und das Sticky Bit verwenden, um die Sicherheit aufrechtzuerhalten
- Wissen, wie man die umask ändert
- Das Gruppen-Feld verwenden, um Gruppenmitgliedern Dateizugriff einzuräumen

Liste wichtiger Dateien, Verzeichnisse und Anwendungen:
chmod
umask
chown
chgrp

104.6 Harte und symbolische Links anlegen und ändern

Gewichtung: 2
Beschreibung: Kandidaten sollten in der Lage sein, harte und symbolische Links auf eine Datei anzulegen und zu verwalten.

Wichtigste Wissensgebiete:
- Links anlegen
- Harte und/oder symbolische Links identifizieren
- Dateien kopieren vs. verlinken
- Links verwenden, um Systemadministrationsaufgaben zu unterstützen

Liste wichtiger Dateien, Verzeichnisse und Anwendungen:
ln

104.7 Systemdateien finden und Dateien am richtigen Ort platzieren

Gewichtung: 2
Beschreibung: Kandidaten sollten mit dem Filesystem Hierarchy Standard (FHS) vertraut sein und typische Dateiorte und Verzeichnisklassifizierungen kennen.

Wichtigste Wissensgebiete:
- Die korrekten Orte von Dateien unter dem FHS kennen
- Dateien und Kommandos auf einem Linux-System finden
- Den Ort und den Zweck wichtiger Dateien und Verzeichnisse gemäß dem FHS kennen

Liste wichtiger Dateien, Verzeichnisse und Anwendungen:
```
find
locate
updatedb
whereis
which
type /etc/updatedb.conf
```

Teil II

Prüfung 102

105 Thema

Shells, Skripte und Datenverwaltung

1.105.1	Die Shell-Umgebung anpassen und verwenden	S. 178
1.105.2	Einfache Skripte anpassen oder schreiben	S. 182
1.105.3	SQL-Datenverwaltung	S. 188

70

Sie möchten als Administrator Shell-Einstellungen für alle Ihre Nutzer vorgeben, z. B. `export EDITOR=joe`. Wo können Sie diese Einstellung vornehmen? Geben Sie alle zutreffenden Antworten an.

[ ] a) `/etc/bash`

[ ] b) `/etc/profile` (oder `/etc/profile.local`)

[ ] c) `~/.profile`

[ ] d) `/etc/skel/.profile`

[ ] e) `/etc/bash.bashrc`

[ ] f) `/etc/.preferences`

Schauen Sie sich in Ihrer Installation an, welche der hier genannten Dateien überhaupt existieren: In der Regel sind das b), c), d) und e). Der Rest ist ausgedacht und existiert nicht.

Antwort c) ist eine recht sinnvolle Sache: Wenn Nutzer ihre eigenen Einstellungen vornehmen wollen, können sie das in der Datei `~/.profile` in ihrem Home-Verzeichnis tun. Aber: Danach war hier nicht gefragt, schließlich suchen wir die Datei, über die wir zentral für *alle* Nutzer eine Standardeinstellung vornehmen können.

Natürlich wäre es grundsätzlich möglich, die Datei `/etc/skel/.profile` zu editieren. Wir kommen dazu noch in Frage 86 (Seite 213). Das Verzeichnis `/etc/skel` dient als Musterverzeichnis für *neu anzulegende* Home-Verzeichnisse neuer User. Doch hat eine Änderung einer Datei in `/etc/skel` keine Auswirkungen auf bereits existierende Nutzer und ist darum für die hier geforderten Zwecke ungeeignet.

Bleibt also die Frage nach dem Unterschied zwischen den Dateien `/etc/profile` und `/etc/bash.bashrc`. Und die ist gar nicht so genau zu beantworten. *Eigentlich* sollten die Profile-Dateien in `/etc` und im Home-Verzeichnis nur dann von der Shell ausgeführt werden, wenn sie als Login-Shell gestartet wird. Die Dateien `~/.bashrc` bzw. `/etc/bash.bashrc` nur dann, wenn es sich nicht um eine Login-Shell, sondern um eine normal gestartete (Sub-)Shell handelt. Soweit die Theorie.

In der Praxis vermischen das aber die meisten Distributionen und sorgen dafür, dass im Zweifelsfall alle diese Dateien in einer passenden Reihenfolge nacheinander bearbeitet werden, als sei alles eine einzige große Datei.

1.105.1 Die Shell-Umgebung anpassen und verwenden [4]

Für die hier gefragte Definition einer Umgebungsvariable wäre also `/etc/profile` am saubersten – bzw. bei einigen Distributionen (wie z. B. SUSE) auch `/etc/profile.local`.

Was aber nicht heißen soll, dass es zumindest bei SUSE auch dann funktioniert, wenn Sie es in `/etc/bash.bashrc` definieren, denn diese wird selbst auch bei Login-Shells von `/etc/profile` aus nachgeladen...

Aber formal richtig: Antwort b) – rein praktisch b) und e).

LPI wird solche Zweideutigkeiten im Test nach Möglichkeit vermeiden bzw. umgehen. Hier geht es darum zu wissen, welche Dateien es gibt – und welche es *nicht* gibt, auch wenn vorgeschlagene Namen ganz brauchbar klingen.

- Lesen Sie in den Dateien `/etc/profile` und `/etc/bash.bashrc`. Schauen Sie sich die Syntax an und verschaffen Sie sich einen Überblick über wichtige Umgebungsvariablen wie `EDITOR`, `TERM` u. a. Umgebungsvariablen wurden bereits in Frage 27, Seite 83 besprochen.

- Denken Sie noch einmal an die Shell-Option `noclobber` (Frage 40, Seite 107).

1.105 Shells, Skripte und Datenverwaltung

71

Sie haben das nachfolgend abgebildete Shell-Skript. Welche Ausgabe wird es produzieren, wenn es als `./script.sh` **aufgerufen wird?**

```
user@linux:~$ cat script.sh
#!/bin/sh

x=0815
function output() {
   x=4711
   echo $x
}
echo -n $x
output
echo -n $x
```

[ ] a) 47110815output0815

[ ] b) 0815output0815

[ ] c) 081547110815

[ ] d) 081547114711

[ ] e) Das Skript enthält Syntaxfehler und funktioniert nicht.

Die Beantwortung dieser Frage setzt das Verständnis zweier grundlegender Konzepte der Shell-Programmierung voraus:

- Wie werden Funktionen aufgerufen und abgearbeitet?
- Was geschieht mit Variablen innerhalb der Funktion?

Im Skript wird zunächst die Funktion mit `function output()` definiert, diese jedoch nicht aufgerufen und ausgeführt. Demnach können die Zuweisung x=4711 und auch das `echo`-Kommando nicht zum Zuge kommen.

Die Ausgabe beginnt also in Zeile 8: Da x den Wert 0815 hat, führt `echo -n $x` zu der Ausgabe 0815. Antwort a) muss demnach falsch sein.

Auch Antwort b) scheidet aus, denn für die Ausgabe output müsste es in Zeile 9 `echo output` heißen.

Hier wird aber vielmehr die bereits definierte Funktion `output()` aufgerufen: Nun wird x der Wert 4711 zugewiesen und einmal ausgegeben – wie in den Antworten c) und d).

1.105.1 Die Shell-Umgebung anpassen und verwenden [4]

Bleibt die Frage, welchen Wert x nach der Rückkehr aus der Funktion besitzt. Immer noch 4711? Oder wieder 0815? Welche Ausgabe erzeugt die letzte Zeile des Skripts?

Grundsätzlich ist es möglich, Variablen „funktionslokal" zu definieren, so dass Veränderungen an diesen Variablen nur innerhalb der Funktion gelten. Doch dazu müssten sie mit dem Keyword `local` versehen sein (`local bla ; bla=test`). Doch das ist hier nicht der Fall, so dass die Veränderung innerhalb der Funktion den Wert von x grundsätzlich ändert. In der letzten Zeile wird also 4711 ausgegeben.

Die gesamte Ausgabe lautet daher 081547114711, und die richtige Anwort ist d).

72 Was passiert bei folgendem Kommando?

```
linux: # [ -u /tmp/datei ] || /tmp/datei2
```

[ ] a) Gar nichts, da diese Zeile keiner gültigen Syntax folgt.

[ ] b) Gehört /tmp/datei dem aufrufenden User, wird /tmp/datei2 gestartet.

[ ] c) /tmp/datei2 wird gestartet, wenn bei /tmp/datei das SUID-Bit nicht gesetzt ist.

[ ] d) Wenn /tmp/datei und /tmp/datei2 verschieden sind, wird ein Returncode ungleich Null (= FALSE) zurückgegeben.

[ ] e) Es werden alle Zeilen ausgegeben, die nur in einer der beiden Dateien, nicht aber in beiden Dateien zugleich vorhanden sind.

Shell-Programmierung und test gehören zusammen: Das Programm testet alle möglichen Kriterien rund um Dateien („Ist das ein Verzeichnis?"), um Variablen („Existiert sie und ist sie länger als null Zeichen?"), um String-Vergleiche („Ist $NUMMER größer als 3?"); test tritt damit häufig zusammen mit seiner großen Schwester, der if-Abfrage, auf.

Eine if-Abfrage überprüft eine Aussage auf TRUE oder FALSE, ist aber selbst nicht in der Lage, vergleichende Operationen durchzuführen. Genau diese Aufgabe erledigt test. Wenn A = 5 und B = 5 ist, liefert test A -lt B ein FALSE, denn es fragt, ob A *less then* B ist (also kleiner als B). Ein test A -ge B hingegen liefert ein TRUE, denn es fragt, ob A *greater or equal* (größer oder gleich) B ist.

In einem Shell-Skript ergibt das:

```
A=5
B=5
if test $A -ge $B ; then
    echo "Hurra, A ist größer/gleich B!"
fi
```

Nun ist allerdings auch die folgende Kurzschreibweise möglich, die exakt dieselbe Bedeutung und Wirkung hat. Die eckigen Klammern bewirken nur, dass der Inhalt an test zur Überprüfung übergeben wird, genau genommen ist /usr/bin/[meist ein Symlink auf /usr/bin/test:

1.105.2 Einfache Skripte anpassen oder schreiben [4]

```
A=5
B=5
if [ $A -ge $B ] ; then
    echo "Hurra, A ist größer als B!"
fi
```

`test` kennt viele Parameter, hier die wichtigsten:

`test -f <pfad>`
> prüft, ob `<pfad>` eine Datei ist

`test -d <pfad>`
> prüft, ob `<pfad>` ein Verzeichnis ist

`test -e <pfad>`
> prüft, ob `<pfad>` existiert (unabhängig vom Dateityp, auch Socket, Fifo usw.)

`test -r <pfad>`
> prüft, ob `<pfad>` existiert und auch lesbar ist

`test -O <pfad>`
> prüft, ob `<pfad>` dem aufrufenden Nutzer gehört

`test -u <pfad>`
> prüft, ob `<pfad>` ein SUID-Bit gesetzt hat

`test -w <pfad>`
> prüft, ob `<pfad>` eine für den Nutzer beschreibbare Datei ist

`test -x <pfad>`
> prüft, ob `<pfad>` ein ausführbares Programm ist bzw. ob ein Ordner das x-Bit gesetzt hat

`test $A -lt $B`
> prüft, ob $A kleiner als $B ist (*less than*)

`test $A -gt $B`
> prüft, ob $A größer als $B ist (*greater than*)

`test $A -le $B`
> prüft, ob $A kleiner oder gleich $B ist (*less or equal*)

`test $A -ge $B`
> prüft, ob $A größer oder gleich $B ist (*greater or equal*)

`test $A -eq $B`
> prüft, ob $A gleich $B ist (*equal*)

```
test $A -ne $B
```
prüft, ob $A ungleich $B ist (*not equal*)

```
test -z $A
```
prüft, ob der String $A leer ist

Kommen wir zurück zur Frage: Da `test` stets eine vergleichende Aussage trifft, liefert es auch stets ein TRUE oder FALSE als Rückgabewert. Diesen Rückgabewert können wir durch `&&` oder `||` abfragen. (Sie erinnern sich vielleicht an Frage 39 auf Seite 104 – bitte lesen Sie ggf. dort nochmals nach.)

Der Aufruf `cmd1 || cmd2` startet `cmd2` nur dann, wenn der Rückgabewert von `cmd1` ein FALSE war, also `cmd1` mit einem Fehler nicht ordnungsgemäß beendet wurde. Gleiches gilt aber auch für die `test`-Abfrage.

`test` kann zwar prüfen, ob eine Datei dem jeweiligen Nutzer gehört, doch lautet dieser Aufruf `test -O <datei>`, und darum ist auch Antwort b) falsch.

Ein `test -u <datei>` prüft, ob das SUID-Bit gesetzt ist, und wegen der Angabe von `||` wird `cmd2` nur dann gestartet, wenn das SUID-Bit *nicht* gesetzt ist. Und da wir statt `test -u <datei>` auch `[ -u <datei> ]` schreiben können, ist hier alleine die Antwort c) richtig.

- Sie sollten die gebräuchlichsten Parameter von `test` kennen. Lesen Sie `man test` und üben Sie!

- Selbstverständlich gehört auch die korrekte Syntax von `if... then... else` ebenso zu den Grundlagen wie die Auswertung von Return-Codes über `||` oder `&&`.

- Lesen Sie einige Shell-Skripte und analysieren Sie die Syntax – gut geeignet sind z. B. die Start-Skripte in `/etc/init.d`. Lesen Sie dort z. B. `/etc/init.d/boot`, `/etc/init.d/sshd` und – wenn Sie meinen, soweit alles verstanden zu haben – auch das etwas komplexere `/etc/init.d/apache`. Sie sollten zuletzt diese Skripte vollständig verstanden haben.

- Eine sehr gute und äußerst interessante Übersicht über die bash, ihre Befehle, Parameter und viele Tipps und Tricks findet man unter `http://de.linwiki.org/wiki/Linuxfibel_-_Die_Bash`.

1.105.2 Einfache Skripte anpassen oder schreiben [4]

Sie benötigen in einem Skript eine Liste der (Ganz-)Zahlen von 10 bis einschließlich 20. Mit welchem Kommando können Sie diese Liste erzeugen?

[ ] a) `while i from 10 until 20 ; echo $i ; done`

[ ] b) `echo -sequence 10..20`

[ ] c) `echo $(10-20)`

[ ] d) `for 10 to 20 -exec echo`

[ ] e) `seq 10 20`

Das `echo`-Kommando kennt keinen Aufrufparameter `-sequence`. Auch kann über `$(10-20)` keine Reihe vorgegeben werden. Zudem sollte auffallen, dass durch `$(...)` eine Subshell für eine Kommandosubstitution aufgerufen wird (siehe Frage 41, Seite 108).

Rechnen kann man in der Shell aber durchaus, doch sind dann eckige, nicht runde Klammern notwendig!

```
user@linux:~$ echo $[10 + 20]
30
user@linux:~$ echo $[50/2+4]
29
```

Aber eine Zahlenreihe ließe sich damit nicht erzeugen. Grundsätzlich wäre es natürlich möglich, die Liste über eine `for`- oder auch `while`-Schleife zu generieren, doch offenkundig nutzen Antworten a) und d) keine korrekte Syntax und scheiden darum aus. Die Lösung der Aufgabe könnte mit `while` beispielsweise folgendermaßen aussehen:

```
A=10 ; while [ $A -lt 20 ] ; do A=$[$A+1] ; echo $A ; done
```

Da eine fortlaufende Nummerierung immer wieder einmal hilfreich sein kann, gibt es dafür tatsächlich das kleine Programm `seq`, das aufwändiges Programmieren überflüssig macht. Es generiert von der ersten bis zur letzten Zahl eine einfache Zahlenreihe:

```
user@linux:~$ seq 10 20
10
11
```

1.105 Shells, Skripte und Datenverwaltung

```
12
13
14
15
16
17
18
19
20
```

Auf Wunsch lässt sich die Schrittweite vorgeben:

```
user@linux:~$ seq 10 3 20
10
13
16
19
```

Richtig ist also allein Antwort e).

1.105.2 Einfache Skripte anpassen oder schreiben [4]

Mit welchem Kommando können Sie die Texteinagbe eines Nutzers in der Variablen EINGABE speichern?

[ ] a) `input "Ihr Lieblingsessen: " > $EINGABE`

[ ] b) `echo "Ihr Lieblingsessen: " ; input EINGABE`

[ ] c) `echo "Ihr Lieblingsessen: " ; set EINGABE`

[ ] d) `read -p "Ihr Lieblingsessen: " EINGABE`

[ ] e) `read -p "Ihr Lieblingsessen: " $EINGABE`

Machen wir es kurz: Ein Kommando `input` existiert nicht, Antworten a) und b) sind darum falsch. `set` existiert als Shell-Kommando: Es liest und setzt Variablen, doch könnte es nicht ohne weitere Zuarbeit den Input von der Tastatur dafür nutzen.

`read` ist hier das geeignete Shell-Kommando. Es liest aus einem „Input-Channel" – per Default von STDIN, also von der Tastatur, auf Wunsch aber auch von anderen Quellen, wie z. B. Dateien.

Doch was ist nun richtig: d) oder e)?

Die Antwort darf nicht schwerfallen, wenn Sie sich an Frage 27 auf Seite 83 erinnern, denn dort wurde bereits erläutert, wie Variablen angesprochen werden. Ein `$EINGABE` würde dafür sorgen, dass auf den *Inhalt* der Variable `EINGABE` verwiesen wird – wir möchten `read` jedoch den *Namen* der Variable übergeben.

Richtig ist also Antwort d).

75

Wie lautet der SQL-Befehl, der alle Datensätze der Tabelle Benutzer zurückgibt, bei denen die Spalte Vorname den Wert Peer hat?

[ ] a) DUMP [all] FROM Benutzer WHERE Vorname='Peer'

[ ] b) SELECT * FROM Benutzer WHERE Vorname='Peer'

[ ] c) SELECT [all] FROM Benutzer WHERE Vorname == 'Peer'

[ ] d) GET * FROM Benutzer WHERE Vorname == 'Peer'

[ ] e) GET ALL FROM Benutzer WHERE Vorname IS 'Peer'

Mit den neuen Prüfungsinhalten seit April 2009 fordert LPI erstmalig auch grundlegende Kenntnisse über SQL-Abfragen und (einfache) Änderungen von Daten in SQL-Datenbanken. Es geht ausdrücklich nicht um verschiedene SQL-Implementationen und ihre jeweiligen SQL-Dialekte – schließlich handelt es sich um eine Zertifizierung für Administratoren, nicht für Datenbankspezialisten. Doch SELECT und DROP sollte man auseinanderhalten können und ihre Syntax kennen.

Die wichtigsten SQL-Befehle im Überblick:

INSERT (INTO)
: fügt einer Tabelle neue Datensätze hinzu

UPDATE
: ändert die Werte eines Datensatzes in einer Tabelle

SELECT
: gibt die Daten aus den Tabellen einer oder (in Spezialfällen) mehrerer Datenbanken zurück. Es können alle oder nur einige Felder abgefragt werden; dazu wird direkt nach dem SELECT-Befehl eine Liste von Feldnamen bzw. „*" für alle Felder angegeben.

DELETE (FROM)
: löscht Datensätze aus einer Tabelle

DROP TABLE
: löscht eine Tabelle aus einer Datenbank

DROP DATABASE
: löscht eine Datenbank vom SQL-Server

Verschiedene Operatoren ergänzen diese SQL-Befehle:

FROM
> nach FROM folgt die Angabe einer Datenquelle, fast immer ist das eine Tabelle: SELECT * FROM Benutzer liefert sämtliche Daten der Tabelle Benutzer.

WHERE
> grenzt die Menge der Werte ein, die zurückgegebenen werden sollen. Dazu werden meist Bedingungen aus Feldname, Vergleichsoperatoren (=, >, <, LIKE, ...) und Wert gebildet. Auch logische Verknüpfungen mehrerer Bedingungen mittels AND oder OR sind möglich:
>
> SELECT * FROM Benutzer WHERE vorname = 'Peer' AND nachname = 'Heinlein'

GROUP BY
> gruppiert Datensätze nach Angabe eines Feldnamens

ORDER BY
> sortiert ein Ergebnis nach Angabe eines (oder mehrerer) Feldnamen. Die Schlüsselwörter ASC (*ascending* = aufsteigend) und DESC (*descending* = absteigend) bestimmen die Reihenfolge.

JOIN
> verbindet zwei Tabellen nach einem bestimmten Kriterium, meist der Schlüssel einer Tabelle und der Fremdschlüssel einer zweiten Tabelle. Die angeforderten Felder beider Tabellen werden im Ergebnis in einer Zeile zurückgegeben, wenn das Kriterium zutrifft.
>
> SELECT Benutzer.*, Flags.* FROM Benutzer JOIN Flags ON Benutzer.id = Flags.Benutzer_id WHERE Flags.value = 'notification'

Gehen wir mit diesem Wissen zurück zu den möglichen Antworten: DUMP und GET sind keine gültigen SQL-Kommandos – a), d) und e) sind demnach falsch.

Eckige Klammern um einen Ausdruck nach dem SELECT sind nicht erlaubt, Antwort c) scheidet also ebenfalls aus. Möglich wäre ein hier nicht aufgeführtes SELECT ALL; dieses ist Bestandteil von SQL (allerdings nicht MySQL-kompatibel).

So bleibt b) als einzige Antwort mit korrekter Syntax.

76

Wie kann man mit Hilfe von SQL in einer Tabelle namens Benutzer **in der Spalte** Nachname **den Wert** Tux **in** Pinguin **ändern?**

[ ] a) MODIFY Benutzer SET Nachname='Tux' INTO
Nachname='Pinguin'

[ ] b) MODIFY Benutzer SET Nachname='Pinguin' WHERE
Nachname='Tux'

[ ] c) UPDATE Benutzer SET Nachname='Tux' INTO
Nachname='Pinguin'

[ ] d) UPDATE Benutzer SET Nachname='Pinguin' WHERE
Nachname='Tux'

[ ] e) UPDATE Benutzer WITH Nachname='Pinguin' IF Nachname
IS 'Tux'

MODIFY wird nur in Verbindung mit ALTER TABLE, also der Strukturveränderung einer Tabelle, verwendet; dieses Thema gehört allerdings nicht zum Prüfungsstoff dieses LPI-Tests. Für die Änderung an Datensätzen ist MODIFY nicht gedacht.

Es bleibt UPDATE, doch kann dieses nicht wie in Antwort c) in Verbindung mit INTO auftreten, denn INTO ist an den INSERT-Befehl geknüpft. Auch der Operator WITH kann nicht für ein UPDATE-Kommando genutzt werden.

Um anzugeben, auf welchen neuen Wert das jeweilige Feld im Datensatz geändert wird, verwendet man bei UPDATE das Schlüsselwort SET. Demnach ist d) richtig.

Thema 105: Shells, Skripte und Datenverwaltung

105.1 Die Shell-Umgebung anpassen und verwenden

Gewichtung: 4

Beschreibung: Kandidaten sollten in der Lage sein, Shell-Umgebungen an die Anforderungen der Benutzer anzupassen. Kandidaten sollten in der Lage sein, globale und nutzerindividuelle Voreinstellungen zu ändern.

Wichtigste Wissensgebiete:
- Umgebungsvariable (etwa PATH) beim Anmelden oder Erzeugen einer neuen Shell setzen
- BASH-Funktionen für häufig gebrauchte Kommandofolgen erstellen
- Skelett-Verzeichnisse für neue Benutzerkonten pflegen
- Den Kommando-Suchpfad mit den richtigen Verzeichnissen setzen

Liste wichtiger Dateien, Verzeichnisse und Anwendungen:
```
/etc/profile
env
export
set
unset
~/.bash_profile
~/.bash_login
~/.profile
~/.bashrc
~/.bash_logout
function
alias
lists
```

105.2 Einfache Skripte anpassen oder schreiben

Gewichtung: 4

Beschreibung: Kandidaten sollten in der Lage sein, existierende Skripte anzupassen oder einfache neue BASH-Skripte zu schreiben.

Wichtigste Wissensgebiete:
- Standard-sh-Syntax verwenden (Schleifen, Fallunterscheidungen)
- Kommandosubstitution verwenden
- Rückgabewerte auf Erfolg, Misserfolg oder andere von einem Programm gelieferte Informationen prüfen
- Situationsabhängig Mail an den Superuser senden
- Den richtigen Skript-Interpreter über die Shebang-Zeile (#!) wählen

Detaillierte Lernziele 105

- Den Ort, die Eigentümerschaft, die Ausführungs- und SUID-Rechte von Skripten verwalten

Liste wichtiger Dateien, Verzeichnisse und Anwendungen:
```
for
while
test
if
read
seq
```

105.3 SQL-Datenverwaltung

Gewichtung: 2

Beschreibung: Kandidaten sollten in der Lage sein, mit einfachen SQL-Kommandos Datenbanken abzufragen und Daten zu manipulieren. Dieses Lernziel umfasst auch Anfragen, die 2 Tabellen verbinden und/oder Subselects verwenden.

Wichtigste Wissensgebiete:
- Gebrauch einfacher SQL-Kommandos
- Einfache Datenmanipulation

Liste wichtiger Dateien, Verzeichnisse und Anwendungen:
```
insert
update
select
delete
from
where
group by
order by
join
```

106 Thema

Oberflächen und Desktops

1.106.1	X11 installieren und konfigurieren	S. 194
1.106.2	Einen Display-Manager einrichten	S. 203
1.106.3	Hilfen für Behinderte	S. 205

77

Was sind die Vorteile des Programms `xfs`? Geben Sie alle zutreffenden Antworten an.

[ ] a) `xfs` zentralisiert die Fontverwaltung in Netzwerken.

[ ] b) `xfs` stellt die Fonts einem ganzen Netzwerk zur Verfügung.

[ ] c) `xfs` beschleunigt das Rendering der Fonts.

[ ] d) `xfs` kümmert sich stets um korrekte Sonderzeichendarstellung.

`xfs` ist der X-Font-Server, der in Netzwerken für X-Server eine zentral installierte und administrierte Font-Sammlung bereitstellen kann. Die X-Server müssen die Schriftarten dann nicht lokal installiert haben, sondern greifen auf den zentralen `xfs` zurück. Das hat den Vorteil, dass alle X-Server im Netz über die gleichen Schriften verfügen.

Antworten a) und b) sind demnach richtig.

Eine schnellere Font-Darstellung wird dadurch nicht erreicht, denn auf das Rendering der Schriften hat der `xfs` keinen Einfluss; er stellt ja nur die Schriftdateien zur Verfügung, die der X-Server andernfalls von der lokalen Festplatte geladen hätte. Auch bezüglich der Sonderzeichenkodierung gibt es keine Vorteile.

Antworten c) und d) sind also falsch.

Auf dem Font-Server müssen Sie natürlich den `xfs` einrichten, der in den Distributionen auch enthalten ist. Sie finden seine Config-Datei üblicherweise unter `/etc/X11/xfs.conf` (manchmal auch unter `/usr/X11R6/lib/X11/fs/config`). Sie sollten einen Blick in diese Datei werfen.

Wichtig: Wenn Sie einen Font-Server für Ihr X verwenden wollen, müssen Sie ihn natürlich nicht nur starten (z. B. per `/etc/init.d/xnfs start`), sondern auch bei den X-Servern des Netzwerks in deren `xorg.conf` (Früher: `XF86Config`) eintragen.

Eine Rubrik `Fonts` gibt es nicht, die Einstellung der Font-Pfade erfolgt in der Rubrik `Files`. Dort finden Sie eine Liste mit Verzeichnissen, in denen X nach Schriftarten sucht, und dort ist auch der Eintrag für den Font-Server vorzunehmen. Je nachdem, ob Sie zuerst im Netz oder zuerst lokal nach Fonts suchen wollen, müssen Sie die Reihenfolge entsprechend anpassen und den `xfs`-Eintrag an den Anfang oder ans Ende der Liste setzen:

```
Section "Files"
  FontPath    "/usr/X11R6/lib/X11/fonts/hellas/100dpi:unscaled"
  FontPath    "/usr/X11R6/lib/X11/fonts/hellas/Type1"
  FontPath    "/usr/X11R6/lib/X11/fonts/misc/sgi:unscaled"
  FontPath    "/usr/X11R6/lib/X11/fonts/xtest"
  FontPath    "tcp/192.168.0.1:7100"
```

Unbedingt merken! Natürlich können Sie statt der IP-Nummer auch einen im DNS auflösbaren Hostnamen verwenden.

Nach Änderungen an der `xorg.conf`/`XF86Config` müssen Sie den X-Server neu starten, damit die Änderung aktiv wird. Das gilt für ein Hinzufügen des `xfs` ebenso wie für neu eingefügte lokale Font-Pfade.

Innerhalb der Font-Verzeichnisse finden Sie übrigens einige Hilfsdateien. Wichtig sind hier vor allem `fonts.dir` und `fonts.scale`. Diese werden von den Programmen `mkfontdir` und `mkfontscale` erzeugt und enthalten eine Zuordnung der Dateinamen zu einem langen X11-Namen, der Informationen über Schriftarten, Schriftschnitt, Zeichengrößen und vieles andere mehr enthält.

Wenn Sie neue Font-Verzeichnisse anlegen oder neue Fonts installieren, müssen Sie anschließend `mkfontdir <pfadzumverzeichnis>` bzw. `mkfontscale <pfadzumverzeichnis>` aufrufen, damit dieser Index aufgebaut wird. Erst dann sind die Schriften nutzbar.

- Merken Sie sich: Es gibt *keine* Section "Fonts"!
- Auch wenn ich zu behaupten wage, dass ein „normaler" Linux-Admin, wie ihn LPI Level-1 anspricht, davon kaum gehört hat, legt LPI auf den `xfs`-Wert und stellt Fragen dazu.
- `http://linuxreviews.org/howtos/xfree/xfs/` bietet eine praktische Kurzanleitung.
- Wichtig: Schauen sie sich die `xorg.conf` (Früher: `XF86Config`) an, v. a. die Sektion Files.
- Suchen Sie die Font-Pfade auf Ihrem System und werfen Sie einen Blick in `fonts.dir` und `fonts.scale`.
- Besorgen Sie sich einige Schriften (z. B. frei verfügbare TTF-Schriften aus dem Internet) und installieren Sie sie in ein eigenes Verzeichnis. Denken Sie an den Neuaufbau des Index, den Eintrag in `xorg.conf`/`XF86Config` und den Neustart des X-Servers.

78

Welche Hardware wird in der X-Konfiguration `xorg.conf` definiert? Geben Sie alle zutreffenden Antworten an.

[ ] a) Tastatur

[ ] b) Drucker

[ ] c) Scanner

[ ] d) Maus

[ ] e) Grafikkarte

[ ] f) Monitor

[ ] g) USB-Devices

X basiert ja darauf, dass der X-Server lediglich den Dateninput und den Grafikoutput übernimmt. Die Anwendungen hingegen laufen zwar oft auf demselben Rechner, können aber auch auf einem völlig anderen Rechner gestartet sein und den X-Server nur über ein Netzwerkprotokoll ansprechen.

Für die Konfiguration von X sind also nur folgende Punkte interessant:

- Input: Tastaturbelegung, Maustyp (auch Joystick, Stift-Tablett, Trackball)

- Output: Grafikkarte, Monitor, Auflösung, Farbtiefe

Dagegen hat X rein gar nichts mit Festplatten, beliebigen PCI-Karten, Scanner, USB-Devices und anderer Hardware zu tun.

Das Heikelste an der X-Konfiguration war früher die Erstellung der sogenannten *Modelines*, die Sie in der `xorg.conf`/`XF86Config` finden. Schauen Sie sich diese kurz an. In diesen Modelines stecken u. a. die Informationen über das Timing des Monitorbildes. Während früher falsche Einstellungen hier für den Monitor durchaus fatale Folgen haben konnten, sind heutige Bildschirme gegen falsche Frequenzen weitestgehend geschützt.

Config-Programme wie `xorgconfig`, `xf86config`, `XF86Setup`, `SaX/SaX2` (SUSE), `Xconfigurator` (RedHat) oder `dexconf` (Debian) übernehmen einen Großteil der Einstellungen und sind teilweise auch sehr gut in der Lage, Grafikkarte und Monitormodell genau anzusprechen und einzustellen. Doch manchmal ist Nacharbeit notwendig: Teilweise hilft hier der Monitor bei der richtigen Bilddarstellung, doch wenn das Bild zu stark verschoben ist, müssen Sie auch auf xvidtune zurückgreifen.

Richtig sind hier die Antworten ist also Antwort a), d), e) und f).

- xorgconfig, xf86config und XF86Setup sollten Sie dem Namen nach kennen, die anderen Programme nicht (weil distributionsspezifisch).
- Werfen Sie nochmals einen gründlichen Blick in xorg.conf/ XF86Config und schauen Sie sich die Einstellungen zu Auflösungen, Monitor und Modelines an.

79 Was ist ein Displaymanager?

[ ] a) Das Programm zur grafischen Ansteuerung des Bildschirms

[ ] b) Das Programm zur Steuerung der Fenster mit ihren Bedienelementen

[ ] c) Das Programm zur Steuerung eines einheitlichen Look & Feel der grafischen Oberfläche

[ ] d) Das Programm zur Anmeldung der Nutzer und zum Starten eines Windowmanagers

[ ] e) Das gesamte X-System

In einem X-System spielen vier Arten von „Managern" zusammen: Windowmanager, Dateimanager, Displaymanager und Desktop-Environment-Manager (die gerne mit Windowmanagern verwechselt werden).

Dateimanager sind Programme zur Verwaltung der Dateien, also Anwendungsprogramme unter einer beliebigen X-Oberfläche:

- Dolphin, Konqueror (KDE)
- Nautilus (Gnome)

Displaymanager sorgen dafür, dass sich der Nutzer anmelden, einloggen und den Windowmanager seiner Wahl starten kann. Richtig ist hier also die Antwort d). Die wichtigsten Displaymanager sind:

- xdm
- kdm (KDE)
- gdm (Gnome)

Für Verwirrung sorgen immer wieder *Desktop-Environment-Manager*. Sie nutzen einen Windowmanager und stellen ein Desktop-Management mit einem einheitlichen „Look & Feel", integrierter Software etc. bereit:

- KDE
- Gnome

1.106.1 X11 installieren und konfigurieren [2]

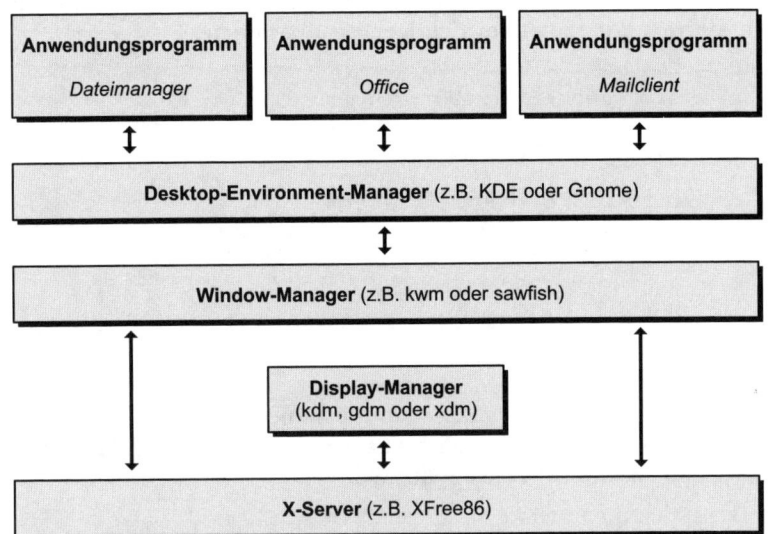

Abbildung 106.1:
Die Aufgaben der verschiedenen Manager

Es gibt eine Vielzahl von *Windowmanagern*, die schließlich dafür zuständig sind, die Fensterelemente zu zeichnen und zu verwalten. Beachten Sie: Gnome und KDE sind *keine* Windowmanager! Sie nutzen einen (meist integrierten) Windowmanager, um den Desktop darzustellen. Hier einige Beispiele für Windowmanager:

- AfterStep
- IceWM
- WindowMaker
- Enlightenment
- fvwm
- twm
- ctwm
- Metacity (Gnome)
- KWin (KDE)
- blackbox
- Fluxbox

1.106 Oberflächen und Desktops

80

Sie möchten `xterm` mit einer Größe von 90 Zeichen Breite und 40 Zeilen Höhe starten. Wie lautet der richtige Aufrufparameter?

[ ] a) xterm -geometry x=90 y=40

[ ] b) xterm -geometry 90x40

[ ] c) export DISPLAY=90x40 ; xterm

[ ] d) xterm x=90 y=40

Alle X-Programme müssen gewisse Aufrufparameter zur grafischen Darstellung beherrschen. Dazu zählt auch -geometry, der – je nach Programm – die Breite in Pixeln oder Zeichen übergibt.

Korrekt ist hier die Antwort b).

Alternativ können Sie übrigens auch die Xresources dafür nutzen: Default-Einstellungen in: /etc/X11R6/app-defaults/* oder /usr/X11R6/lib/X11/app-defaults/* (so bei SUSE). Unabhängig davon kann jeder Nutzer in seinem Home-Verzeichnis abweichende Einstellungen vornehmen: ~/.Xresources oder .Xdefaults.

Für die vorliegende Aufgabe könnten wir dort z. B.

XTerm*geometry: 90x40

eintragen.

Hinweise am Rande: Die Variable DISPLAY existiert, doch hat sie nichts mit der Positionierung des Fensters zu tun. Wir beleuchten sie in der nächsten Frage.

- Üben Sie das am Beispiel von xterm praktisch. X ist derart komplex, dass es auch LPI schwer fällt, daraus Multiple-Choice-Fragen über Grundlagenwissen zu generieren. Soll heißen: LPI hat hier nicht allzu viele Möglichkeiten, und Allgemeines wie -geometry bietet sich geradezu an.

Sie möchten das Programm `xeyes` **so starten, dass es auf dem Bildschirm des Rechners** `tux` **angezeigt wird. Durch welchen Aufruf erreichen Sie das?**

[ ] a) `xeyes tux`

[ ] b) `xeyes tux:0.0`

[ ] c) `xeyes -display tux:0.0`

[ ] d) `xeyes -show tux:0`

Neben `-geometry` gehört `-display` zu den Aufrufparametern, die jedes X-Programm versteht. Darüber wird im Format

`host:XServer.Display`

übergeben, an welchen X-Server sich das Programm wenden soll, wobei host natürlich ein (auflösbarer) Hostname oder eine IP-Nummer sein kann. Die Angabe von `Display` kann entfallen, 0 ist der Default.

Fehlt die Angabe dieses Aufrufparameters, wird die Umgebungsvariable `DISPLAY` ausgewertet, die üblicherweise den Wert `:0` hat – und damit auf einen lokal laufenden X-Server zeigt. Sie können also sowohl über `DISPLAY` eine generelle als auch über den Aufrufparameter `-display` eine einzelne Umleitung hin zu einem anderen X-Server machen.

Da auf einem Computer mehrere X-Server mit mehreren Displays parallel laufen können, müssen Sie `XServer` und `Display` explizit angeben. Wollen Sie z. B. den zweiten X-Server ansprechen, so wäre die folgende Angabe richtig:

`xeyes -display tux:1.0`

Wollen Sie grundsätzlich alle Ausgaben umleiten, ohne das über einen Aufrufparameter jeweils angeben zu müssen, können Sie die Umgebungsvariable `DISPLAY` setzen. X-Programme werten das dann entsprechend aus.

`export DISPLAY="tux:1.0"`

Wenn Sie dies nun ausprobieren wollen, wird möglicherweise der Connect zum X-Server mit der Meldung `Can't open display` verweigert, denn natürlich unterliegt das Ganze noch der Zugriffskontrolle, wer aus dem Netzwerk auf den Server zugreifen darf.

Hier ist das Programm `xhost` zuständig, und zwar auf dem X-Server (!), in diesem Beispiel also auf dem Rechner `tux`. Am besten starten Sie dieses direkt aus `xterm` heraus.

`xhost hostname`
: setzt `hostname` auf die Liste der für den Zugriff auf den X-Server freigeschalteten Hosts

`xhost -hostname`
: entfernt `hostname` wieder von dieser Liste

`xhost +`
: erlaubt jedem Host den Zugriff auf den X-Server

`xhost -`
: verbietet allen nicht explizit gelisteten Hosts den Zugriff auf den X-Server (Default)

Richtige Antwort ist hier also c).

- Vollziehen Sie die hier genannten Beispiele praktisch nach, sie „riechen" förmlich nach LPI-Aufgaben! Also ganz konkret: X-Anwendung über `-display` auf einen anderen Host umleiten (Fehlermeldungen?), die Freigabe durch `xhost`, die Sperre/Freigabe einzelner Hostnamen.

- Nutzen Sie anschließend die Variable `DISPLAY`, um alle nachfolgend gestarteten X-Clients automatisch umzuleiten.

1.106.2 Einen Display-Manager einrichten [2]

82

Wie können Sie die Begrüßungsmeldung des Displaymanagers xdm auf den Text Hallo einstellen?

[ ] a) In /etc/xdm.conf ist greeting "Hallo" einzutragen.

[ ] b) In /usr/X11R6/lib/X/greeting ist "Hallo" einzutragen.

[ ] c) In /etc/issue ist "Hallo" einzutragen.

[ ] d) In /etc/X11R6/xdm/Xresources ist "xlogin*greeting: Hallo" einzutragen.

Die Datei aus Antwort c) existiert, doch wird in /etc/issue nur der Begrüßungsprompt für die normale Textkonsole eingetragen, nicht aber für die Loginmanager von X – also falsch.

/etc/xdm.conf aus Antwort a) und /usr/X11R6/lib/X/greeting aus Antwort b) existieren beide nicht, denn Config-Dateien von X liegen typischerweise unterhalb von /etc/X11.

Antwort d) ist korrekt – und an diesem Beispiel können wir gleich beleuchten, wie klassische X-Programme konfiguriert werden: über Xresources. Werfen Sie einen Blick in die genannte Datei! X-Programme können, wie bereits beschrieben, über Aufrufparameter oder über Xresources konfiguriert werden, und zwar nach dem Schema:

Client*Resource: Wert

Client ist hier im Sinne des jeweiligen Programms zu verstehen (das ja als X-Client den X-Server kontaktiert), und nicht im Sinne eines Client-Hosts im Netzwerk.

Welche Ressourcen (= Konfigurationseinstellungen) es gibt, müssen Sie dabei aus Aufrufparametern, Programmdokumentation oder Config-Beispielen ermitteln.

Für die Display-Manager xdm, kdm und gdm befinden sich entsprechende Verzeichnisse unterhalb von /etc/.

Ebenfalls wichtig zu wissen: Wenn Sie Ihren Displaymanager von diversen X-Terminals (= X-Servern/Arbeitsstationen) im Netz abfragen lassen wollen, müssen Sie den Netzzugriff freischalten. Es gibt das Protokoll XDMCP (*X Display Manager Control Protocol*), das den Connect eines X-Servers an einem Displaymanager regelt.

Normalerweise ist diese Connect-Möglichkeit aus dem Netz aus Sicherheitsgründen unterbunden. Sollten Sie das ändern wollen, sollten Sie sich die letzte(n) Zeile(n) aus /etc/X11R6/xdm/xdm-config (oder der Konfigurationsdatei Ihres Displaymanagers) anschauen. Dort finden Sie folgenden Eintrag:

```
!
! SECURITY: do not listen for XDMCP or Chooser requests
! Comment out this line if you want to manage X terminals with xdm
!
DisplayManager.requestPort:    0
```

Kommentieren Sie diese Zeile aus (indem Sie ein „!" voranstellen) und starten Sie den Displaymanager neu, wird er auch Connects aus dem Netz annehmen. Sie können dann auf einem anderen Host im Netz einen entsprechenden X-Server starten: X :0.0 -query <hostname>

Sie arbeiten damit schon ab Darstellung des grafischen Logins komplett auf dem anderen Rechner, nutzen dessen Speicher, Rechenleistung, Dateisystem. Ihr X-Terminal übernimmt dann nur noch die Dateneingabe über Tastatur/Maus und die Ausgabe auf den Monitor ohne weitere eigene Rechenleistung. So können selbst Uralt-PCs zu flinken Arbeitsstationen mutieren, wenn sie nur an einen entsprechend starken Rechner angeschlossen werden.

- Stöbern Sie durch /etc/X11R6 bzw. /etc/X11.

- Schauen Sie sich die genannte Datei Xresources bzw. x11-common im Verzeichnis /etc/X11/Xresources an.

- Denken Sie daran: Ob ein grafischer Displaymanager oder nur die Textkonsole gestartet wird, hängt vom eingestellten Default-Runlevel des Systems ab. Werfen Sie ggf. nochmals einen Blick in /etc/inittab, dort insbesondere auf den Eintrag initdefault.

- Aktivieren Sie XDMCP und lassen Sie einen anderen X-Server Ihren Displaymanager ansprechen.

1.106.3 Hilfen für Behinderte [1]

Was realisiert das Projekt AccessX?

83

[ ] a) Eine Thin-Client-Lösung, um vollwertige Desktops auf einfacher Hardware bereitzustellen.

[ ] b) Einen X-Terminalserver.

[ ] c) Einen graphischen SSH-Client.

[ ] d) Ein Tool zur Festplattenverschlüsselung.

[ ] e) Eine Sammlung verschiedener Hilfstechniken für behinderte Nutzer, beispielsweise um die Tastatur an deren besondere Anforderungen anzupassen.

Unter Linux gibt es zahlreiche Hilfsmittel, Tools oder besonders angepasste Desktop-Themes, um Nutzern mit unterschiedlichen Behinderungen das Arbeiten zu erleichtern oder überhaupt erst möglich zu machen.

In den neuen LPI-Objectives seit April 2009 werden von Administratoren (rudimentäre) Kenntnisse über dieser Techniken erwartet.

Bedenken Sie beispielsweise, dass sehschwachen Nutzern Desktop-Themen in Schwarz/Weiß oder mit besonders kontrastreichen Farben sowie großen und klaren Schriftarten entgegenkommen. Auch sogenannte *Screen Magnifiers*, also Programme mit der Funktion von „Bildschirmlupen", helfen diesen Nutzern bei der Bedienung.

(Nahezu) vollständig blinden Nutzern helfen Tools wie *Emacspeak* oder *Orca*, also Screen-Reader, über die man Texte bearbeiten oder auch vollständige Desktop-Funktionen über die Audio-Schnittstelle steuern kann. Auch Braille-Zeilen, die die Textausgabe des Bildschirms in Blindenschrift umsetzen, sind weit verbreitet.

Je nach Behinderung ist die Bedienung von Tastaturen mitunter sehr schwierig. Auch hier helfen verschiedene Techniken: *Sticky Keys* (in der deutschen LPI-Übersetzung: „klebrige Tasten") sorgen beispielsweise dafür, dass Sondertasten wie Shift, Ctrl oder Alt auch dann noch als gedrückt gelten, wenn ein Nutzer schon wieder losgelassen hat. So kann der Nutzer Tastenkombinationen nacheinander drücken.

Bounce Keys verhindern, dass wiederholtes Drücken derselben Taste als mehrfache Buchstabeneingabe gewertet werden. *Slow Keys* sorgen dafür, dass auch lange Tastendrücke nur einfach gewertet werden. Beide Techniken kommen Nutzern entgegen, denen feinmotorische Fähigkeiten fehlen und die sonst häufig mit versehentlichen Doppeleingaben zu kämpfen haben.

Über das Tool GOK (*Gnome Onboard Keyboard*) lassen sich Texteingaben über eine auf dem Monitor eingeblendete Tastatur realisieren, die an die besonderen Anforderungen des Nutzers angepasst werden kann.

Nach diesen Ausführungen dürfte klar sein, dass hier e) die richtige Antwort ist: AccessX realisiert die verschiedenen Tastaturtechniken, passt Video-Modi an und bietet auch eine Bildschirmlupe.

Thema 106: Oberflächen und Desktops

106.1 X11 installieren und konfigurieren

Gewichtung: 2
Beschreibung: Kandidaten sollten in der Lage sein, X und einen X-Fontserver zu installieren und zu konfigurieren.

Wichtigste Wissensgebiete:
- Sicherstellen, dass die Videokarte und der Monitor von einem X-Server unterstützt werden
- Einen X-Fontserver installieren und konfigurieren
- Die X-Window-Konfigurationsdatei prinzipiell verstehen und kennen

Liste wichtiger Dateien, Verzeichnisse und Anwendungen:
/etc/X11/xorg.conf
xhost
DISPLAY
xwininfo
xdpyinfo
X

106.2 Einen Display-Manager einrichten

Gewichtung: 2
Beschreibung: Kandidaten sollten in der Lage sein, einen Display-Manager zu installieren und anzupassen. Dieses Prüfungsziel umfasst die Display-Manager XDM (X Display Manager), GDM (Gnome Display Manager) und KDM (KDE Display Manager).

Wichtigste Wissensgebiete:
- Den Display-Manager ein- und ausschalten
- Die Begrüßung des Display-Managers ändern
- Die Standard-Farbtiefe des Display-Managers ändern
- Display-Manager für den Gebrauch durch X-Terminals konfigurieren

Liste wichtiger Dateien, Verzeichnisse und Anwendungen:
/etc/inittab
Konfigurationsdateien von xdm
Konfigurationsdateien von kdm
Konfigurationsdateien von gdm

106.3 Hilfen für Behinderte

Gewichtung: 1
Beschreibung: Wissen um die Existenz von Hilfen für Behinderte.
Wichtigste Wissensgebiete:
- Tastatureinstellungen für Behinderte (AccessX)
- Visuelle Einstellungen und Themen
- Assistive Techniken (ATs)

Liste wichtiger Dateien, Verzeichnisse und Anwendungen:
„Klebrige" und Wiederholungstasten
Langsame/Bounce/Umschalt-Tasten
Maustasten
Desktop-Themen mit hohem Kontrast oder großer Schrift
Screen-Reader
Braille-Anzeige
Bildschirmvergrößerung
Tastatur auf dem Bildschirm
Gesten (beim Anmelden, etwa bei gdm)
Orca
GOK
emacspeak

107 Thema

Administrative Aufgaben

1.107.1	Benutzer- und Gruppenkonten und dazugehörige Systemdateien verwalten	S. 210
1.107.2	Systemadministrationsaufgaben durch Einplanen von Jobs automatisieren	S. 219
1.107.3	Lokalisierung und Internationalisierung	S. 223

84

Welche Aussagen treffen für ein sog. „Shadow-System" zu (mehrere Angaben möglich)?

[ ] a) Das System läuft auf einem RAID1- oder RAID5-Festplattensystem.

[ ] b) Passwörter werden nicht in /etc/passwd gespeichert.

[ ] c) Die Datei /etc/shadow sollte nur für root oder shadow lesbar sein.

[ ] d) Backups werden regelmäßig auf einer zweiten installierten Festplatte gemacht.

[ ] e) Alle Nutzeraccounts werden über den Wrapper userwrap abgesichert.

Was ist ein „Shadow-System"?! Wir kennen Linux-Systeme, Windows-Systeme, auch Macintoshs sind uns ein Begriff... Klären wir also, wie gewohnt, zunächst, was es *nicht* ist.

RAID sollte Ihnen etwas sagen: Ein spezieller Controller fasst mehrere Festplatten zusammen. Beim so genannten *Striping*, RAID Level 0, wird z. B. aus zwei Platten à 20 GByte eine Platte a 40 GByte – und nebenbei erreichen Sie einen Geschwindigkeitsgewinn, da der Controller Schreiboperationen auf beide Platten optimieren kann.

Beim so genannten *Mirroring*, RAID Level 1, wird aus zwei Platten à 20 Gbyte *eine* Platte à 20 Gbyte, weil auf beiden Platten parallel und identisch geschrieben wird. Dadurch, dass alles doppelt gespeichert wird, wird eine gewisse Ausfallsicherheit erreicht, falls eine Festplatte streikt. Dies schützt natürlich nur bei Hardwareschäden, nicht bei korrekt gelöschten Dateien, denn diese werden ja auch auf beiden Festplatten gelöscht.

RAID Level 5 ist eine Weiterentwicklung und benötigt mindestens drei Festplatten. Dabei wird eine sektorweise berechnete Parität auf den Platten verteilt gespeichert. Fällt eine Platte des Verbundes aus, können die Daten aus der gespeicherten Parität rekonstruiert werden. Der Vorteil von RAID-5: Anders als bei RAID-1 (*Mirroring*) gehen dabei nicht 50% des Festplattenplatzes verloren, sondern nur die Kapazität einer einzigen Platte des Verbundes. Bei RAID-5 mit fünf Festplatten steht also die Kapazität von vier Festplatten zur Verfügung.

Zurück zur Frage: *Mirroring* und *Shadow-System* gleichzusetzen klingt zwar nicht völlig absurd, ist aber schlichtweg falsch und ausgedacht – Antwort a) ist es nicht.

1.107.1 Benutzer- und Gruppenkonten und dazugehörige Systemdateien verwalten [5]

Wrapper-Programme gibt es, sie führen verschiedene Sicherheitsprüfungen durch (Frage 118 auf Seite 290). Mit einem Shadow-System hat das nichts zu tun, und den hier genannten `userwrap` gibt es auch nicht.

Aber es gibt die Datei `/etc/shadow`, die Ihnen bekannt sein sollte, und Installationen, die diese Datei haben und einsetzen, kann man auch als *Shadow-Systeme* bezeichnen.

Das Problem dahinter muss man kennen: Aus technischen Gründen muss die Datei `/etc/passwd` für jeden Nutzer lesbar sein. Sie können das auch leicht nachprüfen:

```
linux: # ls -al /etc/passwd
-rw-r--r--    1 root     root         2243 Aug 28 02:23 /etc/passwd
```

Einer der Gründe liegt zum Beispiel darin, dass im Dateisystem bei Besitzrechten nur die User-IDs gespeichert werden. Damit auch normale User in der Anzeige den Namen des Nutzers (statt seiner ID) angezeigt bekommen, muss das Programm den zugehörigen Namen aus `/etc/passwd` auslesen können. Früher waren in dieser Datei auch die Passwörter der Nutzer zu finden, doch war dies unproblematisch, da diese *gehasht* und nicht im Klartext gespeichert waren.

Oft ist hier auch von *Verschlüsselung* die Rede, aber das ist nicht ganz korrekt: Verschlüsselte Daten lassen sich wieder entschlüsseln, gehashte Daten *nicht*. Vergleichen Sie es mit der Quersumme einer Zahl: Die Quersumme von 252 ist 9, aber von der Zahl 9 kommen Sie nicht ohne Weiteres zur 252 als Ausgangspunkt. Ebenso ist bei gehashten Kennwörtern das Originalkennwort nicht zurückzuverfolgen. Der Hash-Algorithmus bringt es zudem mit sich, dass es nur äußerst selten mehrere Kennwörter gibt, die denselben Hash-Wert erzeugen. Das bedeutet aber: Selbst wenn ich den Hash-Wert kenne, weil ich auch als normaler Nutzer auf die Datei `/etc/passwd` zugreifen kann, kann ich daraus nicht das zugehörige Kennwort ermitteln.

Dachte man zumindest bis zum Jahre 1989[1]. Bei einem Angriff entdeckte man damals, dass man eine Liste aller Wörter eines Wörterbuches nehmen, zu jedem Wort den Hash-Wert errechnen und dann einfach vergleichen kann, wo die Hash-Werte übereinstimmen. Auf diese Idee war man bislang noch nicht gekommen bzw. hielt sie bis dahin mangels Rechenpower für nicht durchführbar. Ein deutscher Hacker zeigte aber, dass es geht, und „knackte" auf diese Weise die Passwort-Datei amerikanischer Uni-Server. Damit sollte auch deutlich sein, warum es wichtig ist, keine normalen Wörter als Passwörter zu verwenden, sondern diese mit Groß- und Kleinschreibung oder Ziffern zu „verfeinern".

Um das Problem zu lösen, begann man, Kennwörter nicht mehr in der allgemein lesbaren Datei `passwd` abzuspeichern, sondern in der Datei `shadow`.

[1] Interessante Lektüre: Clifford Stoll, „Kuckucksei", Fischer Tb, 1989.

1.107 Administrative Aufgaben

Diese ist nur noch für `root` bzw. das Login-System lesbar, so dass normale Nutzer nicht mehr an die gehashten Kennwörter herankommen.

Richtig sind daher die Antworten b) und c).

- Das Programm `pwconv` konvertiert eine „alte" `passwd` in eine passwortfreie `passwd` und eine passende Datei `shadow`.

1.107.1 Benutzer- und Gruppenkonten und dazugehörige Systemdateien verwalten [5]

85

Sie möchten einen neuen Nutzer-Account mit dem Namen `tux` anlegen und zugleich das Standard-Home-Verzeichnis erzeugen, in dem sich bereits Dateien wie z. B. `.Xresources`, `.emacs`, `.bashrc` oder das Verzeichnis `public_html` befinden. Wie lautet der passende Befehl?

[ ] a) `useradd -h tux`

[ ] b) `useradd -m tux`

[ ] c) `newuser -u tux -p password`

[ ] d) `createuser -m -a tux -h /home/tux`

[ ] e) `useradd -p <password> tux`

[ ] f) `newuser tux`

86

Wie lautet der Pfad zu dem Musterverzeichnis, dessen Inhalt in neu angelegte Home-Verzeichnisse kopiert wird und wo Sie Dateien ablegen können, die neuen Nutzern per Default ins Home-Verzeichnis kopiert werden?

_____

_____

Kennen Sie `/etc/skel` (*skeleton* = Skelett)? Schauen Sie einmal hinein, der Inhalt sollte Ihnen bekannt vorkommen. Dies ist die Vorlage für jedes neu anzulegende Home-Verzeichnis und damit auch die Antwort auf Frage 86. Sie können dort zentral als Admin Konfigurationsdateien für Ihre Nutzer ablegen oder modifizieren. Aber Achtung: Bereits eingerichtete Nutzer betrifft das natürlich nicht mehr!

Zu Frage 85: Die Befehle `newuser` oder `createuser` gibt es natürlich nicht. Doch was ist mit a), b) und e)?

Der Parameter `-h` würde zwar auf „home directory" passen, existiert aber nicht (und wäre, wenn überhaupt, für „help" reserviert). a) ist es also nicht.

Genügt e)? Den Parameter `-p` gibt es zwar, er weist dem Nutzer auch gleich ein Passwort zu. Achtung: `-p` erwartet kein Klartext-Passwort, sondern bereits die encryptete/gehashte Variante, so wie sie 1:1 in `/etc/shadow` abgespeichert werden soll!

1.107 Administrative Aufgaben

Probieren Sie es aus, doch es führt nicht zum Ziel, denn standardmäßig legt `useradd` zwar einen Nutzer an, erzeugt aber *kein* Home-Verzeichnis (noch nicht einmal ein leeres). e) ist also auch falsch.

Es bleibt nur b), auch wenn der Parameter -m keine Assoziationen weckt – er ist korrekt. `useradd` kopiert dann `/etc/skel` nach `/home/username` und setzt die passenden Dateirechte. Über den Parameter -k können Sie übrigens ein anderes Verzeichnis, abweichend von `/etc/skel`, angeben, falls Sie verschiedene Musterverzeichnisse für verschiedene Nutzergruppen pflegen.

- Bei solch grundlegenden Administrationsbefehlen wie `useradd` sollten Sie auch andere Aufrufparameter kennen:

  Wie weisen Sie einem User unmittelbar eine Shell zu, z. B. statt des Default-Werts `/bin/bash` einmal `/bin/false` oder `/bin/sh`?
  Antwort: `useradd -s <shell>`

  Wie weisen Sie eine bestimmte User-ID zu? Wie sorgen Sie dafür, dass diese User-ID ggf. doppelt vergeben sein kann (nicht empfehlenswert, in Sonderfällen aber sinnvoll/notwendig)?
  Antwort: `useradd -u <uid>` und `useradd -o`

  Wie lassen Sie dem User eine Daemon-ID (*System Account*) zuweisen? System Accounts haben eine UID kleiner als 1000 (früher 500!). Welche UIDs hier reserviert werden, ist übrigens in `/etc/login.defs` festgelegt. Siehe dazu auch Frage 88, Seite 216.
  Antwort: `useradd -r`

  Wie weisen Sie dem Nutzer eine spezielle Gruppe zu, und wie setzen Sie den Description-Eintrag in `/etc/passwd`?
  Antwort: `useradd -g <gid>` und `useradd -c`

1.107.1 Benutzer- und Gruppenkonten und dazugehörige Systemdateien verwalten [5]

Wie lautet die richtige Reihenfolge der Felder in /etc/passwd?

[ ] a) username:password:homedir:uid:gid:description:shell

[ ] b) username:uid:gid:homedir:shell:description

[ ] c) uid:gid:username:homedir:shell:password

[ ] d) username:password:uid:gid:description:homedir:shell

[ ] e) uid:gid:username:password:shell:homedir

/etc/passwd müssen Sie kennen – in- und auswendig! Die Einträge beginnen mit dem Usernamen, erst dann kommen Passwort, uid und die gid. Anschließend – nicht vergessen! – ein Feld namens „Description", dort kann der Realname des Account-Inhabers eingetragen werden. Erst danach folgen Home-Verzeichnis und die Login-Shell des Nutzers.

Die Felder müssen präsent sein, und das natürlich in der richtigen Reihenfolge, denn LPI erwartet von einem Administrator, dass er auch in der Lage ist, Accounts „per Hand" anzulegen, also einfach die passenden Einträge in /etc/passwd oder /etc/shadow vorzunehmen.

- A propos /etc/shadow: Beherrschen Sie sicher die Felder und deren Reihenfolge in /etc/shadow? Das sollten Sie auf jeden Fall (man 5 shadow – Achtung: nicht man 3 shadow, die Sektion 3 enthält ja Programm-/Funktionsschnittstellen).

- Machen Sie sich dabei nochmals die Expire-Funktionen der shadow klar, also wie Sie einen Account zu einem Termin deaktivieren können oder Nutzer dazu zwingen, nach einer bestimmten Tageszahl ein neues Passwort einzustellen. man 5 shadow und man chage helfen dabei.

- Lesen Sie man 5 passwd.

- Schauen Sie sich das Programm usermod an.

88 Was bedeutet der Eintrag /bin/false in der letzten Spalte der /etc/passwd?

[ ] a) Der Account wurde wieder gelöscht.

[ ] b) Der Account darf/kann sich nicht einloggen.

[ ] c) Es handelt sich um einen Gast-Account.

[ ] d) Der Eintrag ist ungültig, die Syntax der Datei ist nicht korrekt.

[ ] e) Es wurde noch keine Login-Shell zugewiesen.

Sie finden bei zahlreichen Accounts den Eintrag /bin/false in dem Feld, wo normalerweise die Login-Shell eingetragen ist. Was bedeutet das?

Dass keine Shell zugewiesen ist? Kaum, denn die zugewiesene Shell ist ja gerade /bin/false.

Das Programm false ist nichts Großartiges: Gerade mal vier KByte groß, gibt es lediglich einen Error (bzw. ein binärlogisches FALSE, Exitlevel 1) aus, um sich sofort wieder zu beenden. Es gibt auch das Programm true; dieses gibt aber keinen Fehler aus (bzw. ein binärlogisches TRUE, Exitlevel 0), beendet sich aber auch gleich wieder.

Ein Nutzer mit der Login-Shell /bin/false kann sich zwar noch einloggen, wenn er das richtige Passwort hat, aber sofort anschließend gibt die Shell /bin/false einen Error aus und beendet sich wieder. Und das bedeutet: Sobald die Shell des Nutzers beendet ist, wird dieser wieder ausgeloggt, und der normale Login-Prompt der Linux-Konsole erscheint wieder. Sprich: Der Nutzer fliegt sofort wieder aus dem System.

Für Daemons und Softwarepakete gibt es eine ganze Reihe von Accounts, die Sie in /etc/passwd sehen können, z. B. mysql, wwwrun oder ganz allgemein auch daemon. Damit können den entsprechenden Softwarepaketen eigene Dateirechte zugewiesen werden bzw. sie können unter eigenen Nutzerkennungen Prozesse starten. Aber selbstverständlich loggen sich diese Daemon-Accounts nie wirklich in das System ein.

Um zu verhindern, dass diese Accounts von Hackern genutzt werden, müssen wir sie sichern:

Login-Shell
: Wir geben diesen Accounts besagtes /bin/false als Login-Shell, damit ein Nutzer sofort wieder ausgeloggt wird und keine Gelegenheit zur Arbeit im System erhält.

1.107.1 Benutzer- und Gruppenkonten und dazugehörige Systemdateien verwalten [5]

Kennwort

Wir tragen in /etc/shadow als Kennwort ein „*" ein. Die gehashten Kennwörter der Shadow-Datei sind immer 13 Zeichen lang, unabhängig davon, wie lang das ursprüngliche Kennwort einmal war. Selbst ein Kennwort, das nur aus einem Buchstaben besteht, umfasst gehasht 13 Zeichen. Das liegt einfach an dem benutzten Algorithmus. Ist bei einem Account ein gehashtes Kennwort mit mehr oder weniger als 13 Zeichen eingetragen, ist es mathematisch unmöglich, das passende Ursprungskennwort zu ermitteln. Tragen wir einem Account also einen kürzeren Zeichencode in dieses Feld ein, können wir davon ausgehen, dass ein Login unmöglich ist. Die Wahl des „*" ist lediglich eine Konvention und dient allein der Übersichtlichkeit. Man könnte ebenso gut „xx" oder etwas anderes wählen – Hauptsache, es sind nicht 13 Zeichen.

Anmerkung für Profis: Diese Aussage gilt nur für den weit verbreiteten *DES*-Algorithmus. Neuere Systeme setzen häufig *md5* als Verschlüsselungsalgorithmus ein, dort gilt die „13er-Regel" nicht. Aber auch diese erzeugen nie einen so kurzen Wert wie ein „*", so dass das Prinzip gleich bleibt!

User-ID

Vielleicht ist Ihnen aufgefallen, dass all diese Daemon-Accounts eine User-ID zwischen 1 und 499 haben. Normale Nutzer beginnen bei 500, sofern in /etc/login.defs nichts anderes definiert ist. Dies dient allein dazu, diese Accounts als Daemon-Accounts kenntlich zu machen. Einige Programme werten den Wert aus – z. B. einige FTP-Daemons oder OpenSSH – und verbieten pauschal einen Login für IDs kleiner 500. Dass ein Login ggf. mangels Passwort oder vernünftiger Shell nicht möglich ist, ist eine andere, zusätzliche Hürde.

Übrigens: Bei /etc/group gibt es ein ähnliches Verfahren; dort sind GIDs unter 100 (!) System-GIDs, normale Nutzergruppen fangen bei GID 100 an.

Das Ganze bezogen auf die Antwortmöglichkeiten:

Der Account ist natürlich *nicht* gelöscht, denn dann würde der Eintrag in der /etc/passwd ja nicht mehr existieren. Es handelt sich auch nicht um einen Gast-Account, denn der benötigt auch eine Shell und ist im Prinzip nichts anderes als ein (öffentlicher) normaler User-Account. Die Syntax ist ebenfalls korrekt, und eine Login-Shell ist zugewiesen – eben /bin/false.

Richtig ist deshalb b), wobei man, um ganz korrekt zu sein, das insofern relativieren müsste, als sich ein solcher Account zwar einloggen kann – aber nach einer Millisekunde sofort wieder herausfliegt.

1.107 Administrative Aufgaben

- Schauen Sie sich die Sytnax aller hier genannten Dateien an.

- Sehr wichtig: Machen Sie sich klar, wie die Verfallssteuerung der Passwörter funktioniert, welche Felder `/etc/shadow` besitzt und in welcher Reihenfolge diese Felder dort stehen. Lesen Sie nochmals `man 5 shadow`.

- Sie müssen alle Felder der `shadow`-Datei in der richtigen Reihenfolge benennen und identifizieren können.

- Schauen Sie sich an, wie Sie mit dem Programm `chage` diese Angaben verändern können.

1.107.2 Systemadministrationsaufgaben durch Einplanen von Jobs automatisieren [4]

Welche Aufgaben erledigt das Programm `cron`?

89

- [ ] a) Es fragt über das Network Time Protocol (NTP) einen Zeit-Server ab und stellt die Systemuhr.
- [ ] b) Es pflegt und verwaltet Logdateien und packt diese ggf. in Archive zusammen.
- [ ] c) Es startet regelmäßig Programme zu bestimmten Terminen.
- [ ] d) Es verwaltet alle einkommenden TCP/IP-Verbindungen und startet ggf. benötigte Daemons.
- [ ] e) Es überwacht die CMOS-Systemuhr.

Über Antwort d) werden wir später (ab Frage 117, Seite 288) noch sprechen – dabei geht es um den `inetd` bzw. `xinetd`. Mit `cron` hat das aber nichts zu tun.

Was ist mit b)? Sicher wissen Sie, *dass* es das hier umschriebene Programm tatsächlich gibt. Sie sehen es täglich in `/var/log`, dort werden die Logdateien regelmäßig gepackt und mit einem Zeitstempel versehen, wenn die Dateien zu groß geworden sind (z. B. `messages-20090122.gz`). Aber erledigt das wirklich `cron`? Das ist daran zwar beteiligt (dazu kommen wir gleich), aber das hier umschriebene Programm heißt `logrotate`! Lassen Sie sich nicht aufs Glatteis führen: Antwort b) ist falsch.

Auch das Network Time Protocol (NTP) existiert, übrigens eine sehr nützliche Angelegenheit – wir kommen dazu in Frage 93 auf Seite 230. `cron` hört sich zwar sehr nach „Zeit" an, aber auch mit NTP hat es nichts zu tun. Das dafür nötige Programm heißt `xntpd`.

Bleibt Antwort c), und das ist Grundwissen über jedes Unix-System. `cron` muss Ihnen bestens vertraut sein, und von einem Admin mit einem Jahr Erfahrung muss erwartet werden, dass er die Syntax der `crontab` auswendig kennt, also auch Reihenfolge und Anzahl der Felder.

Jeder Nutzer kann über den Befehl `crontab -e` seine Cron-Tabelle editieren. Dort kann er eintragen, dass bestimmte Programme oder Skripte nach bestimmten Zeitangaben gestartet werden. Schauen Sie einmal nach – vielleicht finden sich bei Ihrer Distribution vorbereitete Mustereinträge; falls nicht, hier einige Beispiele:

1.107 Administrative Aufgaben

```
linux: # crontab -e
#
# minute hour dayofmonth month dayofweek job
#
15      12      *       *       *       /usr/local/bin/script1
*       *       1       *       *       /usr/local/bin/script2
*       7       1,11,21 *       *       /usr/local/bin/script3 -f
0       12      *       *       6,7     /usr/local/bin/script4 --log=/tmp/xy
*/5     *       *       *       *       /usr/local/bin/script5
```

script1
: läuft täglich um 12:15 Uhr. Ist der Rechner um 12:15 Uhr zufällig ausgeschaltet, läuft das Skript an diesem Tag nicht, sondern erst wieder bei der nächsten Gelegenheit, wenn die Kriterien Stunde=12 und Minute=15 erfüllt sind.

script2
: läuft zur erstbesten Gelegenheit zu jedem Monatsersten. Die Uhrzeit ist unerheblich – es läuft an diesem Tag jede Minute, denn zu jeder Minute ist das Kriterium „Minute = *" und „Stunde = *" erfüllt.

script3
: läuft immer am 1., am 11. und am 21. eines Monats, aber nur zwischen 7:00 und 7:59 Uhr (und dann minütlich). Übrigens, Sie sehen es bei script3 und script4: Aufrufparameter für das Skript/Programm können Sie natürlich mit angeben.

script4
: läuft immer samstags und sonntags um exakt 12:00 Uhr. Achtung: Je nach Land und Sitten beginnt die Woche am Montag (1=Montag bis 7=Sonntag) oder am Sonntag (0=Sonntag bis 6=Samstag). So ist das Problem der unterschiedlichen Wochentagszählungen elegant gelöst: Sonntag kann sowohl 0 als auch 7 sein.

script5
: läuft *alle 5 Minuten* (und nicht etwa fünfmal in der Stunde!). Wird der Rechner um 8:12 gestartet, so läuft es 8:15, 8:20, 8:25 Uhr – jeweils zur fünften Minute der Stunde. Es ist auch möglich, eine feste Startminute anzugeben: 2/5 sorgt dafür, dass es um zwei Minuten nach der vollen Stunde beginnt und dann alle fünf Minuten läuft (zur 2., 7., 12., 17. Minute). Wird der Rechner aber erst um 8:30 eingeschaltet, so herrscht bis 9:02 Ruhe, da wir ja die Startminute verbindlich festgelegt haben.

Natürlich kann man diese Intervall-Schreibweise auch bei anderen Werten benutzen: alle zwei Tage oder alle vier Stunden usw.

Im Hintergrund läuft die ganze Zeit crond, der Cron-Daemon. Er hat den Überblick über alle Cron-Tabellen der einzelnen Nutzer und sorgt dafür,

1.107.2 Systemadministrationsaufgaben durch Einplanen von Jobs automatisieren [4]

dass die angegebenen Programme ausgeführt werden, wenn die Zeitbedingungen erfüllt sind.

Übrigens: Mit `crontab -l` können Sie die aktuelle Cron-Tabelle ausgeben lassen, `crontab -e` editiert eine Tabelle, mit `crontab -r` kann ein Nutzer seine Tabelle komplett löschen. `root` kann über den Parameter `-u <uid>` auch die Tabelle eines bestimmten Users sehen/bearbeiten.

Über die Dateien `/etc/cron.deny` und `/etc/cron.allow` können Sie Nutzer (bzw. Wildcards) angeben, denen der Gebrauch von `cron` verboten/erlaubt ist. Bisweilen heißen diese Dateien auch `/var/spool/cron/deny` und `/var/spool/cron/allow`.

- Überlegen Sie nochmal kurz oder schauen Sie nach: Was bewirkt die Angabe von 2/5 im Feld `minute`?

- Die Reihenfolge und Anzahl der Felder in der `crontab` müssen Sie sicher beherrschen.

- Es gibt übrigens einen Daemon `anacron`, der sich auch darum sorgt, dass Kommandos nachträglich ausgeführt werden, sollte der Rechner zur eigentlichen Aufrufzeit des Eintrags ausgeschaltet gewesen sein. `cron` würde diese Kommandos nicht nachholen, wenn das eingestellte Zeitfenster geschlossen ist. Tieferes Wissen zu `anacron` müssen Sie für LPI aber nicht haben.

1.107 Administrative Aufgaben

90

Mit welchem Kommando können Sie einstellen, dass einmalig zu einer bestimmten Uhrzeit ein Kommando ausgeführt wird? Geben Sie nur das Kommando ohne Pfade und Parameter an.

Wer hier `cron` oder `crontab` eingibt, hat leider verloren. Zwar lässt sich darüber einrichten, dass zu einem bestimmten Termin ein Kommando ausgeführt wird – allerdings *regelmäßig* zu diesem Termin.

`at` ist hier die richtige Lösung. Es sorgt dafür, dass ein Job zum gewünschten Zeitpunkt gestartet wird:

```
user@linux:~$ at 05:24
at> reboot
at> <EOT>
job 4 at 2009-02-09 05:24
```

`at` versteht auch komplexe Zeitangaben: `at 18:00 24.12.09` etwa bereitet Weihnachtsgrüße vor, und `at teatime + 4 days` legt fest, dass in vier Tagen um 16 Uhr nachmittags („Teatime") ein Kommando gestartet wird.

Über `atq` lässt sich anzeigen, welche Jobs ein User in der Pipeline hat. Der User `root` sieht stets die Jobs aller Nutzer.

```
user@linux:~$ atq
4       2009-02-09 05:24 a peer
```

Natürlich lässt sich ein so vorgesehener Job auch wieder löschen:

```
user@linux:~$ atrm 4
user@linux:~$ atq
user@linux:~$
```

Zudem kann man einschränken, welche Nutzer `at` überhaupt nutzen dürfen: Falls `/etc/at.allow` existiert, können nur die dort gelisteten User den Service in Anspruch nehmen. Falls `/etc/at.allow` nicht existiert, wird nach `/etc/at.deny` gesucht – die dort gelisteten User sind dann von `at` ausgeschlossen.

1.107.3 Lokalisierung und Internationalisierung [3]

Welches Tools hilft Ihnen dabei, die für Sie korrekte Zeitzone und deren Schreibweise zu bestimmen?

91

[ ] a) `tz`

[ ] b) `tzselect`

[ ] c) `tzone`

[ ] d) `date`

[ ] e) `hwclock`

Auf Unix-Servern ist es üblich, die Hardware-Uhr auf Weltzeit (UTC) zu setzen. Linux muss dann wissen, in welcher Zeitzone sich die Maschine befindet, um die lokale Uhrzeit zu ermitteln. Dabei spielt auch das aktuelle Datum eine Rolle, denn durch Sommer- und Winterzeit kann sich die Differenz zur Weltzeit im Laufe des Jahres ändern. Da der Wechsel zwischen Sommer- und Winterzeit länderspezifisch ist, kann es nämlich passieren, dass Orte unterschiedliche lokale Uhrzeiten haben, obwohl sie auf derselben geographischen Breite liegen.

Unter `/usr/share/zoneinfo` finden sich darum Binärdateien, die die Zeitzonen der Welt definieren und aus der Linux sein Wissen über die jeweiligen Besonderheiten zieht. Die Zeitzone eines Systems wird dadurch konfiguriert, dass die passende Definitionsdatei nach `/etc/localtime` kopiert wird.

Das Tool `tzselect` ermittelt in einer mehrstufigen Abfrage den Standort des Rechners und gibt dem Anwender zuletzt die Zeitzonendefinition in Posix-Schreibweise zurück, für Deutschland z. B. Europe/Berlin.

Dabei nimmt `tzselect` keine Änderungen am System vor, es hilft dem Nutzer nur bei der Bestimmung der korrekten Schreibweise seiner Zeitzone.

Soll zugleich eine Anpassung im System erfolgen, hilft das Kommando `tzconfig`, das nach der Bestimmung auch gleich zur Tat schreitet und die passende Zeitzonendatei nach `/etc/localtime` kopiert. Auf SUSE-Systemen steht dafür das Tool `zic` zur Verfügung.

Leider unterscheiden sich die verschiedenen Distibutionen sehr bei der Einrichtung von Zeitzone und Lokalisierung. Die in den LPI-Objectives genannte Datei `/etc/timezone` definiert unter Debian den Namen der Zeitzone – bei SUSE ist diese Information in `/etc/sysconfig/clock` untergebracht. Für die LPI-Prüfung sollten diese distributionsspezifischen Feinheiten jedoch ohne Belang sein. Mit dem allgemeinen Wissen über Zeitzonen,

Definitionsdateien, die Notwendigkeit einer richtigen Definition der Zeitzone sowie die Tools `tzselect` und `tzconfig` sollten Sie alle Testfragen beantworten können.

Richtig ist hier also Antwort b).

Warum kann es sinnvoll sein, in einem Shell-Skript die Lokalisierung LANG=C zu setzen?

[ ] a) Das Skript wird dann vom C-Compiler interpretiert und schneller ausgeführt.

[ ] b) Das Skript wird dann von der als sehr schnell bekannten C-Shell interpretiert.

[ ] c) Mit LANG=C werden Fehlermeldungen unterdrückt und die Verarbeitung beschleunigt.

[ ] d) Mit LANG=C werden Debugging-Ausgaben für den Programmierer erzeugt.

[ ] e) LANG=C setzt die Lokalisierung aller Tools auf Englisch, so dass stets ein einheitlicher Output generiert wird, egal unter welchen Spracheinstellungen das Skript später ausgeführt wird.

Die Umgebungsvariable LANG steuert die Lokalisierung eines Kommandos oder Programms. Sie bestimmt, in welcher Sprache die Rückmeldung erfolgt; auch andere sprachliche Besonderheiten, wie die Schreibweise eines Datums oder Punkt/Komma als Tausender-Trennzeichen, hängen davon ab.

In Skripten wird der Outpunkt von anderen Textkommandos häufig automatisiert weiterverarbeitet: Mittels `grep`, `awk` oder `sed` werden Informationen ausgeschnitten, umgebaut oder wieder eingefügt. Das setzt jedoch voraus, dass sich ein Skript darauf verlassen kann, nach was es zu suchen hat. Je nach Spracheinstellung wird ein Skript nämlich mit den unterschiedlichsten Rückgabeformen konfrontiert.

Schon ein einfaches Dateilisting ist abhängig von der Spracheinstellung. Hier der Vergleich zwischen deutscher Lokalisierung (de_DE) und englisch-amerikanischer Lokalisierung (C). Achten Sie auf die Datumsangabe:

```
user@linux:~$ LANG=de_DE ls -la /etc/fstab
-rw-r--r-- 1 root root 807 11. Okt 20:25 /etc/fstab
user@linux:~$ LANG=C ls -la /etc/fstab
-rw-r--r-- 1 root root 807 Oct 11 20:25 /etc/fstab
```

Es ist ohne weiteres möglich, die Spracheinstellung nur für ein nachfolgendes Kommando zu setzen. Alternativ könnte eine besondere Spracheinstellung auch für das gesamte nachfolgende Skript getroffen werden:

1.107 Administrative Aufgaben

```
user@linux:~$ LANG=C
user@linux:~$ ls -la /etc/fstab
-rw-r--r-- 1 root root 807 Oct 11 20:25 /etc/fstab
```

Ist ein Shell-Skript auf bestimmte Rückgabetexte angewiesen, sollte es im Zweifelsfalle unter LANG=C ausgeführt werden, da diese Lokalisierung auf wirklich jedem System vorhanden sein sollte. Ein LANG=de_DE hingegen könnte Schwierigkeiten machen, falls auf einem anderen Rechner gar keine deutsche Lokalisierung installiert ist.

Richtig ist hier darum Antwort e).

Thema 107: Administrative Aufgaben

107.1 Benutzer- und Gruppenkonten und dazugehörige Systemdateien verwalten

Gewichtung: 5

Beschreibung: Kandidaten sollten in der Lage sein, Benutzerkonten hinzuzufügen, zu entfernen, vorübergehend zu deaktivieren und zu verändern.

Wichtigste Wissensgebiete:
- Benutzer und Gruppen hinzufügen, ändern und entfernen
- Benutzer- und Gruppeninformationen in password/group-Datenbanken verwalten
- Spezielle und beschränkte Konten anlegen und verwalten

Liste wichtiger Dateien, Verzeichnisse und Anwendungen:
```
/etc/passwd
/etc/shadow
/etc/group
/etc/skel
chage
groupadd
groupdel
groupmod
passwd
useradd
userdel
usermod
```

107.2 Systemadministrationsaufgaben durch Einplanen von Jobs automatisieren

Gewichtung: 4

Beschreibung: Kandidaten sollten in der Lage sein, cron oder anacron zu verwenden, um Jobs in regelmäßigen Abständen auszuführen, und at, um Jobs zu einem bestimmten Zeitpunkt auszuführen.

Wichtigste Wissensgebiete:
- Cron- und at-Jobs verwalten
- Zugriffsrechte auf die Dienste cron und at konfigurieren

Liste wichtiger Dateien, Verzeichnisse und Anwendungen:
/etc/cron.{d,daily,hourly,monthly,weekly}
/etc/at.deny
/etc/at.allow
/etc/crontab
/etc/cron.allow
/etc/cron.deny
/var/spool/cron/*
crontab
at
atq
atrm

107.3 Lokalisierung und Internationalisierung

Gewichtung: 3

Beschreibung: Kandidaten sollten in der Lage sein, ein System in einer anderen Sprache als Englisch zu lokalisieren. Dazu gehört auch ein Verständnis dafür, warum LANG=C in Shellskripten nützlich ist.

Wichtigste Wissensgebiete:
- Locale-Einstellungen
- Zeitzonen-Einstellungen

Liste wichtiger Dateien, Verzeichnisse und Anwendungen:
/etc/timezone
/etc/localtime
/usr/share/zoneinfo
Umgebungsvariablen:LC_*, LC_ALL, LANG
/usr/bin/locale
tzselect
tzconfig
date
iconv
UTF-8
ISO-8859
ASCII
Unicode

108

Grundlegende Systemdienste

1.108.1	Die Systemzeit verwalten	S. 230
1.108.2	Systemprotokollierung	S. 232
1.108.3	Grundlagen von Mail Transfer Agents (MTAs)	S. 236
1.108.4	Drucker und Druckvorgänge verwalten	S. 239

93

Wie können Sie die CMOS-Uhr Ihres Rechners stellen, so dass Ihr Rechner auch beim nächsten Neustart noch die richtige Uhrzeit hat?

[ ] a) `hwclock`

[ ] b) `date`

[ ] c) `clock`

[ ] d) `cmclock`

[ ] e) Nur nach einem Reboot direkt im CMOS-Setup

`hwclock` und `date` sind die einzigen Programme, die von den hier genannten wirklich existieren (werfen Sie ggf. einen Blick in die Man-Page, falls Sie diese noch nicht kennen). Einige Distributionen haben `clock` jedoch als Symlink zu `hwclock` angelegt.

`date` gibt zwar die aktuelle Uhrzeit aus bzw. kann beliebige Time-Strings in andere Formate umwandeln, ist aber nicht in der Lage, die Hardware-Uhr des Rechners zu stellen.

`hwclock`, also Antwort a), ist hier die richtige Antwort, und wie stets sind Sie dazu aufgefordert, beide Programme auszuprobieren.

Übrigens: Für vernetzte Rechner bietet sich NTP an, das *Network Time Protocol*, über das ein Zeit-Server im Internet abgefragt und die Uhrzeit des Linux-Hosts auf die Millisekunde genau gestellt wird. Über die gemessene Abweichung wird sogar dafür gesorgt, dass die Rechneruhr entsprechend beschleunigt oder gebremst wird. Aus Sicherheitsgründen sind exakte Zeitübereinstimmungen innerhalb eines Netzes durchaus wichtig, nicht nur für nachvollziehbare Logmeldungen auf verschiedenen Rechnern: Es gibt einige Angriffsszenarien von Hackern, die auf falsch gehenden Uhren der beteiligten Rechner basieren.

Installieren Sie den Daemon `xntpd` und tragen Sie in `/etc/ntp.conf` (!) einen passenden Zeit-Server ein.

```
linux: # joe /etc/ntp.conf
#
## Outside source of synchronized time
##
server pool.ntp.org        # round-robin NTP-servers
```

Über Suchmaschinen lassen sich diverse frei zugängliche finden, doch sollte im Idealfall auf `pool.ntp.org` zugegriffen werden. Hinter diesem Namen verbergen sich gleich mehrere NTP-Server, die Round-Robin zu Rate gezogen werden. Das erhöht die Ausfallsicherheit und erschwert Manipulationen.

```
linux: # host pool.ntp.org
pool.ntp.org has address 213.203.238.82
pool.ntp.org has address 78.47.221.202
pool.ntp.org has address 85.214.16.75
pool.ntp.org has address 131.234.137.24
pool.ntp.org has address 141.89.226.2
```

Sie sollten eher noch de.pool.ntp.org nutzen, um vorzugsweise NTP-Server aus Deutschland zugewiesen zu bekommen.

Ihr Server wird dann stets die genaue Uhrzeit haben (inkl. Sommer- und Winterzeitumstellung), so dass es Ihnen eigentlich einerlei sein kann, was die CMOS-Uhr sagt.

- LPI setzt ausdrücklich auch NTP als Wissensgebiet voraus, schauen Sie sich also den xntpd an.
- Werfen Sie auch einen kurzen Blick auf ntpdate, einen NTP-Client, mit dem Sie durch einen Cron-Job oder ein Boot-Skript leicht die Rechnerzeit stellen lassen können.

94 Was bewirkt die folgende Einstellung in der Datei `/etc/syslog.conf`? Geben Sie alle zutreffenden Antworten an.

```
kern.warn;*.err;authpriv.none    /dev/tty10
*.=warn;*.=err                   -/var/log/warn
```

[ ] a) Alle `kernel`-, `error`- und `authpriv`-Meldungen werden auf `/dev/tty10` ausgegeben.

[ ] b) Alles bis auf `warn` und `err` wird nach `/var/log/warn` ausgegeben.

[ ] c) `/var/log/warn` wird gepuffert geschrieben.

[ ] d) Beim Systemstart wird `/var/log/warn` neu angelegt.

[ ] e) `/var/log/warn` ist in einem Binärformat und kann mit `dmesg` gelesen werden.

[ ] f) Nur Meldungen der Kategorie `warn` und `err` werden nach `/var/log/warn` geschrieben.

In vielen Fällen verwalten Programme keine Logdateien, sondern überlassen das dem `syslogd`. Bitte achten Sie darauf, im Prüfungsstress nicht voreilig `syslog` zu schreiben, also ohne „d", denn das wäre falsch! Daemons enden i. d. R. auf „d" (`ftpd`, `telnetd`, `smtpd`, `syslogd`), Clients hingegen haben oft denselben Namen ohne „d" (`ftp`, `telnet`, `smtp`).

Achtung: Die Config-Datei heißt – etwas verwirrend – `/etc/syslog.conf`, und LPI könnte nach diesem Dateinamen durchaus in einem Fill-in-Feld fragen.

Die Gründe für den Einsatz eines `syslogd` sind vielleicht nicht offensichtlich, aber leicht nachvollziehbar:

Weniger Verwaltungsaufwand
Die Einstellungen, was wie wohin gelogged wird, erfolgen an zentraler Stelle (`/etc/syslog.conf`) und bleiben damit übersichtlich.

Netzwerktauglichkeit
Es genügt, den `syslogd` einmal netzwerktauglich zu machen, so dass er per TCP/IP auf einen entfernten Rechner im Netz loggt, und schon sind alle Programme automatisch „netzlog-tauglich", da sie weiterhin, wie gewohnt, nur an den lokalen `syslogd` melden müssen, der alles weiterleitet.

Konkurrierende Schreibzugriffe
   Wenn viele Programme/Prozesse gleichzeitig auf dieselbe Datei loggen wollen, könnte dies ab einer gewissen Auslastung verstärkte Konkurrenzen geben, da nur jeweils ein Prozess auf die Datei schreibend zugreifen darf. Indem alle Programme an den `syslogd` melden und nur dieser zentral die Logdateien geöffnet hält, wird dieses Problem umgangen.

Bessere Performance
   200 Meldungen einzeln loggen bedeutet: 200-mal Datei öffnen, Logmeldung schreiben, Datei schließen. Der `syslogd` kann Meldungen puffern und schreibt von Zeit zu Zeit alle aufgelaufenen Meldungen in die Datei. Das reduziert die Plattenaktivitäten erheblich (z. B. auf sehr aktiven Mailservern).

Restriktivere Dateirechte
   Die Logdateien müssten Schreibrechte für jedermann haben, damit auch alle Programme der Nutzer loggen können. Damit könnte auch ein Angreifer sofort ihm unliebsame Spuren aus den Logmeldungen entfernen. Durch den Einsatz des `syslogd` stellt sich das Problem nicht mehr, da nur er schreibend zugreifen kann. Ein Plus an Sicherheit!

Zwei Kategorien sind zum Verständnis des Syslogd wichtig:

Facilities
   „Log-Kanäle", die bestimmen, welcher Bereich loggt

Priorities
   „Log-Stufen", also Kategorien von Bedeutung und Art der Logmeldung

Eine Meldung wird eingeordnet nach Facility (beispielsweise `auth` oder `mail`) und Priority (beispielsweise `warn` oder `info`). So ergeben sich Kategorien wie `mail.info`, `mail.warn` oder `auth.info`.

Die Facilities sind fest vorgegeben:

```
auth (früher: security)
authpriv
cron
daemon
ftp
kern
lpr
mail
mark
```

```
news
syslog
user
uucp
local0 bis local7 (frei nutzbar für eigene Zwecke)
```

Die hierarchisch aufgebauten Logstufen bestimmen, wie ausführlich geloggt werden soll, wobei jede Stufe auch die (kritischeren) Meldungen der darüber liegenden Stufen ethält: `info` enthält die Stufen `error` und `panic`. Die Logstufe `error` hingegen enthält noch `panic`-, aber keine `info`-Meldungen mehr.

Folgende Logstufen sind möglich (in abnehmender Ausführlichkeit/zunehmender Wichtigkeit):

```
debug
info
notice
warning (früher: warn)
err (früher: error)
crit
alert
emerg (früher: panic)
none
```

Bevor nun kritische Leser Protest äußern, dass `none` und `emerg` aufeinander folgen: Das ist sehr wohl richtig, denn bei `emerg` wird nur noch sehr wenig geloggt (nämlich das Aller-, Allerwichtigste) und bei `none` eben gar nichts mehr.

Schauen wir uns vor diesem Hintergrund nochmals die Aufgabe an.

```
kern.warn;*.err;authpriv.none    /dev/tty10
```

Auf die Konsole `/dev/tty10` werden ausgegeben:

- Meldungen der Facility `kern` mit der Priorität `warn` (und höher!).

- Meldungen *aller* Facilities, sofern diese die Stufe `err` (oder höher!) haben.

- Von der Facility `authpriv` wird *nichts* geloggt (auch nicht `err` oder höher!).

```
*.=warn;*.=err           -/var/log/warn
```

- Von allen Facilities werden `warn`- und `err`-Meldungen nach `/var/log/warn` geloggt, und zwar *nur* diese beiden Stufen, höhere Logstufen sind wegen des Gleichheitszeichens nicht mehr enthalten, also Antwort f).

1.108.2 Systemprotokollierung [2]

Nun bleibt nur noch das Rätsel des Minuszeichens, das der Pfadangabe vorangestellt wird. Betrachten wir die oben genannten Vorteile und Fähigkeiten von Syslog, ist noch das *Puffern* von Logmeldungen zu klären, und genau darum geht es: Ist dem Pfad ein „-" vorangestellt, kommen Logmeldungen nicht sofort auf die Platte, sondern werden gepuffert und en bloc geschrieben, also Antwort c). Auf `/dev/tty10` wäre das natürlich auch möglich, nur ergibt es da keinen Sinn.

Schauen Sie sich Ihre `/etc/syslog.conf` an; Sie sollten dort alle Einträge verstehen und erklären können. Werfen Sie nochmals einen Blick auf das „-". Sie werden sehen, dass versucht wurde, wichtige Meldungen *nicht* zu puffern. Wenn der Kernel schon kritische Meldungen produziert, können wir froh sein, wenn er in der nächsten Millisekunde noch eine Logmeldung produziert, für Pufferung bleibt da nicht mehr viel Zeit... Aus diesem Grund werden übrigens alle Meldungen der Stufe `emerg` stets sofort geschrieben, unabhängig davon, ob die jeweilige Logdatei gepuffert ist oder nicht.

Zum weiteren Verständnis sollten Sie ein wenig damit experimentieren. Auch `man 5 syslog.conf` ist sehr interessant; es gibt dort einen ganzen Abschnitt mit kommentierten Beispielen (auch LPI muss seine Beispiele ja irgendwoher beziehen...).

Richtig sind die Antworten c) und f).

- In letzter Zeit konnte sich der Nachfolger `syslog-ng` bei vielen Distributionen durchsetzen. Das ändert nichts daran, dass LPI-Fragen noch einige Zeit auf Basis des alten `syslog` gestellt werden. Am System von Prioritäten und Facilities ändert sich dabei jedoch nichts, so dass Sie in jedem Fall mit einem grundsätzlichen Verständnis die Fragen beantworten können sollten.

95

Mit welchem Kommando können Sie eine E-Mail an user@example.org **absetzen?**

[ ] a) `sendmail -bp -f user@example.com user@example.org`

[ ] b) `sendmail -bd -f user@example.com user@example.org`

[ ] c) `sendmail -bi -f user@example.com user@example.org`

[ ] d) `sendmail -bm -f user@example.com user@example.org`

LPI verlangt keine tiefgehenden Kenntnisse über (das reichlich komplexe) Sendmail oder die anderen Mailserver Postfix, Exim und QMail. Das wäre auch wirklich zu viel verlangt. Also beschränkt sich LPI auf Fragen, die für alle MTAs gleichermaßen gelten und die darum auch jeder Admin richtig beantworten sollte.

Da ist zum einen die Datei `/etc/aliases` (die in der nächsten Frage behandelt wird), zum anderen die *Sendmail Emulation Layer Commands*, mit denen wir es hier zu tun haben.

Jeder der vier MTAs bringt ein eigenes Programm `/usr/bin/sendmail` mit, und alle diese „Sendmail-Ersatzprogramme" unterstützen ein Set identischer Aufrufparameter. So ist gewährleistet, dass Shell-Skripte, Cronjobs und andere Tools sicher eine E-Mail absenden können, unabhängig davon, welcher MTA tatsächlich installiert ist.

Ich persönlich halte das Abfragen der `sendmail`-Aufrufparameter in den LPI-Tests nicht für glücklich: Nichts gegen ausgefallenere und anspruchsvollere Fragen, doch selbst der fortgeschrittene Admin wird hier kaum sattelfest sein, weil er diese Parameter wirklich nicht benötigt.

Aber zum Glück sind es gar nicht so viele, so dass man sich dieses Wissen auch durch stures Auswendiglernen aneignen kann:

`sendmail -bp`
    (Print) Listet alle Mails in der Mail-Queue auf (also `mailq`)

`sendmail -bd`
    (Daemon) Der MTA wird angewiesen, als SMTP-Daemon in den Hintergrund zu gehen.

`sendmail -bi`
    (Initalisiere) Die Datei `/etc/aliases` wird in das Datenbankformat gewandelt (also `newaliases`)

1.108.3 Grundlagen von Mail Transfer Agents (MTAs) [3]

`sendmail -bm`
  (Mail) Der MTA liest die Mail von STDIN und versendet diese. Das ist der Standard-Modus, wenn kein Parameter übergeben wurde.

Richtig hier in dieser Frage: d).

96

Sie haben die Datei /etc/aliases editiert und neue Einträge vorgenommen. Welches Kommando müssen Sie anschließend eingeben, damit die Änderung aktiv wird? (Nur der Befehl, keine Pfadangaben und Parameter)

_____

Kommen wir zum zweiten Punkt, den sich alle MTAs teilen: /etc/aliases. Fragen dazu sind darum naheliegend.

Durch /etc/aliases werden lokale E-Mail-Adressen auf andere Accounts umgeschrieben. Werfen Sie einen Blick in /etc/aliases; Sie werden vor allem vordefinierte Umleitungen für viele „technische" Accounts finden, z. B. für User-IDs der verschiedenen Daemon-Accounts.

Da das Durchsuchen von Textdateien bei hochfrequentierten Mailservern sehr ineffektiv und langsam ist, werden solche Mail-Tabellen meist in einem Binärformat vorgehalten, z. B. /etc/aliases.db. Admins editieren stets das ASCII-Original, das Programm newaliases erzeugt daraus die aliases.db. Vergessen Sie den Aufruf von newaliases, wird die Änderung nicht übertragen und bleibt wirkungslos – ein Wissen, das durchaus erwartet wird.

- Auch andere Mailserver kennen /etc/aliases und werten sie aus, selbst wenn sie darüber hinaus eigene Tabellen dieser Art nutzen (bei Postfix z. B. /etc/postfix/virtual).

- Andere Mailserver bringen aus Gründen der Tradition ebenfalls ein Programm newaliases mit; und auch hier muss die ASCII-Tabelle mit diesem in das Binärformat konvertiert werden.

- Ebenfalls Raum für (leichte) Fragen bietet die Datei .forward in den Home-Verzeichnissen der Nutzer, sozusagen der kleine Bruder der globalen /etc/aliases.

- Lesen Sie man aliases.

1.108.4 Drucker und Druckvorgänge verwalten [2]

97

Welche der hier genannten Programme gehören zum Drucksystem LPD? Geben Sie alle zutreffenden Antworten an.

[ ] a) `lp`

[ ] b) `lpq`

[ ] c) `lpr`

[ ] d) `print`

[ ] e) `lpcat`

[ ] f) `lpc`

LPI fordert auch Wissen über das Drucksystem von Linux. Dabei wurde bislang auf das ältere Drucksystem `lpr/lprng` Bezug genommen, erst im Jahr 2006 kam durch die neuen Objectives auch CUPS hinzu.

In den Kommandozeilentools ähneln sich beide Systeme jedoch stark. Die zentralen Programme sind unter gleichen Namen und größtenteils identischen Aufrufparametern vorhanden.

Schauen wir uns zunächst die Programme an:

`lpq`
: zeigt die Warteschlange des Druckers an (*Queue*); jeder Job wird dabei über eine Job-ID aufgelistet.

`lpr` und `lp`
: drucken Dateien von der Kommandozeile aus bzw. erzeugen passende Jobs im Spool-Directory des Drucksystems; dabei kann auch angegeben werden, über welchen Drucker der Job gehen soll und wie viele Kopien erzeugt werden sollen. Mehr dazu in Frage 100.

`lpc`
: Ein Steuerprogramm, das sowohl per Aufrufparameter als auch über eine eingebaute Kommandozeile gesteuert werden kann.

`lprm`
: löscht einzelne Jobs aus der Warteschlange; dazu müssen die Job-IDs als Aufrufparameter übergeben werden.

Drucker ist immer der Default-Drucker, auf den sich die Programme beziehen. Will man davon abweichen, kann man über -P <name> eine andere Druckerwarteschlange angeben, z. B. lpq -Plp3.

Interessant sind allerdings die Unterschiede beider Systeme im Programm lpc. Damit lassen im alten lpr einzelne Drucker und Warteschlangen (de-)aktivieren, die Reihenfolge der Druckjobs verändern und Informationen über das Drucksystem sammeln.

Im neuen CUPS-Drucksystem ist der lpc nur mit einer sehr abgespeckten Version vertreten und eher aus Kompatibilitätsgründen überhaupt vorhanden. Stattdessen bringt CUPS ein Webfrontend mit, mit dem sich die ganzen Steueraufgaben erledigen lassen. Eine Manipulation der Drucker und Druckerwarteschlangen ist über den lpc nur bei lprng möglich, nicht bei CUPS.

Hier eine Liste der wichtigsten administrativen Aufgaben, die Sie über lpc durchführen können. Statt der Angabe des Druckernamens kann auch all gewählt werden.

disable <drucker> bzw. enable <drucker>
> (de)aktiviert die Warteschlange des Druckers; in eine deaktivierte Warteschlange kann kein neuer Druckjob eingespielt werden. Vorhandene Aufträge werden abgeschlossen.

stop <drucker> bzw. start <drucker>
> hält den Drucker an; da die Warteschlange weiter aktiv ist, kann der User weiter Jobs absetzen.

down <drucker> bzw. up <drucker>
> schaltet Drucker und Warteschlange ab/an

topq <drucker> <id> <id> <id>
> verschiebt die genannte(n) Job-ID(s) an die erste Stelle der Schlange; d. h., sie werden als nächste gedruckt.

exit bzw. quit
> beendet das Ganze

Konfiguriert werden bei lprng (nicht bei CUPS) die Drucker über /etc/printcap. Sie sieht auf den ersten Blick schlimmer aus als sie ist, da die einzelnen Feldbezeichner sehr leicht in das zugehörige Wort übersetzbar sind.

```
EPSLQ670|lp9|EPSLQ670-ON-DS01LA01|EPSLQ670 auf DS01LA01:\
        :lp=/dev/lp0:\
        :sd=/var/spool/lpd/EPSLQ670:\
        :lf=/var/spool/lpd/EPSLQ670/log:\
        :if=/etc/apsfilter/basedir/bin/apsfilter:\
        :mx#0:
```

1.108.4 Drucker und Druckvorgänge verwalten [2]

Der Vollständigkeit halber die Felder kurz aufgezählt, die Einträge können (müssen aber nicht) auf mehrere Zeilen verteilt sein:

sd	<pfad>	*spool directory*
lf	<pfad>	*logfile* (optional)
af	<pfad>	*accounting file* (optional)
if	<pfad>	*input filter* (optional)
lp	<name>	*line printer*
sh		*suppress header* (kann entfallen; falls vorhanden, wird keine Titelseite des Jobs gedruckt)
mx#		*maximum filesize* des Druckjobs; mx#0 steht für keine Beschränkung

Nur wenn es sich um einen Drucker an einem anderen Rechner handelt, gibt es noch die beiden folgenden Einträge:

rm	<name>	*remote machine* (Hostname des Druckservers)
rp	<name>	*remote printer* (Name des Druckers am Server)

In einem CUPS-System sind die wichtigen Einstellungen in /etc/cups/printers.conf und /etc/cups/cupsd.conf untergebracht – letztere übrigens in einer sehr interessanten Syntax. Die Datei sieht der httpd.conf des Apache-Webservers sehr ähnlich, was vielleicht ja auch kein Wunder ist, denn schließlich bringt CUPS ja einen eigenen kleinen Webserver für sein Webfrontend mit.

Richtige Antworten in dieser Frage sind also a), b), c) und f).

98 Welche Aussagen sind korrekt? Geben Sie alle richtigen Antworten an.

[ ] a) Eine Datei, die gedruckt wird, wird vom `lpd` zuerst an einen Datei-/Druckfilter (z. B. `apsfilter`) zur Weiterverarbeitung gegeben.

[ ] b) Ein Druckfilter ist notwendig, wenn der Drucker kein Postscript versteht.

[ ] c) Der Dateifilter erzeugt grundsätzlich zunächst einmal eine Seitenbeschreibungssprache (Postscript).

[ ] d) Ghostscript ist nur notwendig, wenn die Datei nicht in einem Postscriptformat vorliegt.

[ ] e) Nur wenn der Drucker kein Postscript versteht, muss die Ausgabe über Ghostscript in die jeweilige spezifische Druckersprache konvertiert werden.

Der Weg einer Datei bis zum fertigen Ausdruck auf Papier ist verschlungen und alles andere als trivial. Das Linux-Drucksystem geht zunächst einmal davon aus, dass die Datei bereits in einem Format vorliegt, das der Drucker versteht, also ASCII-Text oder eine Druckersprache wie Postscript.

Insofern ist das Drucksystem wirklich nur ein „Spooler", der die Jobs verwaltet und nacheinander an den Drucker ausgibt.

Um Dateien der verschiedensten Formate sofort drucken zu können, greift ein *Input Filter* ein, auch *Dateifilter* oder *Druckerfilter* genannt.

Die beiden bekanntesten Filter sind `apsfilter` und `magicfilter`. Sie analysieren die zu druckenden Daten und beherrschen zahlreiche Text- und Bildformate, aus denen sie dann einen Postscript-Job erzeugen.

Haben wir einen Postscript-Drucker, kann nun der Job direkt ausgegeben werden. Handelt es sich um einen anderen Druckertyp, nutzen `apsfilter` und `magicfilter` das verbreitete Programm Ghostscript, einen Postscript-Interpreter, der den Code in das spezielle Format des Druckers umwandelt (HPCL5 für HP-Laserdrucker o. Ä.).

Der eigentliche „Druckertreiber", der unseren speziellen Drucker ansprechen und unterstützen muss, ist in diesem ganzen System also Ghostscript.

Skizze 108.1 zeigt das Zusammenspiel der Programme.

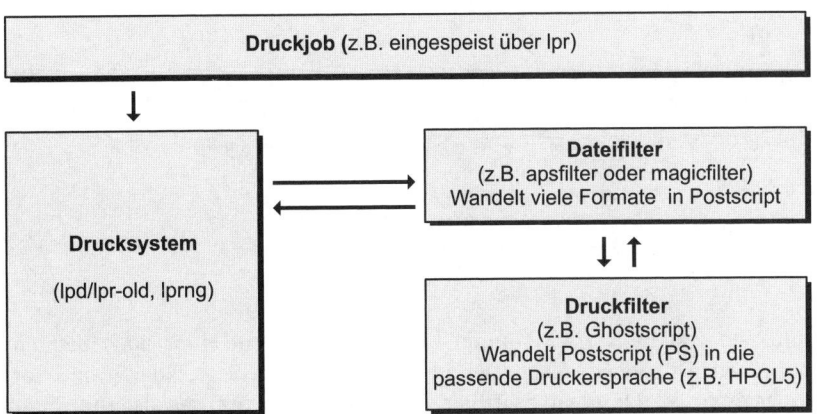

Abbildung 108.1: Der Weg des Druckjobs bis zum Drucker

Schauen wir uns vor diesem Hintergrund die Antwortoptionen nochmals an:

a) ist richtig: Der Job wird an den Filter übergeben, der die Datei in Postscript zu wandeln versucht.

b) ist ebenfalls korrekt, denn gerade in diesem Falle leiten wir den Job an den Druckerfilter Ghostscript, der den für den Drucker passenden Befehlscode erzeugt.

c) ist ebenfalls korrekt: `apsfilter` versteht von den verschiedenen Druckertypen und Druckersprachen nichts, sondern erzeugt grundsätzlich Postscript, das dann ggf. an Ghostscript weitergegeben wird.

d) ist falsch, denn wie wir gerade gesehen haben, konvertiert Ghostscript nicht eine Datei *in* Postscript, sondern gerade *von* Postscript *in* die Druckersprache. In welchem Format der Job ursprünglich vorlag, spielt keine Rolle.

e) ist wieder richtig, denn dazu ist Ghostscript ja gerade da.

Welchen Filter Sie einsetzen ist egal – eigene Filter wären möglich. In jedem Falle wird in `/etc/printcap` ein entsprechender Eintrag `if=` (*input filter*) erzeugt.

Ein Beispiel für `apsfilter`:

```
EPSLQ670|lp0|EPSLQ670-ON-DS01LA01|EPSLQ670 auf DS01LA01:\
        :lp=/dev/lp0:\
        :sd=/var/spool/lpd/EPSLQ670:\
```

```
          :lf=/var/spool/lpd/EPSLQ670/log:\
          :if=/etc/apsfilter/basedir/bin/apsfilter:\
          :mx#0:
```

Und ein Beispiel für `magicfilter`:

```
EPSLQ670|lp0|EPSLQ670-ON-DS01LA01|EPSLQ670 auf DS01LA01:\
          :lp=/dev/lp0:\
          :sd=/var/spool/lpd/EPSLQ670:\
          :lf=/var/spool/lpd/EPSLQ670/log:\
          :if=/etc/magicfilter/ljet4l-filter:\
          :mx#0:
```

Mit einem kleinen Trick können wir über den Input-Filter auch bequem auf einem Drucker drucken, der an einem Windows-Server hängt und dort freigegeben ist. Dazu gab es früher das Skript `smbprint`, das als Input-Filter eingesetzt wurde und in dem die notwendigen Daten für den Zugriff auf den Windows-Drucker gespeichert waren:

```
EPSLQ670|lp0|EPSLQ670-ON-DS01LA01|EPSLQ670 auf DS01LA01:\
          :lp=/dev/null:\
          :sd=/var/spool/lpd/EPSLQ670:\
          :lf=/var/spool/lpd/EPSLQ670/log:\
          :if=/usr/bin/smbprint:\
          :mx#0:
```

- Der Gang des Jobs durch das komplette Drucksystem muss klar sein, also Zusammenspiel und Aufgabenverteilung zwischen Spooler, Filter und Ghostscript.

- In der Datei `/etc/printcap` müssen Sie völlig (!) falsche Einträge erkennen und identifizieren oder angeben können, was zu verändern wäre, will man einen Drucker entfernen oder eintragen.

- Fragen nach „merkwürdigen" Parametern wie `sh` oder `mx#0:` bieten sich an...

- Unabdingbar sind die wichtigsten Aufrufparameter von `lpr` und `lp`.

- Was ist bei `lpc` der Unterschied zwischen `start/stop` und `enable/disable` einer Queue?

- Wie ändern Sie mit `lpc` die Reihenfolge der Druckaufträge?

1.108.4 Drucker und Druckvorgänge verwalten [2]

Sie haben in Ihrem Büro einen so genannten GDI-Drucker. Können Sie ihn unter Linux nutzen, und was wäre dafür zu tun?

99

[ ] a) Ja, allerdings muss `lpr` mit dem Parameter `-t GDI` aufgerufen werden.

[ ] b) Ein GDI-Drucker ist ein so genannter „Windows-Drucker". Man kann ihn auf einem Linux-Rechner nutzen, doch muss er dazu zunächst über Samba freigegeben und dann über `localhost` eingebunden werden.

[ ] c) Ein GDI-Drucker ist ein so genannter „Windows-Drucker". Er kann unter Linux nicht genutzt werden, da die Ansteuerung des Druckers rein über Softwaretreiber realisiert ist, die es derzeit nur unter Windows gibt.

[ ] d) Ja, GDI-Drucker können ganz normal genutzt werden. GDI ist nur eine besondere Druckersprache, vergleichbar mit Postscript (PS).

GDI-Drucker sind zwar meist etwas billiger als vergleichbare „normale" Drucker, aber das liegt tatsächlich am in der – hier richtigen – Antwort c) beschriebenen Sachverhalt: GDI-Druckern fehlen weitestgehend eigene Controller, Speicher und Software. Das macht sie zwar günstiger, sorgt aber dafür, dass sie „dumm wie Bohnenstroh" sind und noch nicht einmal ASCII-Text selbst ausdrucken können.

Sie erwachen nur mit besonderen Treibern zum Leben, die nicht nur die Druckdaten aufbereiten, sondern auch die komplette Ansteuerung des Gerätes übernehmen. Diese Treiber sind, wen überrascht das, fast nur für Windows verfügbar – daher die gängige Bezeichnung „Windows-Drucker", was aber nicht als Qualitätsauszeichnung verstanden werden sollte...

Natürlich hilft hier auch Samba nicht, denn der Linux-Rechner kann einen solchen Drucker mangels Treibern grundsätzlich nicht ansteuern. Mit Samba können Sie Drucker für Windows-Rechner freigeben, aber wenn Ihr Linux-Server mit dem Gerät gar nicht umgehen kann, ist einfach nichts zu machen.

Übrigens: Etwas Vergleichbares gibt es (leider) auch bei Modems. Die so genannten „WinModems" sind ebenso wie GDI-Drucker nur halbe Geräte, denen die eigene Steuerlogik fehlt.

- Es gibt heute einige GDI-Drucker, die über spezielle Linux-Treiber unterstützt werden. Die Liste wird länger, aber noch sind es recht wenige Modelle, und die Qualität ist wohl auch nicht unbedingt überzeugend. Die LPI-Fragen können über zwei Jahre alt sein, und die Entwicklung geht schnell voran. Sie müssen damit rechnen, dass ggf. auch eine „leicht falsche richtige" Antwort im Test dabei ist, wenn Sie den tagesaktuellen Entwicklungsstand zugrunde legen...

1.108.4 Drucker und Druckvorgänge verwalten [2]

100

Sie möchten die Datei `datei.pdf` dreimal über eine Queue namens `laser` ausdrucken, die nicht die Standardqueue ist. Wie lautet der korrekte Befehl?

[ ] a) `lpr -Plaser -#3 datei.pdf`

[ ] b) `lpr -printer laser -n 3 datei.pdf`

[ ] c) `lpr -c3 laser datei.pdf`

[ ] d) `lpr -K3 -printer laser datei.pdf`

[ ] e) `lpr -Plaser -C3 datei.pdf`

Schauen Sie sich die Aufrufparameter von `lpr` an und probieren Sie sie aus. Wichtigste Erkenntnis: Printerqueues gibt man über den Parameter `-P` an (groß geschrieben!). Richtig sind daher allein Angaben wie `lpr -Praw` oder `lpr -PASCII`. Es bleiben also nur a) oder e) als mögliche richtige Antworten übrig.

Der Parameter `-C` mag zwar an *Copy* erinnern, ist aber *falsch*. Richtig heißt es `-K` oder `-#`, gefolgt von der Anzahl. Tatsächlich ist aber in jedem Fall Raute korrekt!

Der von Cups mitgelieferte `lpr` kennt leider den Parameter `-k` nicht mehr, dort muss die Raute genutzt werden. Für den LPI-Test sollten Sie aber beide Varianten als mögliche richtige Antwort parat haben.

Antwort d) zeigt zwar die richtige Verwendung von `-K3`, aber wie gesagt: `-printer` ist kein gültiger Parameter; Antwort d) scheidet darum aus.

Richtig ist hier allein Antwort a).

- Schauen Sie sich die Man-Page zu `lpr` an (`man lpr`) und überlegen Sie, welche Aufrufparameter im Alltag nützlich sein könnten. Natürlich sollten Sie die Bedienung des Drucksystems nicht nur aus der Theorie kennen. Richten Sie sich eines ein und spielen Sie die hier genannten Aufgaben durch!

- Natürlich ist auch ein Aufruf im Stil von `cat text.txt | lpr` möglich.

Thema 108: Grundlegende Systemdienste

108.1 Die Systemzeit verwalten

Gewichtung: 3

Beschreibung: Kandidaten sollten in der Lage sein, die Systemzeit korrekt zu halten und die Uhr mittels NTP zu synchronisieren.

Wichtigste Wissensgebiete:
- Systemzeit und -datum setzen
- Die Hardwareuhr auf die korrekte Zeit in UTC setzen
- Die korrekte Zeitzone einstellen
- Grundlegende NTP-Konfiguration
- Wissen über den Gebrauch von pool.ntp.org

Liste wichtiger Dateien, Verzeichnisse und Anwendungen:
```
/usr/share/zoneinfo
/etc/timezone
/etc/localtime
/etc/ntp.conf
date
hwclock
ntpd
ntpdate
pool.ntp.org
```

108.2 Systemprotokollierung

Gewichtung: 2

Beschreibung: Kandidaten sollten in der Lage sein, den Syslog-Daemon zu konfigurieren. Dieses Lernziel umfasst auch die Konfiguration des Syslog-Daemons für den Versand von Logmeldungen an einen zentralen Protokollserver oder das Annehmen von Logmeldungen als zentraler Protokollserver.

Wichtigste Wissensgebiete:
- Syslog-Konfigurationsdateien
- syslog
- Standard-Facilities, -Prioritäten und -Aktionen

Liste wichtiger Dateien, Verzeichnisse und Anwendungen:
```
syslog.conf
syslogd
klogd
logger
```

108.3 Grundlagen von Mail Transfer Agents (MTAs)

Gewichtung: 3
Beschreibung: Kandidaten sollten wissen, welche gebräuchlichen MTA-Programme existieren und einfache Weiterleitungs- und Aliaskonfigurationen auf einem Client-Rechner einstellen können. Weitere Konfigurationsdateien werden nicht abgedeckt.

Wichtigste Wissensgebiete:
- E-Mail-Aliase anlegen
- E-Mail-Weiterleitung konfigurieren
- Wissen von allgemein verfügbaren MTA-Programmen (postfix, sendmail, qmail, exim) (keine Konfiguration)

Liste wichtiger Dateien, Verzeichnisse und Anwendungen:
```
~/.forward
Kommandos in der Sendmail-Emulationsschicht
newaliases
mail
mailq
postfix
sendmail
exim
qmail
```

108.4 Drucker und Druckvorgänge verwalten

Gewichtung: 2
Beschreibung: Kandidaten sollten in der Lage sein, Druckerwarteschlangen und Druckaufträge von Benutzern mit CUPS und der LPD-Kompatibilitätsschnittstelle zu verwalten.

Wichtigste Wissensgebiete:
- Grundlegende CUPS-Konfiguration (für lokale und entfernte Drucker)
- Benutzer-Druckerwarteschlangen verwalten
- Allgemeine Druckprobleme lösen
- Druckaufträge zu eingerichteten Druckerwarteschlangen hinzufügen und daraus löschen

Liste wichtiger Dateien, Verzeichnisse und Anwendungen:
CUPS-Konfigurationsdateien, -Werkzeuge und -Hilfsprogramme
`/etc/cups`
LPD-Kompatibilitätsschnittstelle (lpr, lprm, lpq)

109 Thema

Netz-Grundlagen

1.109.1	Grundlagen von Internet-Protokollen	S. 252
1.109.2	Grundlegende Netz-Konfiguration	S. 262
1.109.3	Grundlegende Netz-Fehlersuche	S. 270
1.109.4	Clientseitiges DNS konfigurieren	S. 274

101 Ergänzen Sie die Angaben zu den üblichen Subnetzen.

255.255.255.0   Kurzschreibweise: /24   Anzahl der Hosts: 254
255.255.255.____   Kurzschreibweise: ____   Anzahl der Hosts: ____
255.255.255.____   Kurzschreibweise: ____   Anzahl der Hosts: ____
255.255.255.____   Kurzschreibweise: ____   Anzahl der Hosts: ____
255.255.255.____   Kurzschreibweise: ____   Anzahl der Hosts: ____
255.255.255.____   Kurzschreibweise: ____   Anzahl der Hosts: ____
255.255.255.____   Kurzschreibweise: ____   Anzahl der Hosts: ____
255.255.255.____   Kurzschreibweise: ____   Anzahl der Hosts: ____

Subnetzmasken! – Für die meisten Einsteiger ein Angstthema. Glücklicherweise müssen Sie diese nicht binär berechnen (auch wenn es gar nicht so schwierig ist) oder gar detailliert erklären können. Sie sollten allerdings deren Bedeutung kennen und auch genau wissen, welche Subnetzmasken vorkommen können, wenn Sie ein Class-C-Netzwerk aufteilen. Insofern kommen wir an ein wenig Netzwerk-Theorie an dieser Stelle nicht vorbei.

Wie wohl leicht einzusehen ist, rechnen Computer mit IP-Nummern in Binärform und nicht im Dezimalsystem. Schauen wir uns also drei IP-Nummern in ihrer binären Schreibweise an:

192.168.0.80   entspricht 11000000.10101000.00000000.01010000
192.168.0.130 entspricht 11000000.10101000.00000000.10000010
192.168.5.130 entspricht 11000000.10101000.00000101.10000010

Die IP-Nummern bestehen also aus 4×8 = 32 Bits.

Wenn ein Rechner IP-Pakete verschickt, muss er zunächst feststellen, ob sich die Zieladresse im selben LAN befindet wie er selbst (dann muss er das Paket „einfach so" aussenden) oder ob sie sich außerhalb dieses Netzes befindet, er die Pakete also über ein Gateway weiterrouten muss (dann müssen die Pakete eben zum Gateway in diesem LAN geschickt werden).

Hier kommen nun die Subnetzmasken ins Spiel: Sie geben an, wie viele Bits der IP-Nummer zum so genannten „Netzwerkanteil" und wie viele zum so genannten „Hostanteil" gehören. Die Subnetzmaske 255.255.255.0 steht beispielsweise für binär 11111111.11111111.11111111.0000000, wobei alle 1-Bits den Netzwerkanteil repräsentieren – hier also die ersten 24 Bits. Die hier frei bleibenden letzten 8 Bits geben den Hostanteil an.

Denn: Unterscheiden sich die Bits der Zieladresse gegenüber dem sendenden Host allein im Hostanteil bzw. ist der Netzwerkanteil identisch, so liegt die Ziel-IP innerhalb *eines* LAN. Unterscheiden sich hingegen die Netzwerkanteile, muss das Paket über ein Gateway geroutet werden.

1.109.1 Grundlagen von Internet-Protokollen [4]

Schauen Sie sich noch einmal die drei oben angegebenen Binärmuster an: IP-Nummer eins und zwei unterscheiden sich allein in den letzten acht Bits. Bei der hier angenommenen Netzwerkmaske heißt das: Sie haben den gleichen Netzwerkanteil, sie liegen im selben Subnetz.

Bei IP-Nummer drei ist das anders: Sie unterscheidet sich bereits im 3. Block von den anderen beiden IP-Nummern und damit bereits im Netzwerkanteil. Diese IP-Nummer liegt damit in einem anderen Subnetz. Wollen Host 1 und Host 2 IP-Pakete an Host 3 senden, benötigen Sie einen Host, der die Daten weiterleitet.

Nun wird es ein wenig komplizierter:

Wir beschließen, das Netz zu teilen, und wählen Subnetzmaske 255.255.255.128, binär geschrieben 11111111.11111111.11111111.10000000. Der Netzwerkanteil ist jetzt um ein Bit länger (die ersten 25 Bits) als im obigen Beispiel, der Hostanteil entsprechend ein Bit kürzer (die letzten 7 Bits). Für unseren Host 1 bedeutet das: Nur Hosts, die die ersten 25 Bits mit ihm gemein haben, liegen in seinem Netz.

Und wir sehen schon: Host 1 und Host 2 befinden sich plötzlich nicht mehr in einem Subnetz:

11111111.11111111.11111111.10000000 – Subnetzmaske /25
11000000.10101000.00000000.01010000 – Host 1
11000000.10101000.00000000.10000010 – Host 2

Noch in dem durch die 1-Bits der Subnetzmaske markierten Netzwerkanteil gibt es Unterschiede, so dass der Weg über das Gateway notwendig wird.

Nun können Sie fortfahren, indem Sie die Zahl der Bits des Netzwerkanteils weiter erhöhen; der Hostanteil wird entsprechend kleiner. Der Netzwerkanteil kann 27, 28, 29 oder mehr Bits lang sein, und wenn Sie die gesetzten Bits in Dezimalschreibweise umrechnen, kommen Sie zu folgender Tabelle. Die Kurzschreibweise der letzten Spalte gibt einfach nur an, wie viele Bits gesetzt sind:

```
11111111.11111111.11111111.00000000 - 255.255.255.000 - /24
11111111.11111111.11111111.10000000 - 255.255.255.128 - /25
11111111.11111111.11111111.11000000 - 255.255.255.192 - /26
11111111.11111111.11111111.11100000 - 255.255.255.224 - /27
11111111.11111111.11111111.11110000 - 255.255.255.240 - /28
11111111.11111111.11111111.11111000 - 255.255.255.248 - /29
11111111.11111111.11111111.11111100 - 255.255.255.252 - /30
11111111.11111111.11111111.11111110 - 255.255.255.254 - /31
11111111.11111111.11111111.11111111 - 255.255.255.255 - /32
```

Bis hierhin haben wir also schon einmal Dezimal- und Kurzschreibweise der Subnetzmasken zusammengetragen. Bleibt der zweite Teil der Frage, wie viele Hosts pro Subnetz vorhanden sein können.

Dazu muss man wissen: In jedem Subnetz gehen zwei IP-Nummern „verloren": Die eine wird als Netzwerk-Basisadresse benötigt (in der Regel die unterste IP-Nummer des jeweiligen Subnetzes), die andere für die Broadcast-Adresse, normalerweise die höchste IP-Nummer eines jeden Subnetzes.

In einem Class-C-Netz (alias /24) haben wir also 8 Bit Hostanteil, alias 256 mögliche IP-Nummern, d. h. 254 nutzbare IPs für Hosts + 1 Netzwerkbasis-IP + 1 Broadcast-IP.

In einem halben Class-C-Netz sieht es etwas anders aus: Bei einer /25-Bit-Netzwerkmaske stehen 7 Bit Hostanteil zur Verfügung, also 128 IP-Nummern. Abzüglich Netzwerkbasis- und Broadcast-IP bleiben 126 nutzbare IPs für Hosts.

Und zu guter Letzt: Vierteln wir das Netz (Netzwerkanteil /26), haben wir 6 Bit Hostanteil, alias 64 mögliche IP-Nummern, also 62 nutzbare IP-Nummern für Hosts.

Allerdings lauert eine Falle: Nehmen wir Subnetzmaske /31 (alias 255.255.255.254), bleibt uns 1 Bit Hostanteil, was zwei (!) möglichen IP-Nummern entspricht – abzüglich Netzwerk-Basisadresse und Broadcast ergäbe das 0 nutzbare IP-Nummern. Ein Subnetz /31 gibt es also nur theoretisch, nicht praktisch.

Etwas anders liegt der Fall bei /32, alias 255.255.255.255. Hier haben wir eigentlich gar keinen Hostanteil und damit genau genommen auch kein Subnetz. Man gibt mit dieser Maske jedoch eine „single host route" an, also z. B. eine PPP-Verbindung zu einem einzelnen Host, der sich irgendwo über Modem oder ISDN eingewählt hat.

Tragen wir noch einmal die Musterantwort zusammen: Da die /31 wegfällt, ergeben sich acht mögliche Subnetzmasken für ein Class-C-Netz:

255.255.255.0   – Kurz: /24 – Hostanzahl: 254
255.255.255.128 – Kurz: /25 – Hostanzahl: 126
255.255.255.192 – Kurz: /26 – Hostanzahl: 62
255.255.255.224 – Kurz: /27 – Hostanzahl: 30
255.255.255.240 – Kurz: /28 – Hostanzahl: 14
255.255.255.248 – Kurz: /29 – Hostanzahl: 6
255.255.255.252 – Kurz: /30 – Hostanzahl: 2
255.255.255.255 – Kurz: /32 – Hostanzahl: 1

102

Auf welchen Protokollen basiert `traceroute`? Geben Sie alle zutreffenden Antworten an.

[ ] a) IP

[ ] b) TCP/IP

[ ] c) NTP

[ ] d) ICMP

[ ] e) SNMP

LPI erwartet kein Profiwissen in Sachen Netzwerke, aber Grundwissen über die gängigen Netzwerkprotokolle sollten Sie mitbringen. Hier kann es allerdings – wie bei allen Fragen des Buches – nur darum gehen, die Richtung vorzugeben und ggf. Wissenslücken aufzudecken, die Sie dann mit geeigneter Lektüre oder praktischer Arbeit selbst schließen müssen.

Zur Frage: Grundsätzlich nimmt man bei der Datenübertragung per Netzwerk ein Schichtenmodell an; man spricht hier auch vom so genannten „OSI-Modell", das sieben aufeinander aufsetzende Schichten unterscheidet (und das Sie hier *nicht* im Detail kennen müssen). Für ein TCP/IP-Netzwerk lässt es sich auf vier Schichten vereinfachen:

1. *Physische Schicht*
   Die unterste Schicht, also jene, in der die Bits sozusagen noch einzeln über das Kabel rauschen und die Netzwerkkarte überlegt, ob ein Stromimpuls nun ein Bit war oder nicht. Damit haben wir i. d. R. nichts zu tun.

2. *Transportschicht*
   Die Transportschicht heißt üblicherweise IP, das *Internet Protocol*. Es regelt nur, dass Daten von Rechner A zu Rechner B gelangen; Inhalt der Daten, Fehlerkorrektur oder die Zuordnung zur dahinter stehenden Software spielen dabei keine Rolle.

3. *Netzwerkschicht*

   TCP
   Die Kontrollschicht ist meist TCP, das *Transmission Control Protocol*. Es kontrolliert, ob alle IP-Pakete korrekt bei der Gegenseite angekommen sind, prüft, ob sich Fehler eingeschlichen haben, und sortiert die Pakete ggf. wieder in die richtige Reihenfolge. TCP regelt auch die Zuordnung zur jeweiligen Software anhand der benutzten TCP-Ports (siehe nächste Frage). TCP nutzt

aber IP, um die Daten transportieren zu lassen, daher das berühmte Gespann TCP/IP.

UDP
Es gibt aber auch Alternativen zu TCP, unter anderem UDP, das *User Datagram Protocol*. Es nutzt ebenfalls IP, um die Daten transportieren zu lassen; dennoch spricht man inkonsequenterweise nicht von UDP/IP. UDP wird auch im Internet benutzt, um kurze Anfragen zu klären, bei denen es hauptsächlich auf Schnelligkeit ankommt, z. B. für DNS oder NFS.

ICMP
Zu guter Letzt gibt es noch ICMP, das *Internet Control Message Protocol*. ICMP-Pakete können nur sehr wenig Informationen enthalten; sie dienen insbesondere für kurze Statusmeldungen des IP. Ist ein IP-Paket unzustellbar, wird ein ICMP-Paket an den absendenden Host geschickt, ebenso wenn ein Port auf dem Zielrechner nicht offen ist. Es gibt einige wenige definierte ICMP-Meldungen mit besonderer Bedeutung: ICMP Typ 8 ist zum Beispiel ein „echo request". Empfängt ein Host ein ICMP-1-Paket, so sendet er ein ICMP Typ 0 zurück, ein „echo reply". Auf dieser Basis funktioniert das allseits bekannte `ping`.

4. *Softwareschicht/Application Level*
Sozusagen „ganz oben" liegt die Software, die die Daten erzeugt/empfängt und auswertet. Das kann ein WWW-Client ebenso sein wie der WWW-, Mail- oder FTP-Server.

Was darüber hinaus bekannt sein muss, ist der TTL-Wert (*Time to Live*), mit dem IP-Pakete versehen werden; je nach Betriebssystem liegt der Default-TTL-Wert bei 32, 64 oder 128. Jeder Host, auf dem ein Paket vorbeikommt, zieht nun eins vom TTL-Wert ab; erhält ein Host irgendwann ein Paket mit dem TTL-Wert 0, so darf er es nicht mehr weiterleiten, sondern muss es verwerfen und an den absendenden Host ein entsprechendes ICMP-Paket Typ 11 (*Time/TTL exceeded*) zurücksenden. Damit verhindern wir Endlosschleifen, bei denen Pakete tagelang zwischen zwei Hosts hin- und herpendeln. Normalerweise reicht ein Start-TTL von 32 oder auch 64 vollkommen aus, denn es liegen selten mehr als 25 Zwischenstationen („hops") auf dem Weg zum Ziel.

Verbinden wir nun alldies, kommen wir zu dem Schluss, dass `traceroute` eine ebenso einfache wie raffinierte Sache ist, denn es erzeugt UDP- oder ping-Pakete mit einer sehr niedrigen Start-TTL. Das erste Paket hat den TTL-Wert „1", wird also gleich von der ersten Station wieder verworfen. Anhand des nun zurückgeschickten ICMP-Pakets kann `traceroute` aber nun herausfinden, wer die erste Station war. Das nächste Ping-Paket hat den TTL-Wert „2", so dass die erste (bereits bekannte) Station eins abzieht und mit dem TTL-Wert „1" noch durchleitet. Die zweite Station zieht ebenfalls eins ab, erreicht den TTL-Wert „0", muss es verwerfen und ein ICMP-Paket zurückschicken. `traceroute` erhöht den TTL immer weiter und sammelt auf diese Weise Informationen über alle Zwischenstationen, bis zuletzt das Paket den Zielhost erreicht, der auf das `ping` mit einem „echo reply" antwortet.

Um also die Frage zu beantworten: richtig sind die Antworten a) (IP) und d) (ICMP).

Übrigens: SNMP ist das *Simple Network Management Protocol*. Damit lassen sich Netzwerkkomponenten wie Router oder Firewall überwachen oder ggf. konfigurieren; mit `traceroute` oder `ping` hat das aber nichts zu tun.

103

Geben Sie die Port-Nummern zu diesen Diensten an:

[ ] a) `telnet` Port: ____

[ ] b) `nntp` Port: ____

[ ] c) `pop3` Port: ____

[ ] d) `imap` Port: ____

[ ] e) `domain` Port: ____

104

In welcher Datei steht die Zuordnung „Dienst – Port-Nummer"? Geben Sie den vollständigen Pfad an!

_____

_____

Holen wir etwas weiter aus, denn hier geht es um das Grundverständnis von TCP/IP-Netzwerken. IP- und Port-Nummern ergeben insgesamt das Kommunikationssystem TCP/IP. Die Ports entsprechen bestimmten Netzwerkdiensten auf einem Server; jeder Dienst hat einen eigenen Port. Existiert ein Dienst auf dem jeweiligen Rechner nicht, ist der dafür vorgesehene Port geschlossen und wird nicht benutzt. Um mit einem Webserver Kontakt aufzunehmen und Webseiten abzurufen, genügt nicht das Wissen um die IP-Nummer des Servers (die wir über den Namen erhalten), denn auf dem Server können ja noch viele weitere Dienste laufen (SSH, SMTP/Mail, MySQL o. Ä.). Es muss mitgeteilt werden, *welchen* dieser Dienste wir nutzen wollen.

Ein etwas hinkender Vergleich ist die Telefondurchwahl zu einem bestimmten Mitarbeiter einer Firma – allein mit der zentralen Rufnummer (= IP-Nummer) werden Sie in einer größeren Firma kaum Ihr Ziel erreichen; erst die Durchwahl (= Port) sorgt dafür, dass Sie auch mit dem Mitarbeiter sprechen, der für Ihr Anliegen (= Dienst) zuständig ist. Andernfalls erreichen Sie zwar das richtige Haus (= Rechner), kommen aber dennoch nicht weiter.

Die wichtigsten Ports sind bestimmten Diensten fest zugeordnet; Sie finden in `/etc/services`[1] eine Übersicht. Unterschieden wird zwischen „well known ports", „registered ports" und „dynamic/private ports".

[1] Bzw. `http://www.iana.org/assignments/port-numbers`

1.109.1 Grundlagen von Internet-Protokollen [4]

well-known ports (0 bis 1023)
: Diese Ports sind bestimmten Diensten fest zugeordnet – die wichtigsten Port-Nummern sollten Sie kennen, siehe Tabelle 109.1. Diese Port-Nummern können von normalen Nutzern nicht geöffnet werden, nur von `root`. Ein normaler Nutzer kann also nicht einfach auf Port 80 seinen eigenen Webserver installieren, selbst wenn dieser Port noch frei sein sollte.

registered ports (1024 bis 49151)
: Auch diese Ports sind Diensten zugeordnet, doch ist diese Zuordnung nicht verbindlich. Sie *könnten* einen dieser Ports beispielsweise für eine eigene Software verwenden, riskieren aber, dass auch andere Applikationen diesen Port nutzen und damit Konflikte entstehen. Bei IANA, der *Internet Assigned Numbers Authority*, können Sie eine Port-Nummer registrieren lassen, aber damit ist nicht ausgeschlossen, dass diese auch von anderen Programmen genutzt wird.

Port-Nummern *über* 1023 können auch von normalen Nutzern geöffnet und benutzt werden, beispielsweise für ein Netzwerkspiel, das mehrere Nutzer starten, von denen einer den zentralen Spieleserver stellt.

dynamic/private ports (49152 bis 65535)
: Hier herrscht nun „Narrenfreiheit": Diese Ports sind nirgends zugeordnet und können frei benutzt werden, sofern sie auf dem jeweiligen Rechner noch nicht geöffnet und belegt sind.

Tabelle 109.1: Wichtige TCP-Port-Nummern

Port	Dienst
20	ftp-data
21	ftp-control
22	ssh
23	telnet
25	smtp
53	domain (DNS)
80	http
110	pop3
119	nntp
137	netbios-ns (wnmb)
139	netbios-ssn (snmb)
143	imap4
161	snmp
515	printer

105 Welche Antworten stellen IPv6-Adressen dar? Geben Sie alle zutreffenden Antworten an.

[ ] a) 2001:0db8:1428:0000:0000:0000:0000:57ab

[ ] b) 2001:0db8:1428::57ab

[ ] c) 2001:0db8:1428:57ab

[ ] d) 20:01:0d:b8:14:28

[ ] e) ::1428

[ ] f) ::1

Die Arbeit an IPv6-Adressen und ihrer Einführung begann schon 1995 – nicht wenige haben den Eindruck, dass es sich dabei um eine *never ending story* handelt. Und doch: Zunehmend mehr Server bieten IPv6-Unterstützung, seit einigen Jahren können IPv6-Netzwerke betrieben werden und für die nächsten Jahre mehren sich die Anzeichen, dass durch die großen Carrier an einer flächendeckende Einführung von IPv6 gearbeitet wird.

IPv6 bringt neben einem deutlich größeren Adressraum von rund 340 Sextillionen Adressen auch neue Funktionen mit: Automatische Netzwerk- und Routerkonfiguration, Wegfall von NAT, Wegfall von DHCP und vieles andere mehr.

Doch Details über Aufbau und Funktion von IPv6 prüft LPI derzeit nicht. Es genügen Kenntnisse über den Aufbau der IPv6-Adressen, deren Notation Sie ebenfalls kennen müssen.

Während IPv4 noch aus 32 Bit bestand (darum Adressen aus 4×8 Bit), bringt es IPv6 bereits auf 128 Bit, also die vierfache Länge. Um diese Adressen überhaupt noch sinnvoll notieren zu können, hat man folgendes festgelegt:

- Die Adressen werden nicht mehr dezimal (192.168.20.30), sondern wie MAC-Adressen hexadezimal (c0:a8:14:1e) dargestellt. Das spart Platz.

- Die Adresse wird nicht mehr in Blöcke à 8 Bit (c0:a8:14:1e), sondern à 16 Bit unterteilt (c0a8:141e). Es gibt also acht Blöcke: 8×16 = 128 Bit. Trennzeichen ist der Doppelpunkt.

- Ein oder mehrere aufeinanderfolgende Blöcke mit dem Wert 0 können auf ihre Doppelpunkte reduziert werden. Aus 0000:0000:0000:0000:0000:0000:c0a8:141e wird ::c0a8:141e. Dies kann auch am Ende (c0a8:141e::) oder in der Mitte geschehen (c0a8::141e). Führende Nullen eines Blocks können weggelassen werden.

Schauen wir uns mit diesem Wissen die gegebenen Antworten an:

Antwort a) ist eine normale IPv6-Adresse aus 8×16 Bit. Auch b) ist korrekt – es handelt sich um die erlaubte Kurznotation der Adresse aus Antwort a).

Antwort c) ist falsch, denn sie besteht nur aus 4×16 = 64 Bit; auch die Adresse in Antwort d) enthält lediglich 6×8 Bit und wäre zudem falsch gruppiert. Es handelt sich hier um eine MAC-Adresse.

e) und f) hingegen sind zwar extrem kurz – aber wieder richtig, denn sie nutzen die Kurznotation mit ausgelassenen Nullen:

::1428 entspricht 0000:0000:0000:0000:0000:0000:0000:1428 (oder auch: 0:0:0:0:0:0:0:1428) und ::1 ist nichts anderes als 0000:0000:0000:0000:0000:0000:0000:0001 (oder auch 0:0:0:0:0:0:0:1) – die IPv6-Adresse für `localhost`.

106 Mit welchem Befehl konfigurieren Sie Ethernet-Netzwerk-Interfaces (keine Parameter)?

Wer mit Windows viel Erfahrung hat wird hier vielleicht `ipconfig` eintragen wollen. Aber nein: `ifconfig` heißt das gute Stück (*if* für Interface). Damit lassen sich insbesondere Netzwerkkarten einrichten, aber auch PPP-Verbindungen oder (über ippp-Interfaces) ISDN-Dialup-Verbindungen.

Die Syntax von `ifconfig` ist ein Muss, und natürlich geht LPI davon aus, dass Sie im laufenden Betrieb eine Netzwerkkarte konfigurieren können. Wenn Sie das bislang ausschließlich über Steuer-Dateien wie `/etc/rc.config` oder gar Config-Programme wie YaST erledigt haben, wird es nun höchste Zeit für Handarbeit.

Ihnen sollte klar sein, welche Angaben Sie für ein funktionierendes TCP/IP-Netzwerk benötigen:

Name des Interface
: Gewöhnliche Ethernet-Netzwerkkarten tragen i. d. R. die Bezeichnung `eth0` oder `eth1`. Weist man einer Karte mehrere IP-Nummern gleichzeitig zu, so richten wir sog. „virtuelle Netzwerkkarten" ein, die sich ja separat ansprechen lassen müssen; diese benennen wir dann `eth0:1`, `eth0:2` usw. Der Kernel „weiß" selbstverständlich, dass es sich *physikalisch* immer nur um Karte `eth0` handelt.

IP-Adresse
: Bei IP Version 4 ist dies eine Zahl aus vier „Triple" (wobei die Ziffer 0 zu Beginn entfallen kann), also z. B. `192.168.100.20`. Es muss klar sein, dass eine IP-Nummer mit einer Zahl größer 255 nicht existieren kann, da ein Triple aus 8 Bit besteht und 2^8 nun einmal die „magische" Zahl 256 ergibt. Da die Zählung bei 0 beginnt, sind folglich Zahlen zwischen 0 und 255 möglich. Insgesamt besteht eine IP-Nummer aus $4\times 8 = 32$ Bit, was maximal 2^{32} also ca. 4 Milliarden IP-Nummern ergibt.

Subnetzmaske
: Dies wurde bereits in Frage 101 auf Seite 252 besprochen.

- Schauen Sie sich die Syntax von `ifconfig` genau an, z. B. über `man ifconfig` und auch anhand der nächsten Frage.

- Sie sollten Ihrer Netzwerkkarte testweise im laufenden Betrieb eine neue IP-Nummer (pingen als Test!) und eine zweite virtuelle IP-Nummer zuweisen! Natürlich direkt über `ifconfig` in der Shell.

107 Mit welchem Kommando setzen Sie eine Default-Route auf die IP-Adresse 192.168.1.1?

[ ] a) `ifconfig gw 192.168.1.1`

[ ] b) `ifconfig eth0 gw 192.168.1.1`

[ ] c) `route add 192.168.1.1`

[ ] d) `route add default gw 192.168.1.1`

[ ] e) `route default 192.168.1.1`

Hier scheint zunächst eine ganz grundsätzliche Entscheidung zu treffen sein: `ifconfig`? Oder `route`?

Ein Rechner muss wissen, an welches Default-Gateway er die Datenpakete zu schicken hat, wenn sie das Subnetz verlassen sollen. Dieses Gateway muss eine IP-Nummer innerhalb des eigenen Netzes sein, andernfalls wäre es ja nicht zu erreichen. Das Gateway wird allerdings über das Programm `route` und nicht über `ifconfig` eingestellt, da es für den gesamten Host gilt und nicht für jede Netzwerkkarte unterschiedlich sein kann.[2]

Aus diesem Grunde müssen die ersten beiden Antworten wegfallen – es bleibt die Frage nach der richtigen Syntax von `route`.

Richtig ist Antwort d): Zuerst wird festgelegt, ob die nachfolgende Route hinzugefügt (`add`) oder gelöscht werden soll (`del`). Anschließend wird das Ziel angegeben, für das die Route gelten soll. `default` ist ein reserviertes Schlüsselwort.

Wenn Sie eine Route für ein bestimmtes Netz definieren wollen, müssen Sie den Aufruf etwas anders gestalten. Auffallend, aber korrekt: Die Option `-net` wird tatsächlich mit einem Parameterstrich eingeleitet:

`route add -net 10.0.1.0 netmask 255.255.255.0 gw 192.168.1.1`

Wenn ein Host mehrere Netzwerk-Interfaces besitzt, können Sie ihn auch anweisen, ein bestimmtes Netz über ein bestimmtes Interface herauszurouten. Relevant kann dies beispielsweise bei der Konfiguration von Routen über einen VPN-Tunnel werden:

`route add -net 10.0.1.0 netmask 255.255.255.0 dev tun0`

---

[2] Grundsätzlich können auch über das Kommando `ip` fortgeschrittene Routing-Tabellen mit mehreren Gateways aufgebaut werden, dies ist jedoch nicht mehr Bestandteil der LPIC-1-Prüfung.

1.109.2 Grundlegende Netz-Konfiguration [4]

Welche Befehlszeile ist korrekt?

108

[ ] a) ifconfig device eth0 address 192.168.1.100 broadcast
      192.168.1.127 netmask 255.255.255.192

[ ] b) ifconfig eth0 192.168.1.112 broadcast 192.168.1.128
      netmask 255.255.255.192

[ ] c) ifconfig eth0 192.168.1.100 netmask 192.168.1.127
      broadcast 255.255.255.192

[ ] d) ifconfig eth0 192.168.0.100 broadcast 192.168.0.127
      netmask 255.255.255.192

Nach den allgemeineren Ausführungen in der vorhergehenden Frage zu `ifconfig` können wir uns nun etwas genauer mit der Syntax beschäftigen. Der Aufruf von `ifconfig` ist recht einfach: Es gibt einige Schlüsselwörter, jeweils gefolgt von einem passenden Wert. Die Reihenfolge ist unerheblich: Ob Sie erst die Netzwerkmaske oder erst die Broadcast-Adresse definieren, bleibt Ihnen überlassen, sofern Schlüsselwort und Wert zusammenbleiben.

Bleibt also das Problem: Welche Angaben sind überhaupt zulässig und funktionieren? Sind Sie in den Themen „Netzwerkmasken" und „Broadcast-Adressen" sicher? Darum geht es bei dieser Aufgabenstellung.

Subnetzmasken
: dienen der Aufteilung eines Netzes in kleinere Subnetze (siehe Frage 101, Seite 252)

Broadcast-Adressen
: reservierte IP-Nummern, auf die alle Computer eines Netzwerkes hören (zusätzlich zu ihrer eigentlichen IP-Nummer); über „Broadcasts" kann man die Hosts eines Netzwerkes insgesamt ansprechen. Ein `ping -b` auf eine Broadcast-Adresse liefert ein interessantes Ergebnis...

Grundsätzlich ist es einerlei, welche Adresse eines Netzwerks als Broadcast genutzt wird. Wir sehen oben in der Frage, dass sie vorgegeben und eingestellt wird – die Hauptsache ist, dass sie auf allen beteiligten Hosts identisch ist. Um den Überblick zu behalten, ist es jedoch Standard, die jeweils *höchste* IP-Nummer eines Netzwerkes zu nutzen.

Eine übliche Broadcast-Adresse in einem Class-C-Netz ist daher die .255 am Ende, also z. B. 192.168.1.255. Beachten Sie: Sobald Sie Subnetze bilden, ändern sich die Broadcast-Adressen, denn diese entsprechen ja der höchsten IP-Nummer eines Netzes – und natürlich liegen sie *innerhalb* des jeweiligen Netzes.

Teilen Sie ein Class-C-Netz in vier Subnetze mit jeweils 64 IP-Nummern auf. Welche Subnetzmaske ist notwendig? Lösung: 255.255.255.192 bzw. Kurznotation /26. In diesem Fall entstehen die Bereiche:

```
192.168.1.0    bis  192.168.1.63
192.168.1.64   bis  192.168.1.127
192.168.1.128  bis  192.168.1.191
192.168.1.192  bis  192.168.1.255
```

Je nachdem, in welchem der vier Netze Sie sich befinden, lautet die Broadcast-Adresse anders: Netz 1 hat hier die 192.168.1.63, Netz 2 die 192.168.1.127, Netz 3 die 192.168.1.191 und Netz 4 die 192.168.1.255.

Kleine Faustregel: Broadcast-Adressen sind immer *ungerade*.

Zurück zur Frage: Antwort a) können wir direkt ausschließen, denn `device` hat dort nichts zu suchen. Stattdessen ist einfach der Name des zu konfigurierenden Interface (`eth0`), gefolgt von der IP-Nummer und weiteren Parametern (eben Subnetzmaske und Broadcast-Adresse) anzugeben. Die Angabe von `address` ist dabei optional und wird in aller Regel weggelassen, wie auch bei den anderen Antworten zu sehen.

Und Antwort b)? Hier haben wir den Broadcast auf 192.168.1.128, die Subnetzmaske 255.255.255.192 – also vier Netze: Von .1 bis .63, von .61 bis .127, von .128 bis .191 und das vierte von .192 bis .255; folglich liegt unsere angebliche Broadcast-Adresse weder mit der genannten IP-Nummer im selben Netzbereich, noch ist sie die *höchste* IP des Netzes. Richtig wäre hier allein die 192.168.1.127!

Antwort c) dürfte nicht viel Nachdenken erfordern: Die 192.168.1.127 wäre eine Broadcast-Adresse, ist hier aber als Subnetzmaske genannt. Die 255.255.255.128 wäre eine Subnetzmaske, ist aber als Broadcast genannt. Insofern ist diese Lösung natürlich Unfug; bei vertauschten Schlüsselwörtern wäre die Zeile korrekt.

Bleibt nur noch d), aber schauen wir uns die Lösung in Ruhe an: Eine IP-Nummer mit einer 0 in der Mitte? Kann das sein? Ja, denn die 0 ist eine „normale" Zahl. Die Subnetzmaske ist ebenfalls sinnvoll, sie generiert hier ein Netz mit 64 IP-Nummern, von 192.168.0.64 bis 192.168.0.127; und „mittendrin" liegt unsere IP 192.168.0.100. Die hier genannte Broadcast-Adresse 192.168.0.127 ist die höchste IP dieses Netzes, und damit ist alles korrekt.

d) ist also die richtige und zulässige Antwort.

- Zur Erinnerung: Die Parameter von `ifconfig` haben keinen Bindestrich und werden ausgeschrieben, direkt gefolgt vom jeweiligen Wert ohne Gleichheitszeichen o. Ä.

- Da Parameter ohne Bindestrich aber ungewöhnlich sind und stets für Verwirrung sorgten, akzeptiert `ifconfig` mittlerweile optional auch Bindestriche vor den Parametern. In den LPI-Fragen sollten Sie aber weiterhin die alte Schreibweise vorfinden – die nach wie vor völlig korrekt ist.

109 Über welche Datei können Sie in kleinen Netzen eine Namensauflösung erreichen, wenn Sie keinen Nameserver benutzen wollen?

[ ] a) `/etc/named.conf`

[ ] b) `/etc/hosts`

[ ] c) `/etc/HOST`

[ ] d) `/etc/names`

[ ] e) `/etc/dns`

Eine Vorüberlegung: Wie heißt der populärste Nameserver? *Bind*! Und wie heißt der Dateiname des Programms genau? `named`, nicht `bind` oder gar `bindd`. Hier sollen wir aber gerade *keinen* Nameserver betreiben, sondern unseren Rechner als DNS-Client so konfigurieren, dass er andere Nameserver abfragt.

Zurück zur Frage: Antwort a) können wir nach diesem kleinen Exkurs streichen, denn die `named.conf` gehört zu *Bind*.

Wie sieht es mit Antwort c) aus? Kommt Ihnen möglicherweise bekannt vor, aber Vorsicht! Es gibt die Datei `/etc/HOSTNAME` bzw. `/etc/hostname`, in der der Name Ihres Hosts gespeichert ist; diese wird ausgelesen, um z. B. den Prompt der Kommandozeile zu generieren. Aber mit DNS hat das nichts zu tun.

Die in d) und e) genannten Dateien gibt es überhaupt nicht.

Bleibt also nur Antwort b): In `/etc/hosts` können Sie auf einem einzelnen Host einzelnen Namen IP-Nummern zuweisen. Damit ist der Host in der Lage, die dort genannten Namen ohne Hilfe eines DNS-Servers aufzulösen. Selbstverständlich müssen Sie die Datei auf jeden Host des Netzwerks kopieren, damit es funktioniert.

Klären wir noch einige wichtige Details in diesem Zusammenhang: Falls Sie doch DNS in Ihrem Netzwerk einsetzen wollen und über einen DNS-Server verfügen – in welcher Datei hätten Sie dann die IP-Nummer dieses Nameservers auf Ihren anderen Hosts einzutragen?

In `/etc/resolv.conf` geben Sie (ggf. mehrere) DNS-Server an (siehe dazu auch `man 5 resolv.conf`):

```
linux: # cat /etc/resolv.conf
domain example.com
nameserver 217.5.100.1
nameserver 194.25.2.129
```

1.109.2 Grundlegende Netz-Konfiguration [4]

domain bezeichnet übrigens Ihre „Stammdomain", die an Hostnamen angehängt wird, die noch kein FQDN (*Fully Qualified Domain Name*) sind. So können Sie eine Abfrage nach `www` machen, Ihr Host löst dann nach `www.example.com` auf.

Und noch eine Datei sollten Sie kennen: `/etc/nsswitch.conf`. Werfen Sie einen Blick hinein! Über diesen *Name Service Switch* können Sie einstellen, ob Ihr Rechner überhaupt lokale Dateien (Eintrag `files`) oder das Netzwerk befragen soll (Eintrag `dns`) – und in welcher Reihenfolge.

```
linux: # cat /etc/nsswitch.conf
hosts:     files dns
networks:       files dns
```

- Zu Zeiten der `libc4` wurde Derartiges in `/etc/host.conf` geregelt; zwar existiert diese Datei aus Kompatibilitätsgründen noch, doch spielt sie keine Rolle mehr, da `/etc/nsswitch.conf` deutlich mächtiger ist.

110

Sie haben einen Router mit mehreren Netzwerkkarten, der nicht funktioniert: Er routet keine Daten zwischen den verschiedenen Interfaces hin und her, kann aber selbst problemlos an beiden Netzwerken teilnehmen. Was könnte die Ursache sein?

[ ] a) Es sind zu viele Netzwerk-Interfaces, Linux kann nur vier Interfaces verwalten.

[ ] b) `IP_FORWARDING` ist nicht aktiviert, man sollte
`echo "1" > /proc/sys/net/ipv4/ip_forward`
ausführen.

[ ] c) Das Routen muss mit `ipconfig -forward` eingeschaltet werden.

[ ] d) Notwendig ist ein `set route=true`.

[ ] e) Mit dem Befehl `route yes` wird es funktionieren.

Natürlich kann Linux auch mit mehr als vier Netzwerkkarten umgehen: Sofern die PCI- oder ISA-Slots im Rechner ausreichen, entsteht kein Problem.

`ipconfig -forward` – wehe dem, der sich für diese Antwort entschieden hat! Erstens gibt es kein Programm namens `ipconfig` (das gibt es nur bei Windows), zum anderen ist der Aufrufparameter `-forward` eher unwahrscheinlich (wenn auch nicht ausgeschlossen) – doch ausgeschriebenen Aufrufparametern ist i. d. R. ein `--` vorangestellt, also `--forward`. Aber das wäre nur ein Indiz.

Zwar wäre `ifconfig` sehr wohl geeignet, die (Netzwerk-)Interfaces zu konfigurieren, doch scheinen diese ja samt Gateway korrekt eingerichtet zu sein, da der Rechner selbst problemlos am Netz teilnimmt.

Unser Kernel weigert sich, Pakete weiterzuleiten, also Datenpakete von anderen Hosts anzunehmen und in ein anderes Netz weiterzuleiten. Das ist eine Aufgabe des TCP/IP-Stacks im Kernel. In der Tat kann man diese Eigenschaft beim Kernel ein- und ausschalten: Aus Sicherheitsgründen, damit ein Rechner, der in beiden Netzwerken hängt, nicht versehentlich als Router agiert und zum Beispiel eine Firewall umgeht.

Ein `set route=true` wird da aber nicht ausreichen. Einerseits sind (Umgebungs-)Variablen i. d. R. groß geschrieben (es müsste also eher `set ROUTE=true` heißen), zum anderen sind Umgebungsvariablen je nach Shell oder eingeloggtem Benutzer unterschiedlich und können von diesem auch verändert werden. Und ob der Kernel routet oder nicht, kann je nach Nutzer kaum unterschiedlich eingestellt sein (welche Nutzer überhaupt, wenn wir externe Datenpakete empfangen?!).

Das Programm `route` existiert zwar, und darüber lässt sich auch die Routingtabelle einstellen, auslesen oder verändern. Aber schon der Aufrufparameter `yes` kann kaum stimmen, wenn man sich die Syntax von `route` angeschaut hat.

Richtig ist tatsächlich b)! Es ist möglich, über das /proc-Verzeichnis nicht nur Laufzeitwerte aus dem Kernel auszulesen, sondern auch einige wenige Werte zur Laufzeit an den Kernel zu übergeben, ihn also ohne Neustart umzukonfigurieren! Natürlich wächst Ihr RAM nicht, nur weil Sie in /proc/meminfo ein Gigabyte RAM mehr eintragen. Aber /proc/sys/net/ipv4/ip_forward existiert, werfen Sie einen Blick hinein! Sie finden dort eine 0 oder eine 1, abhängig davon, ob das Routing aus- oder eingeschaltet sein soll. Und wenn Sie diesen Wert verändern, z. B. durch ein einfaches `echo` wie im obigen Beispiel oder mit einem Texteditor, richtet sich der Kernel nach diesen Einstellungen.

- Sie sollten die Programme `ifconfig` und `route` gut kennen.

- Darüber hinaus ist ein guter Überblick (aber mehr auch nicht) über das /proc-Dateisystem hilfreich. Sie sollten eine Vorstellung davon haben, welche Dateien existieren, welche Informationen dort auszulesen und welche Konfigurationen vorzunehmen sind. Dass es eine Verzeichnisstruktur `sys/net` gibt, sollten Sie aus Erfahrung wissen. Schauen Sie sich dort gründlich um, aber kommen Sie nicht auf die Idee, /proc/kcore in einen Texteditor zu laden oder sich mit `cat` auf dem Bildschirm ausgeben zu lassen. (Sollten Sie vor lauter Neugier nun doch auf die Idee gekommen sein: Mit dem Befehl `reset` können Sie Ihren Bildschirmzeichensatz wieder zurückstellen, falls Sie nur noch Klingonisch auf dem Schirm sehen. Tippen Sie den Befehl einfach blind ein...)

111

Sie stellen Probleme an Ihrem Server fest und starten `netstat -a`. Doch das Programm bleibt lange „hängen" und liefert erst nach einer ganzen Weile den Output. Wo liegt am wahrscheinlichsten das Problem?

[ ] a) Die Userrechte reichen für den Aufruf von `netstat` nicht aus.

[ ] b) Das Programm `netstatd` ist nicht gestartet.

[ ] c) NFS ist nicht korrekt konfiguriert.

[ ] d) NIS ist nicht korrekt konfiguriert.

[ ] e) DNS ist nicht korrekt konfiguriert.

Normale Userrechte reichen für einen Aufruf von `netstat` aus, wie Sie sich leicht überzeugen können; andernfalls hätte das natürlich mit einer Fehlermeldung statt eines Hängers quittiert werden müssen.

a) ist falsch, ebenso b), denn einen `netstatd` gibt es nicht. Schließlich soll `netstat` lediglich einen Überblick über die derzeit aktiven Netzwerkverbindungen liefern, da ist kein im Hintergrund laufender Daemon zu befragen.

Stellen Sie sich stattdessen die Frage, was da „hängt" und wo der Zusammenhang zwischen NFS/NIS/DNS und `netstat` liegen könnte.

NFS ist bekannt dafür, einen Host zum „Einfrieren" bringen zu können, z. B. dann, wenn der NFS-Server nicht mehr antwortet und der Client auf ein eigentlich per NFS gemountetes Verzeichnis zugreifen will, das nun nicht mehr ansprechbar ist. Aber der Aufruf von `netstat -a` hat zunächst einmal nichts mit dem Dateisystem des Hosts zu tun; im Übrigen steht das System bei einem NFS-Hänger meist vollständig und reagiert nicht bloß verzögert. Ein solcher Fehler ist hier eher unwahrscheinlich.

NIS hingegen *könnte* beteiligt sein, z. B. wenn `/etc/hosts` auch über NIS verteilt wird. Doch liefert ein ausgefallener NIS-Server gewöhnlich keine Hänger, sondern einfach nur leere Abfrageergebnisse.

DNS ist unser Kandidat, denn auch DNS kann bekanntermaßen einen Host ausbremsen – nämlich dann, wenn ein DNS-Server nicht mehr erreichbar ist und der Host vergebens auf eine Antwort wartet. Ursache dafür kann eine falsche IP des DNS-Servers sein, der Server könnte offline gegangen sein, oder eine frisch installierte Firewall unterbindet die DNS-Abfragen ...

Symptomatisch bei diesen DNS-Fehlern ist, dass es nach einer längeren Wartezeit weitergeht – typischerweise dann mit nicht aufgelösten IP-Nummern anstelle des sonst aufgeführten Hostnamens.

1.109.3 Grundlegende Netz-Fehlersuche [4]

Wann immer Sie im Netzwerkverkehr merkwürdig lange Verzögerungen feststellen, z. B. lange Wartezeit nach einem Connect zum SSH-, Mail- oder FTP-Server, sollten Sie an einen DNS-Fehler denken. Schließlich versuchen diese Server gewöhnlich zunächst einen Reverse Lookup der Client-IP, um diese entsprechend zu protokollieren bzw. um zu wissen, mit wem sie es zu tun haben. Ein ungewöhnlich langer Login – typischerweise 20 Sekunden Verzögerung – ist für den DNS-Fehler geradezu typisch.

Ein `netstat -a` möchte ebenso wie `route` die IP-Nummern in Namen auflösen – ein Hänger direkt nach dem Start des Programms sollte also die Alarmglocken in Richtung DNS klingeln lassen. Und da hier nach der „wahrscheinlichsten" Fehlerursache gefragt wurde, wäre DNS die richtige Wahl – also e).

- Probieren Sie es selbst aus: Editieren Sie `/etc/resolv.conf` und tragen Sie einen Nameserver ein, den es nicht gibt, z. B. irgendeine IP aus `192.168.x.x`. Starten Sie `netstat -a` oder `route`.

- Merken Sie sich auch den Begriff „reverse DNS" oder „reverse DNS lookup": Damit wird die Frage nach einem *Namen zur IP-Nummer* im DNS bezeichnet – üblicherweise fragen wir ja nur nach der IP-Nummer zu einem Namen. Der Reverse Lookup wird im DNS nicht durch `A`-Records, sondern durch PTR-Records (*Pointer*) eingetragen.

112
Mit welchen Programmen können Sie DNS-Daten eines Hostnamens abfragen? Geben Sie alle möglichen Antworten an!

[ ]   a) `dns`

[ ]   b) `host`

[ ]   c) `dig`

[ ]   d) `named`

[ ]   e) `nslookup`

[ ]   f) `dnsinfo`

Wie immer bei solchen Fragen gilt: Ausprobieren! Stellen Sie fest: Die Programme `dns` und `dnsinfo` existieren nicht.

Das Programm `named` existiert und spielt für unser DNS auch eine Rolle. Doch handelt es sich dabei um einen DNS-*Server*, i. d. R. *bind*. Mit dem `named` können Sie keine DNS-Abfragen (als Client) stellen.

`host` ist ein Tool für einfache Abfragen ohne großen Schnickschnack:

```
linux: # host www.suse.de
www.suse.de is an alias for Turing.suse.de.
Turing.suse.de has address 195.135.220.3
```

`nslookup` war das früher übliche Tool für DNS-Abfragen, wird aber nicht mehr weiterentwickelt und sollte aus Sicherheitsgründen auch nicht mehr benutzt werden.

```
linux:~ # nslookup www.suse.de
Server:         192.168.0.1
Address:        192.168.0.1#53

Non-authoritative answer:
www.suse.de     canonical name = turing.suse.de.
Name:   turing.suse.de
Address: 195.135.220.3
```

`dig` (*domain information groper*) ist der aktuelle Nachfolger von `nslookup` und sollte heute eingesetzt werden. Er liefert parallel zum Abfrageergebnis noch einige Zusatzinformationen, die wichtig sein können, um beispielsweise die Echtheit des Ergebnisses zu verifizieren.

1.109.4 Clientseitiges DNS konfigurieren [2]

```
user@linux:~$ dig www.suse.de

; <<>> DiG 9.4.2-P1 <<>> www.suse.de
;; global options:  printcmd
;; Got answer:
;; ->>HEADER<<- opcode: QUERY, status: NOERROR, id: 8287
;; flags: qr rd ra; QUERY: 1, ANSWER: 2, AUTHORITY: 4, ADDITIONAL: 3

;; QUESTION SECTION:
;www.suse.de.                   IN      A

;; ANSWER SECTION:
www.suse.de.            14146   IN      CNAME   turing.suse.de.
turing.suse.de.         14146   IN      A       195.135.220.3

;; AUTHORITY SECTION:
suse.de.                14146   IN      NS      dns2.noris.net.
suse.de.                14146   IN      NS      dns1.noris.net.
suse.de.                14146   IN      NS      dns3.noris.net.
suse.de.                14146   IN      NS      ns.suse.de.

;; ADDITIONAL SECTION:
dns2.noris.net.         44959   IN      A       192.109.102.65
dns1.noris.net.         44959   IN      A       213.95.0.65
dns3.noris.net.         44959   IN      A       194.31.2.65

;; Query time: 0 msec
;; SERVER: 192.168.0.1#53(192.168.0.1)
;; WHEN: Wed Mar  4 10:35:27 2009
;; MSG SIZE  rcvd: 197
```

Richtig sind also die Antworten b), c) und e).

- Wissen Sie, wie Sie einen Reverse Lookup zu einer IP-Nummer machen können, also die Frage nach dem zugehörigen Namen zu einer IP-Nummer? Versuchen Sie host 195.10.208.129!

Thema 109: Netz-Grundlagen

109.1 Grundlagen von Internet-Protokollen

Gewichtung: 4
Beschreibung: Kandidaten sollten ein angemessenes Verständnis der Grundlagen von TCP/IP-Netzen demonstrieren.

Wichtigste Wissensgebiete:
- Verständnis von Netzmasken demonstrieren
- Wissen über die Unterschiede zwischen privaten und öffentlichen „dotted quads" IP-Adressen
- Eine Default-Route einstellen
- Wissen über gängige TCP- und UDP-Ports (20, 21, 22, 23, 25, 53, 80, 110, 119, 139, 143, 161, 443, 465, 993, 995)
- Wissen über die Unterschiede und wesentlichen Eigenschaften von UDP, TCP und ICMP
- Wissen über die wesentlichen Unterschiede zwischen IPv4 und IPv6

Liste wichtiger Dateien, Verzeichnisse und Anwendungen:
/etc/services
ftp
telnet
host
ping
dig
traceroute
tracepath

109.2 Grundlegende Netz-Konfiguration

Gewichtung: 4
Beschreibung: Kandidaten sollten in der Lage sein, Konfigurationseinstellungen auf Client-Rechnern anzuschauen, zu verändern und zu überprüfen.

Wichtigste Wissensgebiete:
- Netzschnittstellen manuell und automatisch konfigurieren
- Grundlegende TCP/IP-Rechnerkonfiguration

Liste wichtiger Dateien, Verzeichnisse und Anwendungen:
```
/etc/hostname
/etc/hosts
/etc/resolv.conf
/etc/nsswitch.conf
ifconfig
ifup
ifdown
route
ping
```

109.3 Grundlegende Netz-Fehlersuche

Gewichtung: 4

Beschreibung: Kandidaten sollten in der Lage sein, Netzwerkprobleme auf Client-Rechnern zu lösen.

Wichtigste Wissensgebiete:
- Netzschnittstellen und Routingtabellen manuell und automatisch konfigurieren; dies umfasst das Hinzufügen, Starten, Stoppen, neu Starten, Löschen oder Umkonfigurieren von Netzschnittstellen
- Die Routingtabelle ändern, anschauen oder konfigurieren und eine falsch gesetzte Default-Route manuell richtig stellen.
- Probleme mit der Netzkonfiguration finden und lösen.

Liste wichtiger Dateien, Verzeichnisse und Anwendungen:
```
ifconfig
ifup
ifdown
route
host
hostname
dig
netstat
ping
traceroute
```

109.4 Clientseitiges DNS konfigurieren

Gewichtung: 2

Beschreibung: Kandidaten sollten in der Lage sein, DNS auf einem Client-Rechner einzurichten.

Wichtigste Wissensgebiete:
- Den Gebrauch von DNS auf dem lokalen System demonstrieren
- Die Reihenfolge der Namensauflösung ändern

Liste wichtiger Dateien, Verzeichnisse und Anwendungen:
/etc/hosts
/etc/resolv.conf
/etc/nsswitch.conf

110 Thema

Sicherheit

1.110.1	Administrationsaufgaben für Sicherheit durchführen	S. 280
1.110.2	Einen Rechner absichern	S. 288
1.110.3	Daten durch Verschlüsselung schützen	S. 299

113 Welche Aufgabe erledigt der folgende Befehl?

```
find / -type f -perm +6000 -xdev -exec ls {} \;
```

[ ] a) Er listet alle Dateien ohne gesetzte Zugriffsrechte auf.

[ ] b) Er listet alle ausführbaren Programme auf.

[ ] c) Er listet alle SUID- oder SGID-Programme auf.

[ ] d) Gar keine, die Befehlssyntax ist nicht korrekt.

[ ] e) Es werden alle Device-Dateien aufgelistet.

---

find ist in diesem Buch bereits ein alter Bekannter, siehe Frage 41 auf Seite 108. Lesen Sie dort nochmals die Grundlagen nach.

Hier nun einige weitere Parameter:

-xdev ist unproblematisch: Er *verhindert*, dass find das Dateisystem verlässt, auf dem es begonnen hat. Ein Beispiel macht das klarer: find / -xdev -name hallo.txt wird ebensowenig /proc durchsuchen (/proc-Dateisystem) wie /windows (NTFS o. Ä.) oder etwaige per NFS aus dem Netz gemountete Verzeichnisse – und hier wird auch recht schnell der Sinn deutlich...

Auch -type f sollte keine Fragen aufwerfen, denn wir können damit einfach angeben, ob wir normale Dateien (f), Verzeichnisse (d), Links (l) o. Ä. suchen.

Hinter -perm +6000 hingegen verbergen sich alte Bekannte: die Dateizugriffsrechte (siehe Frage 58 auf Seite 150). Es wurde bereits erwähnt, dass es bei den bekannten dreistelligen Dateirechten (z. B. 644 oder 777) eigentlich um *vier*stellige Dateirechte geht – normalerweise eben 0644 oder 0777. Die erste Stelle steht für ein gesetztes SUID- (= 4), sgid- (= 2) oder sticky-Bit (= 1).

Über -perm suchen wir also nach gegebenen Dateirechten:

-perm mode
: sucht *genau* nach den angegeben Dateirechten; -perm 644 listet eben nur Dateien mit 644 auf, ein -perm 4644 erfordert dann eben noch das suid-Bit zusätzlich.

`-perm -mode`
> sucht nach *mindestens* diesen Rechten (logisches „und"). Ein `-perm -6000` findet darum auch Dateien mit 6775 oder 7775, nicht aber 4775 oder 0775.

`-perm +mode`
> sucht nach Dateien, die *irgendeines* dieser Permission-Bits gesetzt haben (logisches „oder"), d. h., ein `-perm +6000` findet jede Datei, bei der mindestens ein `suid` oder `sgid`-Bit gesetzt ist, also auch Dateien mit 4775, 2775 oder 6775, nicht aber 0777.

Die vorliegende Abfrage ist nicht unüblich, schließlich fangen wir damit SUID- und SGID-Bits ab (4 + 2). Richtig ist darum Antwort c).

- Wiederholen Sie noch einmal die Optionen von `find` und schauen Sie sich `man find` an.

1.110 Sicherheit

114

Sie haben auf dem Host 192.168.2.1 unter Kernel 2.4.19 eine dynamisch filternde Firewall mit der Default-Policy DROP. Welche Zeile müssten Sie in Ihr Firewall-Skript einfügen, um HTTP-Anfragen an den Webserver 192.168.2.45 durchzulassen?

[ ] a) iptables -A FORWARD -d 192.168.2.45 --dport 80
       --sport 1024: -j ACCEPT

[ ] b) ipconfig -d 192.168.2.45 -p 80 -R OK

[ ] c) fw -allow -ip 192.168.2.45 -port 80

[ ] d) ipchains -A ROUTING -d 192.168.2.45 -port 80 -a ALLOW

[ ] e) echo "allow 192.168.2.45 80 0/0 1024:" >
       /proc/net/ip_fw

In der gebotenen Kürze dieses Buches lassen sich die Grundlagen der IP-Paketfilterung kaum darstellen. Sollten Sie keinerlei Übung und Wissen in diesen Bereichen haben, müssen Sie mutig auf Lücke setzen oder mit etwas Aufwand ein entsprechendes Szenario aufbauen und üben.

Kandidaten der Level-2-Prüfung sollten aber ein gepflegtes Grundwissen über IP haben; Grundlagen über TCP/IP, UDP, Port-Nummern und Subnetzmasken wurden ja auch bereits in Frage 101 ab Seite 252 besprochen. Eine kurze Wiederholung:

- Die Paketfilterung findet direkt im Kernel-Code statt. Die notwendigen Zusatzprogramme dienen lediglich dem Einstellen der Filterregeln im Kernel; einen Daemon zur Paketfilterung gibt es nicht.

- Je nach Kernelversion gibt es unterschiedliche Programme zum Aufsetzen der Filterregeln, die sich leicht unterscheiden, aber prinzipiell analog funktionieren:

  Kernel 2.0.x: `ipfwadm`

  Kernel 2.2.x: `ipchains`

  Kernel 2.4.x: `iptables`

  Kernel 2.6.x: `iptables`.

  Richtig ist also a)!

- Im Kernel-Routing gibt es die drei Regelketten:

INPUT
: Pakete von außen, adressiert an den Host – hier also an die Firewall

OUTPUT
: Pakete vom Kernel des Hosts, adressiert nach außen ins Netz

FORWARD
: Pakete von außen, die wieder in ein (ggf. anderes) IP-Netz durchgeroutet werden – also der klassische Weg für IP-Pakete, die auf einer Firewall durchgeroutet werden.

Möchten wir Dienste auf Servern eines Netzes auf dem vorgeschalteten Router freischalten, interessiert uns nur die FORWARD-Kette.

- Zur Festlegung der Firewall-Regel stehen viele Parameter und Möglichkeiten zur Verfügung, hier die Wichtigsten von `iptables`:

`-s`
: gibt die *Source IP* an, von der das Paket kommt

`-d`
: gibt die *Destination IP* an, an die das Paket geht

`--sport`
: gibt den *Source Port* an, von dem das Paket kommt

`--dport`
: gibt den *Destination Port* an, an den das Paket geht

`-p`
: gibt das Protokoll an (also `tcp`, `udp` oder `icmp`)

- Netzbereiche werden durch Netzwerk-Basisadresse und Subnetzmaske angegeben, also z. B. 192.168.100.0/25. Die Angabe von 0/0 definiert jede beliebige IP, andererseits kann der jeweilige Parameter dann ggf. auch einfach entfallen – so ist in Antwort a) kein `-s 0/0` angegeben, so dass die Herkunft des Pakets an dieser Stelle keinerlei Rolle spielt.

- Portbereiche werden durch <startport>:<endport> definiert, also z. B. 1000:1023. Fehlt eine Angabe, steht sie für 0 bzw. 65535. So steht :1023 für 0:1023, und 1024: steht für 1024:65535.

- Die Default-Policy einer jeden Regelkette wird durch den Parameter -P gesetzt: `iptables -P FORWARD DROP`

1.110 Sicherheit

- Sie sollten die Syntax von `iptables` und auch `ipchains` kennen und Beispiele grundsätzlich als syntaktisch richtig oder falsch identifizieren können.

- Die in den LPI-Prüfungsinhalten genannten Dateien `/proc/net/xip_fwchains` etc. sind völlig veraltet (Kernel 2.0.x) und spielen im Test meines Wissens nach auch keine Rolle.

- Kenntnisse über TCP/IP, Ports, UDP und Subnetzmasken sind zwingend.

- Im Idealfall haben Sie ein kleines Netzwerk und einen kleinen Router mit zwei Netzwerk-Interfaces, auf dem Sie eine kleine Firewall einrichten können.

- Sollten Sie keinerlei Erfahrung mit Paketfiltern haben, müssen Sie selbst entscheiden, ob der Aufwand für dieses nicht ganz einfache Thema für Ihren LPI-Test notwendig ist, oder ob Sie auf Lücke setzen und die Zeit in andere Themen investieren. Andererseits ist es ein durchaus interessantes Thema, in dem man eigentlich als Admin mit LPI Level-1 auch tatsächlich Übung haben muss, will man seine Rechner absichern.

- Als Ausgangsbasis für das Selbststudium im Netz bietet sich `www.netfilter.org` an, die Homepage zu `iptables`. Dort finden sich diverse Howtos und Tutorials.

1.110.1 Administrationsaufgaben für Sicherheit durchführen [3]

115

Mit welchem Shell-Befehl können Sie die Anzahl der maximalen Prozesse eines Nutzers definieren? Geben Sie nur das Kommando an – keine Parameter.

_____

_____

Die Shell limitiert für jeden Nutzer Ressourcen wie die Anzahl gleichzeitiger Prozesse, der geöffneten Dateien und der Speicherauslastung. Abgefragt und konfiguriert wird all dies über `ulimit`:

```
linux:~ # ulimit -a
core file size          (blocks, -c) 0
data seg size           (kbytes, -d) unlimited
scheduling priority             (-e) 0
file size               (blocks, -f) unlimited
pending signals                 (-i) 12284
max locked memory       (kbytes, -l) 32
max memory size         (kbytes, -m) 1321325
open files                      (-n) 1024
pipe size            (512 bytes, -p) 8
POSIX message queues     (bytes, -q) 819200
real-time priority              (-r) 0
stack size              (kbytes, -s) 8192
cpu time               (seconds, -t) unlimited
max user processes              (-u) 12284
virtual memory          (kbytes, -v) unlimited
file locks                      (-x) unlimited
```

Normalerweise sind diese Werte ausreichend hoch. In bestimmten Szenarien kann es jedoch notwendig sein, die Ressourcen etwas großzügiger zuzuteilen. Große Server können in Probleme geraten, wenn die Anzahl der freien Datei-Handles nicht mehr ausreicht: Proxy-Server mit hoher Last beispielsweise, aber auch Webserver mit vielen gleichzeitig geöffneten Logfiles und vielen parallel zugreifenden Clients.

In der Praxis sind v. a. zwei `ulimit`-Parameter relevant:

`ulimit -n`
    maximale Anzahl gleichzeitig geöffneter Dateien

`ulimit -u`
    maximale Anzahl gleichzeitig laufender Prozesse

Mit dieser oberflächlichen Kenntnis von `ulimit` kommen Sie bereits sicher durch alle Fragen im Rahmen der LPIC-1-Prüfung.

116

Welche Konfigurationszeile in `/etc/sudoers` **ermöglicht es dem Benutzer** bob**, beliebige Kommandos als** `root` **auszuführen, ohne dabei das Kennwort angeben zu müssen?**

[ ] a) `%bob ALL=(ALL) NOPASSWD: ALL`

[ ] b) `%bob ALL=NOPASSWD: ALL`

[ ] c) `bob ALL=(ALL) NOPASSWD: ALL`

[ ] d) `bob ALL=NOPASSWD: ALL`

Über das Kommando `sudo` können unprivilegierte Nutzer Kommandos unter fremden User-IDs ausführen – ggf. auch als `root`. Welche Kommandos für welche Nutzer freigeschaltet sind und ob diese noch durch ein Passwort geschützt sind, entscheidet die Konfiguration in `/etc/sudoers`.

Eine Konfigurationszeile ist wie folgt aufgebaut:

```
user hostlist=(userlist) command1, command2, command3
```

`user` ist dabei entweder ein einzelner Benutzername oder eine Gruppe aus `/etc/groups`, die dann jedoch durch ein vorangestelltes Prozentzeichen kenntlich gemacht wird.

Die Antworten a) und b) müssen also schon aus diesem Grund falsch sein, weil es sich um die *Gruppe* bob handeln würde, nicht um den *User*.

In `hostlist` wird definiert, für welchen Host die Freigabe gilt. Es kann ja sein, dass auf mehreren Hosts die gleiche Datei `/etc/sudoers` zum Einsatz kommt. In den Musterantworten zur Frage ist schön zu sehen, wie die Freigabe über das Keyword `ALL` grundsätzlich auch für alle Maschinen erfolgen kann.

`(userlist)` ist optional und gibt an, unter welcher Userkennung die jeweiligen Kommandos ausgeführt werden dürfen. Fehlt `(userlist)`, ist als Standard `root` gesetzt. Das Keyword `ALL` gestattet es, jede beliebige ID anzunehmen – auch die von `root`. Korrekt sind daher Antworten c) und d).

Die Konfiguration in `/etc/sudoers` erlaubt auch komplexere Einstellungen, beispielsweise dass bestimmte Kommandos als `root`, andere nur als `admin` ausgeführt werden dürfen:

```
bob ALL=(root) /bin/kill, /bin/ls, (admin) /usr/local/bin/writeconfig
```

1.110.1 Administrationsaufgaben für Sicherheit durchführen [3]

Auch besteht die Möglichkeit, dass bestimmte Kommandos ohne (root-) Passwort aufrufbar sind, andere jedoch eine Passworteingabe erfordern:

```
bob ALL=(root) NOPASSWD: /bin/kill, PASSWD: /bin/ls
```

- Es lohnt sich, einen Blick in `man sudoers` zu werfen, damit Sie sich auch von einem etwas komplexeren Beispiel in der LPI-Prüfung nicht verwirren lassen.

117 Welche Aufgaben erledigt `xinetd`? Geben Sie alle zutreffenden Antworten an.

[ ] a) Er konfiguriert im Kernel 2.4.x den Paketfilter (IP-Filter/Firewall).

[ ] b) Er kontrolliert und limitiert eingehende Verbindungen und schützt vor einem Denial of Service (DoS).

[ ] c) Er kontrolliert vorgegebene Ports und lädt bei einkommenden Verbindungen ggf. benötigte Dienste dynamisch nach.

[ ] d) Er verwaltet als Kernelmodul den TCP/IP-Stack.

Vor dem `xinetd` klären wir zunächst den `inetd`: Er findet sich auf fast jedem Linux-Rechner. Wenn Sie ihn noch nicht kennen, sollten Sie einen Blick in `/etc/inetd.conf` werfen.

Idee des `inetd`: Viele TCP/IP-Dienste werden nur selten benötigt, z. B. FTP, Telnet, POP3. Aus diesem Grunde ist es auf kleineren Rechnern oder normalen Desktop-Stationen wenig sinnvoll, diese Dienste permanent gestartet als Daemon im Hintergrund zu halten, wo sie Speicher und Rechenzeit verbrauchen. Hier kommt der „Super-Daemon" `inetd` ins Spiel, der gemäß seiner Config-Datei alle gewünschten Ports offen hält und erst dann, wenn tatsächlich einmal eine Verbindung auf z. B. dem POP3-Port (110) ankommt, den eigentlichen POP3-Daemon nachlädt. Sobald die POP3-Verbindung beendet ist, beendet sich der POP3-Daemon wieder, und `inetd` übernimmt wieder die alleinige Kontrolle. Der `inetd` belegt damit nur sehr wenig Speicher, und solange die jeweiligen Dienste nicht genutzt werden, ist der jeweilige Daemon auch nicht gestartet.

Dabei werden nicht alle Dienste über den `inetd` nachgeladen, sondern nur jene, die selten benötigt werden und bei denen es auch nicht auf jede Millisekunde Reaktionszeit des Servers ankommt, denn dieser muss das zugehörige Programm ja überhaupt erst starten. Häufig genutzte Dienste wie HTTP oder SMTP werden daher meist als eigenständige, permanent geladene Daemons eingebunden, die ihren Port selbst überwachen.

Wenn Sie sich einmal nach offenen Ports auf Ihrem Rechner umsehen, z. B. durch ein `lsof -i` oder durch einen Port-Scan mittels `nmap localhost`, werden Sie – je nach installierter Software – vielleicht eine ganze Sammlung offener Dienste vorfinden. Wollen Sie diese Ports schließen und die zugehörigen Dienste deaktivieren, müssen Sie zunächst herausfinden, ob diese Dienste selbst als Daemon im Hintergrund aktiv sind oder ob der `inetd` den Port überwacht. Dann können Sie entweder den Start des Daemon

1.110.2 Einen Rechner absichern [3]

über einen Runlevel-Manager unterbinden oder in `/etc/inetd.conf` den Dienst auskommentieren, so dass `inetd` den Port nicht mehr überwacht.

Eine Weiterentwicklung des `inetd` ist nun der `xinetd` (*extended* `inetd`). Er verfolgt dasselbe Konzept wie der `inetd`, kann aber mehr: Bei ihm lässt sich beispielsweise festlegen, wie oft ein Dienst parallel gestartet sein darf (z. B. nur maximal zehn gleichzeitig laufende Telnet-Sitzungen), so dass man sich besser vor einem Denial-of-Service-Angriff schützen kann.

Und der Vollständigkeit halber: Antwort a) wäre das Programm `iptables` (Frage 114 auf Seite 282); mit dem `(x)inetd` hat das aber nichts zu tun.

Für den `xinetd` sind also die Antworten b) *und* c) richtig! In unserer Frage würde aber nur Antwort c) den `inetd` korrekt umschreiben.

- Die Konfigurationen von `inetd` und `xinetd` unterscheiden sich und sind nicht kompatibel zueinander: Die `inetd.conf` hat jeden Dienst in einem einzeiligen Eintrag, `xinetd.conf` hat eine etwas komplexere, blockweise Struktur.

118

In welche Datei hätten Sie den Eintrag ALL: ALL EXCEPT LOCAL einzutragen, wenn Sie einen Rechner mit IP-Diensten abschotten wollen?

[ ] a) `/etc/hosts_access`

[ ] b) `/etc/hosts.deny`

[ ] c) `/etc/hosts`

[ ] d) `/etc/deny`

[ ] e) `/etc/tcpfilter`

Der TCP-Wrapper – die Firewall des kleinen Mannes; mit dem `(x)inetd` haben wir uns bereits beschäftigt, auch `/etc/inetd.conf` haben Sie ja schon kennen gelernt. Vielleicht ist Ihnen aufgefallen, dass immer erst das Programm `/usr/sbin/tcpd` gestartet wird, dem als Aufrufparameter der eigentliche Programmname des Daemon übergeben wird. Hier eine Zeile aus `/etc/inetd.conf`:

```
pop3    stream  tcp     nowait  root    /usr/sbin/tcpd  ipop3d
```

Die sechste Spalte dieses Eintrags bezeichnet den Programmaufruf, den der inetd auszuführen hat, wenn ein Login auf dem POP3-Port (110) erfolgt. Gestartet wird hier `/usr/sbin/tcpd ipop3d`, wobei `ipop3d` nur ein Aufrufparameter ist, der dem `tcpd` mitgegeben wird. Der `inetd` startet den `ipop3d` nicht selbst.

Erst das Programm `tcpd` startet den `ipop3d`. Was soll das bezwecken?

Ein *Wrapper* hat die Aufgabe, bestimmte Programme nachzuladen und auszuführen. Vorher aber nimmt er bestimmte Sicherheitsprüfungen oder Veränderungen vor. So stellt ein Wrapper zum Beispiel sicher, dass

- das Programm unter einer bestimmten Nutzerkennung läuft (ein CGI-Skript auf einem Webserver z. B. nicht unter der ID des Webservers, sondern unter der des Nutzers, dem das Skript gehört)
- vorher ein `chroot` in ein bestimmtes Verzeichnis gemacht wird
- nur bestimmte Nutzer das Programm starten können
- das Programm nur zu bestimmten Uhrzeiten läuft
- nur bei bestimmten IP-Nummern ein Netzwerkdienst gestartet wird

1.110.2 Einen Rechner absichern [3]

Es gibt dafür keinen „Universal-Wrapper", sondern wir bezeichnen damit generell ein Programm, das solche Aufgaben erledigt und das für genau diese spezielle Aufgabe programmiert ist.

Der TCP-Wrapper `tcpd` soll die Netzwerkdaemons der jeweiligen Dienste nachladen und ihnen die TCP/IP-Verbindung übergeben – hier den `ipop3d`, falls ein Mailclient den POP3-Server sprechen möchte. Allerdings hat der `tcpd` zwei Konfigurationsdateien: `/etc/hosts.deny` und `/etc/hosts.allow`. Beachten Sie den Plural – es heißt `hosts.allow`!

Diese Dateien enthalten Regeln, nach denen bestimmte IP-Nummern oder Netzbereiche für einen bestimmten Dienst gesperrt bzw. erlaubt sind. Auch wenn ein POP3-Zugriff auf ein Mailpostfach oder eine Telnet-Shell natürlich mit einem Kennwort vor unbefugtem Zugriff gesichert ist, haben sicherheitsbewusste Admins ein Interesse daran, unbefugten Netzbereichen den Zugriff auf diesen Dienst grundsätzlich vorzuenthalten. Denn wenn ein Angreifer gar keinen Kontakt zum Telnet-Daemon hat, kann er auch nicht durch reines Probieren (*Brute-Force-Angriff*) das Kennwort ermitteln oder vielleicht durch den gezielten Aufbau von einigen Hundert TCP/IP-Connects einen Denial-of-Service-Angriff fahren.

Oder stellen Sie sich vor, es gibt einen Bug (z. B. einen *Buffer Overflow*), der bei Eingabe eines beliebigen überlangen Kennworts unberechtigten Zugriff auf den Server gewährt – wenn wir den Kreis derjenigen, die mit dem jeweiligen Daemon überhaupt Kontakt aufnehmen können, von vornherein beschränken, könnten derartige Angriffe auch nur aus diesen Bereichen kommen.

Hier passiert also Folgendes: Der `inetd` hat gemäß seiner Config-Datei die jeweiligen Ports geöffnet und wartet auf Connects. Kommt ein TCP/IP-Connect zustande, startet er den `tcpd`. Der wiederum prüft anhand seiner Config-Dateien, ob diese IP-Nummer für diesen bestimmten Dienst gesperrt bzw. freigeschaltet ist. Ist sie gesperrt, beendet er die TCP/IP-Verbindung kommentarlos, ohne den eigentlichen Dienst überhaupt zu starten. Ist die IP-Nummer des Clients jedoch zugelassen, startet er den eigentlichen Daemon und übergibt ihm dem TCP/IP-Connect.

LPI kann Sie nach der Syntax der `tcpd`-Config-Dateien fragen. Da sie bei den Dateien `/etc/hosts.allow` und `/etc/hosts.deny` gleich ist, verbirgt sich die zugehörige erklärende Man-Page hinter `man hosts_access` – leider etwas inkonsequent mit Unterstrich statt mit Punkt. Lesen Sie `man hosts_access`, insbesondere die dort genannten Beispiele! Wenn Sie ein kleines LAN zur Verfügung haben, nehmen Sie sich das Beispiel Telnet: Sperren Sie den Dienst so, dass ein Client sich anmelden kann, ein anderer nicht.

Die richtige Antwort steht noch aus: d) und e) sind frei erfunden, c) existiert, ist aber falsch, dort sind IP-Nummern und Hostnamen definiert (werfen Sie einen Blick in `/etc/hosts`, wenn Sie die Datei noch nicht kennen). a) ist auch falsch – aber vielleicht geeignet, sie zu verwirren, denn `hosts_access` existiert nicht als Datei, so heißt aber die zugehörige Man-Page.

Also: Der hier gewünschte Eintrag ist in `/etc/hosts.deny` einzutragen, dann werden alle Dienste für alle IP-Nummern gesperrt – ausgenommen `localhost`.

- Der TCP-Wrapper kann noch viel mehr: So können auch gezielte Aktionen ausgelöst werden, wenn ein Zugriff verweigert wird, z. B. eine entsprechende Info-Mail an den Administrator oder sogar der Start eines Programms oder Skripts, das den Eindringling unter die Lupe nimmt.

- Sie finden Beispiele dazu in `man 5 hosts_access`, die Sie gelesen haben sollten.

- Hier ein Beispiel aus `/etc/hosts.deny`:
  `in.tftpd: ALL: (/some/where/safe_finger -l @%h | /usr/ucb/mail -s %d-%h root) &`
  Die Bedeutung von `%h` usw. müssen Sie nicht im Detail kennen, aber Sie sollten wissen, dass Sie über die Klammern entsprechende Shell-Befehle ausführen können.

In /etc/inetd.conf findet sich die folgende Zeile. Darf sie auskommentiert werden – und was würde dann passieren?

119

```
login   stream  tcp   nowait  root  /usr/sbin/tcpd  in.rlogind
```

[ ] a) Ja, aber dann ist kein Login über das Netzwerk mehr möglich.

[ ] b) Nein, denn sonst könnte man sich auch an der Konsole nicht mehr einloggen.

[ ] c) Ja, denn `login` gilt ohnehin als unsicherer, überholter Netzwerkdienst. Er könnte dann nicht mehr benutzt werden.

[ ] d) Nein, denn `login` wird als Authentifizierungsdienst benötigt, damit andere Dienste auf /etc/passwd oder /etc/shadow zugreifen können.

Die Aufgabe des `inetd` wurde bereits in Frage 117 auf Seite 288 geklärt: Er verwaltet eingehende TCP/IP-Verbindungen und lädt die für diesen Port eingestellten Dienste nach. Antwort b) muss falsch sein, denn mit dem Login auf der Konsole hat das nichts zu tun; der wäre auch möglich, wenn wir den `inetd` ganz stoppen würden.

Antwort a) – keinerlei Login über das Netzwerk? Das wäre starker Tobak. Aber warum sollte man sich per FTP nicht mehr einloggen können, wenn das doch durch den (ggf. auch über `inetd` laufenden) `ftpd` geschieht? Oder über den separaten `sshd`? Nein, Antwort a) ist auch Unfug; andere Dienste benötigen keinen TCP/IP-Dienst namens `login`, um zu funktionieren.

Antwort d) ist auch falsch – aber darin steckt eine Anspielung, denn es gibt etwas dem dort Beschriebenen sehr Ähnliches: PAM, die *Pluggable Authentication Modules*. PAM regelt nicht nur den Zugriff auf /etc/passwd und /etc/shadow, sondern zugleich noch auf beliebige andere Authentifizierungsmöglichkeiten. Aber auch PAM würde nicht über einen normalen TCP/IP-Port nach außen funktionieren (das wäre auch wirklich nicht wünschenswert!). Und PAM hat mit `login` auch nichts zu tun.

Richtig ist die Antwort c). Wir werden später (Frage 123 auf Seite 299) die Programme der sog. „r-Familie" beleuchten, die aus Sicherheitsgründen nicht mehr eingesetzt werden sollten. Und dazu gehört auch besagtes `rlogin`, das auf Port `login` (Port 513) läuft.

Später mehr dazu, aber halten wir schon mal fest: Der Dienst `rlogin` ist überholt und unsicher. Er kann in /etc/inetd.conf nicht nur auskommentiert werden, er *sollte* es sein!

1.110 Sicherheit

- Werfen Sie bei dieser Gelegenheit einen kurzen Blick auf die Syntax der `inetd.conf`. Spalte eins entspricht einem Portnamen, wie er in `/etc/services` definiert sein muss. Spalte zwei (`stream`) und vier (`nowait`) muss Sie weiter nicht interessieren. Interessant ist hier der Netzwerktyp in Spalte drei (`tcp` oder `udp`) und vor allem die Nutzer-ID in Spalte fünf, unter der der Daemon gestartet wird (meist `root`, leider).

Sie haben die nachfolgende Zeile in `/etc/inetd.conf` **auskommentiert. Dennoch können Sie sich weiterhin per** `telnet` **einloggen. Was würde ein Profi jetzt noch tun, um das Problem zu beheben?**

```
telnet   stream   tcp      nowait   root      /usr/sbin/tcpd   in.telnetd
```

[ ] a) `reboot`

[ ] b) `killall -TERM telnetd`

[ ] c) `rcnetwork restart`

[ ] d) `ps ax | grep inetd` und dann `kill -HUP <pid-of-inetd>`

[ ] e) `rctelnetd restart`

`reboot` – Antwort a) – müssen wir wohl kaum ernsthaft zur Diskussion stellen. Das Rebooten von Servern überlassen wir getrost dem Betriebssystem, das oft genug schon nach Software-Installationen neu gestartet werden muss.

Auch Antwort c) sollten Sie nicht näher in Betracht ziehen: Zum einen kümmert sich `rcnetwork` (steht bei SUSE für `/etc/init.d/network`) i. d. R. um die Konfiguration der Netzwerk*hardware*, z. B. um die Zuordnung der IP-Nummer zur Netzwerkkarte, nicht aber um die Frage, welche Software welche Ports geöffnet hat. Zum anderen aber wird es wohl kaum notwendig sein, die Netzwerkkarte ab- und wieder anzuschalten (und bei der Gelegenheit Hunderten von Shell-Usern die SSH-Sitzung zu kappen oder Tausenden Usern den Webserver wegzuschalten), nur weil wir einen Dienst stoppen wollen.

Kümmern wir uns um Antworten b) und e); wenn Sie diese ernsthaft in die engere Wahl gezogen haben, sollten Sie sich nochmals eingehend mit Funktion und Aufgabe des `inetd` auseinander setzen. Zur Wiederholung: Der `inetd` sorgt doch gerade dafür, dass für den jeweiligen Dienst *kein* permanent gestarteter Daemon im Hintergrund laufen muss. Welchen Daemon wollen Sie also bei b) killen, bzw. welchen Telnet-Daemon wollen Sie mit dem Start-/Stop-Skript `rctelnetd` aus Antwort e) herunterfahren? Schauen Sie in die Prozessliste: Es gibt diesen Daemon gerade nicht dauerhaft gestartet, darum setzen wir `inetd` ja ein.

Es bleibt als einzig mögliche Antwort d), doch auch dazu einige kurze Erläuterungen. Der erste Teil ist klar: Wir ermitteln die Prozessnummer des

1.110 Sicherheit

inetd. Auch der zweite Teil sollte nach Frage 45 auf Seite 116 nichts Neues bieten: Durch `kill -HUP` senden wir Programmen das Signal, ihre Konfiguration neu einzulesen. Dabei wird sich der Prozess nicht vollständig beenden und neu starten, sondern dies im laufenden Betrieb erledigen (und z. B. bereits bestehende TCP/IP-Verbindungen weiter offen halten).

Gerade den `inetd`, hinter dem u. U. zahlreiche laufende Verbindungen stehen, sollte man nicht unnötig mit `/etc/init.d/inetd restart` herunterfahren und neu starten, sondern ihn besser mit `kill -HUP <pid>` im laufenden Betrieb aktualisieren. Genau das verbirgt sich übrigens hinter `/etc/init.d/inetd reload` – womit auch der Unterschied zwischen `restart` und `reload` geklärt ist.

1.110.2 Einen Rechner absichern [3]

Sie möchten Ihre Nutzer auf eine bevorstehende Abschaltung des Systems hinweisen, die in wenigen Tagen erfolgen soll. Wo können Sie einen entsprechenden Hinweistext platzieren, der dann beim Login automatisch angezeigt wird?

[ ]   a) `/etc/login.txt`

[ ]   b) `/etc/login`

[ ]   c) `/etc/nologin`

[ ]   d) `/etc/motd`

[ ]   e) `/etc/issue.txt`

Haben Sie in `/etc` schon einmal Dateien mit der Endung `.txt` entdeckt? Vermutlich nicht, insofern sind Antwort a) und e) eher ungewöhnlich – und auch falsch. Auch die Datei `/etc/login` existiert gewöhnlich nicht.

`/etc/nologin` ist hingegen verbreitet (und die sollten Sie kennen): Wenn diese Datei existiert, wird bei einem versuchten Login eines Nutzers der darin enthaltene Text ausgegeben – und der Login anschließend verweigert. Damit können Sie normale Nutzer *während* einer Systemwartung aussperren. Aber das ist nicht unsere Aufgabe, wir sollen die Nutzer ja nur auf eine bevorstehende Unterbrechung aufmerksam machen. Also ist c) hier falsch.

`/etc/motd` mag „merkwürdig" klingen, existiert aber: *message of the day*. Sie können dort einen kleinen Text hinterlegen, der dann beim Login eines Nutzers ausgegeben wird. Ob das nun intelligente Sprüche oder praktische Hinweise für den Tag sind, bleibt Ihnen überlassen.

Wenn Sie SUSE Linux einsetzen, ist Ihnen vielleicht schon einmal der Begrüßungstext *vor* dem Login-Prompt aufgefallen, z. B.:

```
Welcome to openSUSE 10.3 (i586) - Kernel 2.6.22.5-31-default (tty3).

linux login:
```

Dieser Text kommt aus der Datei `/etc/issue` (für die Konsole) bzw. `/etc/issue.net` (für Netz-Logins). Sie können ihn dort anpassen (um z. B. aus Sicherheitsgründen den Verweis auf SUSE und die Kernelversion herauszunehmen). Natürlich wäre auch das ein geeigneter Ort, um eine Warnmeldung über eine Abschaltung zu platzieren. Doch heißt die Datei `/etc/issue` oder `/etc/issue.net`, und nicht, wie in Antwort e) vorgegeben, `/etc/issue.txt`.

Folglich: Allein d) gibt hier die erhofften Punkte.

122

Welche Datei können Sie anlegen, damit sich andere Nutzer außer `root` vorübergehend nicht mehr einloggen können (z. B. während Wartungsarbeiten)? Geben Sie den vollständigen Pfad an.

Eine Wiederholung der vorherigen Frage – doch diesmal etwas tückisch verpackt als Fill-in-Antwort. Haben Sie sich die Erläuterungen gut gemerkt?

Wenn die Datei `/etc/nologin` existiert, dürfen sich normale Nutzer nicht einloggen und bekommen nur den darin enthaltenen Text angezeigt. Damit können Sie User-Logins temporär sperren und zugleich bequem einen Infotext mit angeben.

`root` darf sich weiterhin einloggen, andernfalls würde er sich ja leicht selbst aussperren. Sobald die Datei `/etc/nologin` wieder gelöscht ist, sind Logins sofort wieder zulässig.

Übrigens: Unter Umständen finden Sie auf einem System auch die Datei `/etc/nologin.txt`, die jedoch nicht mit `/etc/nologin` zu verwechseln ist. Der Inhalt von `/etc/nologin.txt` wird vom Programm `nologin` ausgewertet, das man gezielt bei deaktivierten Usern in der `/etc/passwd` als Login-Shell nutzen kann, um diese auszusperren.

Achtung: Es kann natürlich einzelne Dienste geben, die diese Datei nicht beachten und auswerten. Von allen Shell-Login-Diensten (Telnet, SSH) und auch Dateidiensten wie FTP wird sie üblicherweise aber beachtet.

1.110.3 Daten durch Verschlüsselung schützen [3]

Welches Programm ist unter Sicherheitsaspekten vorzugsweise zu benutzen, wenn Sie Dateien im Netz kopieren wollen?

[ ] a) `scp`

[ ] b) `ftp`

[ ] c) `rcp`

[ ] d) `ncp`

Früher verwendete man das Kommando `rlogin`, um sich auf anderen Rechnern einzuloggen und dort mit einer Shell zu arbeiten. Parallel sorgte `rcp` (*remote copy*) dafür, dass man Dateien von einem Host auf einen anderen über das Netzwerk kopieren konnte. `rlogin` und `rsh` gehören zur so genannten „r-Familie", deren Programme zur Authentifizierung auf der (leicht fälschbaren) IP-Nummer des Clients basieren und die aus heutiger Sicht sicherheitstechnisch absolut ungenügend sind.

Später wurde meist `telnet` für einen Shell-Login auf einen anderen Rechner genutzt – in Kombination mit `ftp`, um Dateien zwischen zwei Hosts zu übertragen. `telnet` und `ftp` setzen auf eine Username/Kennwort-Authentifizierung und nicht mehr wie die r-Familie auf die IP-Nummer des Clients. Das Problem dabei: Die Übertragung dieser beiden Dienste erfolgt im Klartext, d. h., ein Angreifer kann problemlos Username und Kennwort ausspionieren, sämtliche Kommandos mitlesen und auch recht einfach eine Telnet-Sitzung mit root-Rechten „entführen" (*hijacken*), also eigene Kommandos an die root-Shell einer bestehenden Telnet-Sitzung schicken (die dann auch mit root-Rechten ausgeführt werden!).

Heute sollte man deshalb auf `ssh` zurückgreifen, das sowohl eine passwort- als auch eine schlüsselbasierte Authentifizierung erlaubt. `ssh` ist also eine Art „verschlüsseltes Telnet" – mit dem Erfolg, dass SSH-Sitzungen auch nicht einfach abgehört und gehijackt werden können. Um nun Dateien über das Netz zu kopieren, bietet sich `scp` an (*secure copy*). Es gibt zwar auch ein `sftp`, ein verschlüsseltes secure-ftp, doch ist dieses kaum im Einsatz.

Richtig ist somit Antwort a), und mit `scp` werden wir uns in der nächsten Frage noch näher beschäftigen.

124

Welcher Aufruf kopiert `/root/datei.txt` **auf den Host** `remotehost` **ins** `/tmp`**-Verzeichnis?**

[ ] a) `scp datei.txt /tmp @remotehost`

[ ] b) `scp datei.txt@localhost remotehost:/tmp`

[ ] c) `scp /root/datei.txt user@remotehost:/tmp`

[ ] d) `scp -s /root/datei.txt -d remotehost2:/tmp`

`scp` wird im Grunde wie `cp` benutzt: Der erste Parameter ist die Quelle, der zweite Parameter das Ziel des Kopiervorgangs. Da `scp` aber mittels SSH über das Netzwerk kopiert, geben wir bei einem der beiden Parameter zudem den Hostnamen bzw. die IP-Nummer des Hosts an – vom Dateipfad durch einen Doppelpunkt getrennt.

Sollten wir uns auf dem anderen Rechner unter einer anderen User-ID einloggen wollen, so können wir dem Hostnamen den gewünschten Usernamen durch ein „@" voranstellen:

```
linux:~ # scp /root/datei.txt user@remotehost:/tmp
```

Beachten Sie also die Variante b):

```
linux:~ # scp datei.txt@localhost remotehost:/tmp
```

Dieses Kommando kann so nicht funkionieren, denn `datei.txt` würde hier ja den Usernamen darstellen.

Richtig ist darum allein Antwort c).

1.110.3 Daten durch Verschlüsselung schützen [3]

Mit welchem Befehl können Sie einen Schlüssel erzeugen, den Sie auf dem Server hinterlegen, um sich zukünftig passwortfrei per SSH einzuloggen?

[ ] a) `ssh-keygen -t dsa`

[ ] b) `ssh -mkey dsa`

[ ] c) `sshd -ckey dsa`

[ ] d) `ssh -key -t dsa`

[ ] e) `ssh newcert=dsa`

Gehen wir davon aus, dass Ihnen die grundlegende Bedienung von SSH bekannt ist. Wir klären darum nur einige Punkte, die möglicherweise nicht so präsent sind, da sie eher selten eingesetzt werden:

- Üblicherweise kann sich jeder Nutzer mit Username und Kennwort anmelden. Es gibt die Möglichkeit, `root` den Login grundsätzlich zu untersagen, wenn man `PermitRootLogin no` in `/etc/ssh/sshd_config` einträgt.

- Auch SSH wertet die Datei `/etc/nologin` aus; existiert sie, wird der Login für alle Nutzer außer `root` verweigert.

- Früher wurden Programme der sog. „r-Familie" (`rlogin`, `rcp` etc.) für einen Netzlogin genutzt, die jedoch nicht nur aufgrund der unverschlüsselten Übertragung, sondern auch aufgrund der Authentifizierung über eine Datei namens `.rhosts` sehr unsicher waren. Von sämtlichen in `~/.rhosts` eingetragenen Hostnamen/IP-Adressen wurde diesem Nutzer ein passwortfreier Login ermöglicht. SSH *kann* auch `.rhosts` auswerten, doch will man das ausdrücklich nicht. In der Config-Datei des Servers steht also aus sehr guten Gründen `IgnoreRhosts yes`.

- Der SSH-Daemon wird anders als `telnetd` i. d. R. nicht über den `inetd` oder xinetd gestartet, sondern als Standalone-Daemon. Dennoch können Sie den TCP-Wrapper über Einträge in `/etc/hosts.allow` und `hosts.deny` nutzen. SSH wertet diese selbst aus (siehe Frage 118, Seite 290).

- Möchte man einen bequemen Login auf einem anderen Rechner, so kann sich jeder Nutzer über den Aufruf `ssh-keygen -t dsa` einen eigenen

Schlüssel erzeugen, der in `~/ssh/id_dsa` gespeichert wird (*Private/Secret Key*). Parallel wird auch `~/.ssh/id_dsa.pub` erzeugt (*Public Key*). Wird dieser Public Key auf einem anderen Server in `~/.ssh/authorized_keys` hinterlegt, kann sich der Nutzer in Zukunft über seinen Private Key authentifizieren und sich ohne Passworteingabe auf dem anderen Host einloggen.

Richtig ist hier also Antwort a).

- Übung macht wie immer den Meister: Probieren Sie `ssh-keygen` (`man ssh-keygen`) und `/etc/nologin` und werfen Sie einen Blick in `/etc/ssh/sshd_config`.

- Wenn Sie ein kleines Netz zur Verfügung haben, sollten Sie versuchen, einen der Hosts über `/etc/hosts.allow` oder `/etc/hosts.deny` auszusperren.

Thema 110: Sicherheit

110.1 Administrationsaufgaben für Sicherheit durchführen

Gewichtung: 3
Beschreibung: Kandidaten sollten wissen, wie sie die Systemkonfiguration prüfen, um die Sicherheit des Rechners in Übereinstimmung mit örtlichen Sicherheitsrichtlinien zu gewährleisten.

Wichtigste Wissensgebiete:
- Ein System nach Dateien mit gesetztem SUID/SGID-Bit durchsuchen
- Benutzerkennwörter und den Verfall von Kennwörtern setzen oder ändern
- Mit nmap und netstat offene Ports auf einem System finden können
- Grenzen für Benutzeranmeldungen, Prozesse und Speicherverbrauch setzen
- Grundlegende Konfiguration und Gebrauch von sudo

Liste wichtiger Dateien, Verzeichnisse und Anwendungen:
```
find
passwd
lsof
nmap
chage
netstat
sudo
/etc/sudoers
su
usermod
ulimit
```

110.2 Einen Rechner absichern

Gewichtung: 3
Beschreibung: Kandidaten sollten wissen, wie sie eine grundlegende Rechnersicherheit konfigurieren können.

Wichtigste Wissensgebiete:
- Kenntnisse über Shadow-Kennwörter und wie sie funktionieren
- Nicht verwendete Netzdienste abschalten
- Die Rolle der TCP-Wrapper verstehen

Liste wichtiger Dateien, Verzeichnisse und Anwendungen:
```
/etc/nologin
/etc/passwd
/etc/shadow
/etc/xinetd.d/*
/etc/xinetd.conf
/etc/inet.d/*
/etc/inetd.conf
/etc/inittab
/etc/init.d/*
/etc/hosts.allow
/etc/hosts.deny
```

110.3 Daten durch Verschlüsselung schützen

Gewichtung: 3

Beschreibung: Der Kandidat sollte in der Lage sein, Public-Key-Techniken zum Schutz von Daten und Kommunikation einzusetzen.

Wichtigste Wissensgebiete:
- Einen OpenSSH-2-Client grundlegend konfigurieren und verwenden
- Die Rolle von OpenSSH-2-Rechnerschlüsseln verstehen
- GnuPG grundlegend konfigurieren und verwenden
- SSH-Port-Tunnel (auch X11-Tunnel) verstehen

Liste wichtiger Dateien, Verzeichnisse und Anwendungen:
```
ssh
ssh-keygen
ssh-agent
ssh-add
~/.ssh/id_rsa und id_rsa.pub
~/.ssh/id_dsa und id_dsa.pub
/etc/ssh/ssh_host_rsa_key und ssh_host_rsa_key.pub
/etc/ssh/ssh_host_dsa_key und ssh_host_dsa_key.pub
~/.ssh/authorized_keys
/etc/ssh_known_hosts
gpg
~/.gnupg/*
```

Anhang

A

Übungsaufgaben

Im Folgenden finden Sie eine kleine Sammlung von Übungsaufgaben, von denen sich einige auf konkrete Testfragen beziehen, andere jedoch ein Problem in einen größeren (praktischen) Zusammenhang stellen.

Die Übungen sollen Ihnen Anreiz geben, sich mit einem bestimmten Thema intensiver zu beschäftigen. Nicht mehr, nicht weniger. Suchen Sie also nicht unbedingt nach einem tieferen Sinn, denn den gibt es unter Umständen nicht. So kann es durchaus um Szenarien aus der Admin-Praxis gehen („Quotas" oder „NFS"), aber auch sinnfreie Spaßaufgaben („GNU-Tools 2: Zeitungslayout") sind dabei, wobei gerade der Lerneffekt bei letzeren nicht zu unterschätzen ist, zeigen sie doch, wie mächtig die Shell mit ihren vielen kleinen Tools ist.

Hier geht es nicht um die perfekte Umsetzung – sehen Sie das Folgende einfach als Spielwiese zum Experimentieren und zum Knobeln. Lesen Sie bitte nicht gleich die Lösungen, sondern setzen Sie sich an die Tastatur und schauen Sie sich an, worum es in diesen Aufgaben jeweils geht. Achten Sie dabei vor allem auf die Stolperstellen und studieren Sie im Zweifel immer auch die Man-Pages oder durchsuchen Sie das Web nach passenden Anleitungen, Howtos und anderen Dokumentationen.

A.1 Quotas einrichten

Setzen Sie ein Quota-System auf. Sie können dazu eine ungenutzte oder auch eine genutzte Linux-Partition in Ihrem System verwenden. Installieren Sie ggf. die nötigen Quota-Packages. Keine Angst, Sie können Quotas anschließend problemlos wieder deaktivieren und alle Einstellungen rückgängig machen.

Hilfestellung: Eine Kurzanleitung ist in Frage 56 auf Seite 147 vorgegeben. Auch im Netz finden sich zahlreiche Howtos, die allerdings oft veraltet sind: Kernel-Patches o. Ä. sind heutzutage nicht mehr nötig, denn die Distributionen haben in der Regel alles bereits vorbereitet.

Zur Lösung: Quotas gelten immer für ganze Partitionen und müssen durch die Mount-Option `usrquota` für Benutzerquotas und/oder `grpquota` für Gruppenquotas in der Datei `/etc/fstab` aktiviert werden.

```
/dev/hda5         /         reiserfs      defaults,usrquota     1 1
```

Danach muss die Partition neu gemountet werden

```
linux:~ # mount -o remount /
```

Nun müssen die Quotas einmalig initialisiert werden. Neben dem Zählen des verbrauchten Speicherplatzes wird dabei auch die Datei `aquota.user` im Wurzelverzeichnis der Partition angelegt.

```
linux:~ # quotacheck -avug
```

Jetzt kann man den Quotamechanismus aktivieren:

```
linux:~ # quotaon /
```

Mit dem Befehl `edquota`, gefolgt von einem Benutzernamen, lassen sich die Quotas für den betreffenden Benutzer setzen.

```
linux:~ # edquota peer

Disk quotas for user peer (uid 1001):
  Filesystem      blocks     soft      hard       inodes     soft      hard
  /dev/hda5           74        0         0           23        0         0
```

A.1 Quotas einrichten

Die ersten beiden Spalten zeigen die Partition an, auf der die Quotas eingerichtet sind, und die Anzahl der zur Zeit verbrauchten Blöcke (in der Regel in Kilobytes). In den beiden folgenden Spalten kann man die Soft- und Hardlimits für den Speicherplatz angeben. Das Softlimit kann kurzzeitig überschritten werden, das Hardlimit jedoch nie. Die drei letzten Spalten erlauben die gleichen Einstellungen für Inodes.

Um die Quotas für einen Benutzer zu ändern, genügt es, die Spalten zu editieren. Eine „0" bedeutet, dass keine Quotas gesetzt sind. In diesem Beispiel wird ein Softlimit von 5000 kB und ein Hardlimit von 7500 kB gesetzt.

```
Disk quotas for user peer (uid 1001):
Filesystem      blocks    soft    hard    inodes   soft    hard
/dev/hda5           74    5000    7500        23      0       0
```

Der Befehl `repquota` dient dem Auslesen aller Quotas.

```
linux:~ # repquota -a
*** Report for user quotas on device /dev/hda5
Block grace time: 7days; Inode grace time: 7days
                        Block limits                   File limits
User            used    soft    hard   grace    used   soft   hard   grace
----------------------------------------------------------------------------
root        -- 2443081     0       0           99647      0      0
lp          --      55     0       0              18      0      0
mail        --       1     0       0               1      0      0
news        --       1     0       0               6      0      0
uucp        --       1     0       0               2      0      0
games       --    6993     0       0             179      0      0
man         --    1302     0       0             999      0      0
at          --       1     0       0               3      0      0
wwwrun      --       1     0       0               1      0      0
postfix     --       2     0       0              39      0      0
ntp         --      17     0       0               5      0      0
mdnsd       --       1     0       0               6      0      0
messagebus  --       1     0       0               1      0      0
haldaemon   --       1     0       0               1      0      0
nobody      --       1     0       0               1      0      0
peer        --      74  5000    7500              23      0      0
```

Die einzelnen Benutzer können sich mit dem Befehl `quota` über den aktuellen Stand informieren.

```
user@linux:~$ quota
Disk quotas for user peer (uid 1001):
     Filesystem  blocks   quota   limit   grace   files   quota   limit   grace
     /dev/hda5       74    5000    7500              23       0       0
```

Übungsaufgaben

A.2 GNU-Tools 1: Plattencheck

Schreiben Sie ein kleines Skript: Auf „/" soll der freie Festplattenplatz geprüft werden. Ist die Platte zu mehr als 90% gefüllt, soll eine Warnung per E-Mail an den Administrator geschickt werden. Programmieren Sie sauber – es gibt mehrere Partitionen, hier soll nur „/" überwacht werden. Damit das Skript auch auf andere PCs ohne Anpassungen übertragen werden kann, sollen Sie nicht nach dem Device-Namen (z. B. /dev/hda3) suchen, sondern wirklich nach „/"!

Hilfestellung: df, du, grep, head, tail, cut, if-then

Aufgabenvariante: Nehmen sie nicht cut, sondern lieber sed oder awk oder setzen Sie reguläre Ausdrücke ein.

Zur Lösung: Es gibt viele Wege, um an diese Aufgabe heranzugehen. Welchen Sie wählen, spielt im Sinne dieses Buches keine Rolle, solange Sie die hier genannten Tools einsetzen.

Ein möglicher Weg sei hier beschrieben: Mittels df wird zunächst der freie Platz ermittelt. Allerdings gibt df immer auch einen Kopf mit Spaltenbeschreibungen aus:

```
user@linux:~$ df -h
Filesystem           Size  Used Avail Use% Mounted on
/dev/hda5            6.6G  4.5G  2.1G  69% /
tmpfs                252M   12K  252M   1% /dev/shm
```

Selbst wenn df gleich die gewünschte Partition angibt, ist diese Kopfzeile mit dabei:

```
user@linux:~$ df -h /
Filesystem           Size  Used Avail Use% Mounted on
/dev/hda5            6.6G  4.5G  2.1G  69% /
```

Nun gibt es zwei Varianten: Entweder wir schneiden die letzte Zeile aus:

```
user@linux:~$ df -h / | tail -1
/dev/hda5            6.6G  4.5G  2.1G  69% /
```

oder wir greppen nach der Partition. Problem hier: Nach hda2 sollte nicht gegreppt werden, ein „/" ist ein undankbares Kriterium, weil es in jeder Zeile vorkommt. Wonach suchen wir also? Nach einem „/" *am Zeilenende*! Mittels RegExp ist dies möglich, denn das $ steht ja für das Zeilenende (siehe Seite 119):

```
user@linux:~$ df -h | grep /$
/dev/hda5            6.6G  4.5G  2.1G  69% /
```

Nun muss die Prozentangabe ausgeschnitten werden. Etwas unsauber könnte man hier cut benutzen:

```
user@linux:~$ df -h | grep /$ | cut -c 40-42
69
```

Unsauber deshalb, weil sich bei sehr langen Device-Namen (z. B. beim Einsatz von LVM) die Lage der Spalte verschieben könnte. Sauber wäre es, hier awk zu Hilfe zu nehmen, um ganz direkt die 5. Spalte auszuschneiden. Anschließend müsste man sich nur noch darum kümmern, das Prozentzeichen zu entfernen:

```
user@linux:~$ df -h | awk '{ print $5 }'
69%
```

Auch sed wäre möglich – indem wir alles um die Prozentangabe herum ausschneiden (dieses Wissen verlangt LPI allerdings nicht mehr für Level 1):

```
user@linux:~$ df -h | sed -e 's/.* \(.*\)%.*/\1/g'
69
```

Perfekt wäre natürlich noch ein richtiger Status-Bericht, der auch genaue Angaben zum Hostnamen und zum genauen Füllstand der Platte enthält. Mittels eines HERE-Dokuments ist das möglich (siehe Seite 105).

```
HDMINFREE=90
KBISFREE=`df | grep /$ | cut -b 52-54`
INODEISFREE=`df -i | grep /$ | cut -b 47-49`
if [ $KBISFREE -ge $HDMINFREE -o $INODEISFREE -ge $HDMINFREE ] ; then
   cat << EOM | mail webmaster@tux.de
   Subject: Warnung -- Festplatte voll

   Achtung! Auf `uname` droht die Festplatte vollzulaufen!

   Auslastung nach KBytes: $KBISFREE
   Auslastung nach Inodes: $INODEISFREE
   EOM

fi
```

A.3 Bedingte Kommandoverknüpfungen

Schreiben Sie ein Skript, das prüft, ob der Webserver Apache noch läuft. Wenn nein, soll er neu gestartet werden – schlägt der Start fehl, soll eine Mail an den Administrator gehen. Versuchen Sie das Skript fein und schlank

Übungsaufgaben

zu bauen und nutzen Sie die technischen Tricks, die Ihnen die Shell ermöglicht.

Hilfestellung: `rcapache2 status`, `if-then` oder auch `&&` oder `||`

Aufgabenvariante: Download-Check mit `wget` (nicht LPI-relevant)

Zur Lösung: Das Hauptproblem dieser Ausgabe liegt darin herauszufinden, ob Apache (oder ein beliebiger anderer Daemon) läuft. Eine Möglichkeit wäre es, die Prozessliste danach zu durchsuchen. Doch Vorsicht: Auch wenn Sie Prozesse finden, die `httpd` oder `httpd2` im Namen haben, so müssen das noch lange nicht die Apache-Prozesse sein. Man müsste sicherstellen, dass man nicht einen Prozess wie `joe httpd.conf` versehentlich mitgreppt.

Einfacher ist es, das Startskript des Apache zu nutzen: `rcapache2 status` ist grundsätzlich auf allen relevanten Distributionen möglich – bei Debian ist das Skript als `/etc/init.d/apache2 status` aufzurufen:

```
linux:~ # rcapache status
Checking for httpd2:                                              running
```

Nun könnte man in dieser Ausgabe nach `running` greppen, um dann nachzuzählen, ob das Ergebnis mehr als eine Zeile lang ist:

```
linux:~ # [ `rcapache2 status | grep running | wc -l` -gt 0 ] && \
echo "Server läuft"
```

Aber das ist viel zu kompliziert! Erinnern Sie sich an die Ausführungen zur Kommandoverknüpfung auf Seite 104. Dort haben wir gesehen, dass jedes Kommando einen Exitcode an die Shell zurückgibt. Ein Wert von 0 entspricht einem binärlogischen TRUE und einem erfolgreichen Ende; jeder andere Wert entspricht einem binärlogischen FALSE und einem Fehler.

Auch `rcapache2 status` liefert ein TRUE oder FALSE zurück. Wir können es so direkt nicht sehen – aber sichtbar machen: Entweder durch eine If-Abfrage oder durch die direkte Auswertung mittels `&&` oder `||`:

```
linux:~ # rcapache start
Starting httpd2 (prefork)                                           done
linux:~ # rcapache status && echo "Apache läuft"
Checking for httpd2:                                              running
Apache läuft
linux:~ # rcapache stop
Shutting down httpd2 (waiting for all children to terminate)        done
linux:~ # rcapache status &&  echo "Apache läuft"
Checking for httpd2:                                               unused
linux:~ #
```

Oder wenn wir die Abfrage negieren:

A.3 Bedingte Kommandoverknüpfungen

```
linux:~ # rcapache start
Starting httpd2 (prefork)                                    done
linux:~ # rcapache status || echo "Apache läuft nicht"
Checking for httpd2:                                         running
linux:~ # rcapache stop
Shutting down httpd2 (waiting for all children to terminate) done
linux:~ # rcapache status || echo "Apache läuft nicht"
Checking for httpd2:                                         unused
Apache läuft nicht
linux:~ #
```

Nach diesen Überlegungen ist der nächste Schritt nicht weit: Wir bauen den Aufruf in eine if-Abfrage ein. Die viel zu komplizierte Fassung:

```
if rcapache2 status = true ; then
    echo "Apache läuft"
else
    echo "Apache läuft nicht!"
fi
```

Viel einfacher und charmanter ist jedoch:

```
if rcapache2 status ; then
    echo "Apache läuft"
else
    echo "Apache läuft nicht!"
fi
```

Das reicht völlig aus: rcapache status liefert hier ein direktes TRUE oder FALSE, und das können wir so direkt in der if-Abfrage auswerten.

Damit haben wir die wesentlichen Erkenntnisse zu dieser Aufgabe bereits gewonnen, uns nochmal mit der Kommandoverknüpfung beschäftigt und etwas Übung in den if-Abfragen bekommen.

Hier eine Musterlösung, wie sie auch auf den Servern in der Firma des Autors im Einsatz ist. Sie verzichtet auf rcapache2 status und lädt per wget eine bestimmte Datei vom Server. Die Programmlogik unterscheidet sich nicht von der bisher gezeigten, das Skript hat aber den Vorteil zu prüfen, ob der Apache nicht nur läuft, sondern auch *funktioniert*. Außerdem wird exakter geprüft, ob sich der Häuptling im Fehlerfalle auch erfolgreich wieder starten ließ. Im Falle einer defekten Konfiguration könnte das ja auch fehlschlagen.

```
if ! wget --delete-after -t 1 -T 10 http://www.jpberlin.de/checkfile ;
    then /usr/sbin/rcapache2 stop
    pkill -9 httpd2
    sleep 10
    if /usr/sbin/rcapache2 start ; then
```

```
        echo "apache erfolgreich neugestartet" | nail -s Webserver_neugest
artet -r www@jpberlin.de support@jpberlin.de
    else
        date "+Apache konnte um %H:%M Uhr nicht erfolgreich gestartet werd
en"| nail -s webserver_down -r www@jpberlin.de support@jpberlin.de
    fi
fi
```

A.4 GNU-Tools 2: Zeitungslayout

Hier wollen wir ein wenig „Layout" betreiben und einen zweispaltigen Text generieren. Nehmen Sie sich eine lange Textdatei mit viel Fließtext und formatieren Sie sie auf 36 Zeichen Zeilenbreite.

Schneiden Sie sie dann in zwei gleich lange Teile, die sie, durch Tabulatoren getrennt, anschließend nebeneinander setzen. Das Tab-Zeichen soll dafür sorgen, dass die zweite Textspalte in Spalte 40 einer jeden Zeile beginnt. Möglicherweise werden einige Zeilen durch den Tabulator verschoben; das soll nicht weiter stören, denn hier geht es ums Prinzip.

Hilfestellung: `fmt`, `wc`, `split`, `paste`, `expand` (in dieser Reihenfolge)

Schritt 1: Formatieren Sie den Text auf 36 Zeichen Spaltenbreite, und zwar mit `fmt`.

```
user@linux:~$ fmt -36 /usr/share/doc/packages/frozen-bubbles/COPYING > \
tmp1
user@linux:~$ tail tmp1
[...]
the library.  If this is what you
want to do, use the GNU Library
General Public License instead of
this License.
user@linux:~$
```

Schritt 2: Zählen Sie die Zeilenzahl.

```
user@linux:~$ wc -l tmp1
653 tmp1
user@linux:~$
```

Schritt 3: Teilen Sie den Text in zwei Hälften.

```
user@linux:~$ split -l 327 tmp1
user@linux:~$ ls
tmp1
xaa
xab
user@linux:~$
```

Schritt 4: „Kleben" Sie ihn wieder zweispaltig zusammen.

```
user@linux:~$ paste xaa xab > tmp2
user@linux:~$ tail tmp2
access to copy the source code       proprietary applications with
from the same place counts as        the library.  If this is what you
distribution of the source code,     want to do, use the GNU Library
even though third parties are not    General Public License instead of
compelled to copy the source along   this License.
with the object code.
user@linux:~$
```

Schritt 5: Ersetzen Sie die Tabulatoren durch Leerzeichen und sorgen Sie für einen einheitlichen Tabulator in Spalte 40.

```
user@linux:~$ expand -t40 tmp2 > final.txt
user@linux:~$ tail final.txt
access to copy the source code          proprietary applications with
from the same place counts as           the library.  If this is what you
distribution of the source code,        want to do, use the GNU Library
even though third parties are not       General Public License instead of
compelled to copy the source along      this License.
with the object code.
user@linux:~$
```

A.5 GNU-Tools 3: Wortstatistik

Wie viele unterschiedliche Wörter hat der Text aus der vorherigen Aufgabe? Es gibt viele mögliche Lösungswege für diese Aufgabe, hier soll `sed` der Helfer sein.

Achtung: `wc -w` hilft nicht weiter – es geht um *unterschiedliche*, nicht um einzelne Wörter!

Hilfestellung: `sed, sort, uniq, wc`

Zur Lösung: Diese kleine Aufgabe ist schnell geklärt, insbesondere mit der immer wieder hilfreichen Suche-Ersetze-Funktion von `sed`.

Schritt 1: Ersetzen Sie alle Leerzeichen durch Zeilenumbrüche (\n). Vorsicht: Sie brauchen den Parameter g (global), damit `sed` auch alle Leerzeichen einer Zeile ersetzt – und nicht nur das jeweils erste Leerzeichen:

Übungsaufgaben

```
user@linux:~$ sed "s/\ /\n/g" final.txt
[...]
Public
License
instead
of
this
License.
user@linux:~$
```

Schritt 2: Filtern Sie doppelte Wörter heraus. Vorsicht: `uniq` erwartet einen sortierten Text und findet nur aufeinander folgende Dubletten:

```
user@linux:~$ sed "s/\ /\n/g" final.txt | sort | uniq
[...]
You
YOU
YOU.
your
Your
Yoyodyne,
user@linux:~$
```

Schritt 3: Jetzt genügt es, die Zeilen zu zählen, und sie wissen, wie viele Wörter der Text hat:

```
user@linux:~$ sed "s/\ /\n/g" final.txt | sort | uniq | wc -l
966
```

Kleine Ungenauigkeiten bleiben allerdings noch: Leerzeichen, Gedankenstriche und Satzzeichen verfälschen das Ergebnis ebenso wie die Unterscheidung von Groß- und Kleinschreibung.

Im Sinne der LPI-Inhalte, um die es hier ja vornehmlich geht, ist das tolerierbar. Wer es perfekt haben will, der könnte noch aufräumen. Mit `sed` können wir nach Buchstaben suchen, die *nicht* zum Alphabet gehören – diese ersetzen wir durch *nichts*. Zuletzt muss `uniq` noch angewiesen werden, die Groß- und Kleinschreibung zu ignorieren:

```
user@linux:~$ sed "s/\ /\n/g" tmp1 | sed s/[^a-zA-Z]//g | \
sort | uniq -i
```

RegExp kennt auch *Character Classes*, die übrigens auf `man 1 awk` übersichtlich zusammengefasst sind. `[:alpha:]` bezeichnet Zeichen des Alphabets – umfasst dabei aber auch nationale Sonderzeichen und Umlaute! Im Deutschen entspricht der Ausdruck darum `[a-zA-ZäöüÄÖÜß]` und nicht nur `[a-zA-Z]`!

Übrigens: Der Ausdruck [:space:] umfasst auch Tabulatoren, Formfeeds und andere vergleichbare Zeichen – und wäre darum auch in unserem allerersten Schritt die bessere Wahl gewesen. Die genauere Variante lautet also:

```
user@linux:~$ sed "s/[[:space:]]/\n/g" tmp1 | sed s/[^[:alpha:]]//g | \
sort | uniq -i
user@linux:~$
```

Auch dieser Ausdruck ist noch zu kompliziert. Denn [^[:alpha:]] sind ja alle Zeichen, die *nicht* zum Alphabet gehören – dazu gehören auch die Leerzeichen, die wir anfangs extra durch [:space:] durch einen Zeilenumbruch ersetzt haben. Das lässt sich in einem Schritt zusammenfassen:

```
user@linux:~$ sed "s/[^[:alpha:]]/\n/g" tmp1 | sort | uniq -i
user@linux:~$
```

Statt sed hätten wir auch das Tool tr (*translate*) nutzen können. Es ersetzt Buchstaben aus einer ersten Gruppe durch den jeweils passenden Buchstaben der zweiten Gruppe:

```
user@linux:~$ echo "Hallo 1 2 3 4" | tr a24 ä90
Hällo 1 9 3 0
```

tr ist damit gut geeignet, um Wortgruppen zu ersetzen:

```
linux:~ # echo Hallo BIG BOSS | tr [:upper:] [:lower:]
hallo big boss
```

oder in unserem Fall:

```
user@linux:~$ tr -c [:alpha:] \\n < tmp1 | sort | uniq -i
```

A.6 GNU-Tools 4: Raus aus der Mitte

Wie schneiden Sie aus einem Text (hier im Beispiel die Lizenzbestimmungen einer Software in einer COPYING-Datei) die Zeilen 30 bis 50 heraus?

Zur Lösung: Schneiden Sie die ersten 50 Zeilen aus:

```
user@linux:~$ head -n 50 /usr/share/aptitude/COPYING > tmp1
user@linux:~$
```

Und nehmen Sie dann die letzten 21 Zeilen:

```
user@linux:~$ tail -n 21 < tmp1 > final.txt
user@linux:~$
```

Noch einfacher geht es in einer Zeile:

```
linux:~ # head -n 50 /usr/share/aptitude/COPYING | tail -n 21 > final.txt
linux:~ #
```

A.7 GNU-Tools 5: Frisch gelesen ist gut geprüft

Lesen Sie zu allen auf Seite 95 genannten Tools die Man-Pages. Sie müssen von allen dort genannten Tools mindestens ihre Funktion kennen (`nl`, `od`, `join`, `paste`, `fmt`, `pr`, `tr`, `tac`), von den anderen auch die wichtigsten Aufrufparameter.

Zur Lösung: Eine Lösung dieser Aufgabe gibt es natürlich nicht. Betrachten Sie sie als eindringlichen Appell.

A.8 Einen eigenen Runlevel einrichten

Je nach Distribution sind die Runlevel verschieden belegt. Üblicherweise werden Runlevel 3 und 5 benutzt, Runlevel 4 ist jedoch meist frei. Wie auch immer – nehmen Sie einen freien Runlevel Ihrer Distribution und richten Sie dort einen Runlevel „Netzwerkclient" ein, also „Multiuser mit Netzwerkunterstützung", doch sollen Dienste wie Apache, Postfix, NFS-Server und andere Serverdienste abgeschaltet sein.

Hilfestellung: Frage 9, Seite 41.

Zur Lösung: In `/etc/init.d` liegen üblicherweise die Start-/Stop-Skripte einer jeden Distribution. Damit ist allerdings noch nicht definiert, welche Dienste in welchem Runlevel gestartet werden. Das legen die Verzeichnisse `rc1.d`, `rc2.d`, `rc3.d` usw. fest, die ebenfalls in `/etc/init.d` oder auch direkt in `/etc` liegen.

Werfen Sie einen Blick hinein, wenn Sie sich das noch nie angeschaut haben – hier finden sich zahlreiche Symlinks, die auf die „echten" Start-/Stop-Skripte verweisen. Symlinks, die mit S beginnen, werden beim Start eines Runlevel ausgeführt, die Symlinks mit K beim Beenden eines Runlevel. Die Nummer dahinter legt die Reihenfolge fest.

Sie werden auch leere Runlevel-Verzeichnisse finden – häufig z. B. Runlevel 4, also `rc4.d`. Den können Sie nutzen, um eigene Runlevel-Definitionen anzulegen. Für diese Aufgabe ist es wohl am einfachsten, ein möglichst passendes Runlevel-Verzeichnis zu kopieren (z. B. „Multiuser mit Netzwerk") und dann einfach die unerwünschten Dienste durch Löschen der S- und K-Symlinks zu deaktivieren.

Beim Start des Systems wird das Programm `init` gestartet. Es geht zuerst durch das Verzeichnis `boot.b` und startet alle dort liegenden Skripte: Darüber hinaus werden auch das Mounten der Festplatten, die Konfiguration von Hardwarediensten wie `hotplug` oder die grundsätzliche Netzwerkkonfiguration mit der IP 127.0.0.1 erledigt. Anschließend wechselt `init` in den Default-Runlevel: Der ist in `/etc/inittab` festgelegt – wir erinnern uns an Frage 9 auf Seite 41.

Dass alle nachfolgenden Dienste – auch die Login-Shells – von `init` gestartet wurden, lässt sich übrigens schnell durch die Ausgabe des Kommandos `pstree` nachvollziehen.

A.9 Die Firewall des kleinen Mannes

Sperren Sie das Login per SSH von einigen, aber nicht allen Laptops. Allerdings nicht über Firewallregeln mittels `iptables`, sondern über die TCP-Wrapper-Bibliothek.

Hilfestellung: Frage 118 und vor allem auch `man 5 host_access` – nicht zu verwechseln mit `man 3 hosts_access`! OpenSSH ist gegen die TCP-Wrapper-Bibliothek bereits verlinkt. Der Einsatz des `tcpd` ist darum nicht explizit nötig, OpenSSH wertet die Dateien `hosts.allow` und `hosts.deny` selbst aus!

Zur Lösung: Die angegebene Frage und auch der Verweis auf die Man-Page sollten als Hilfe genügen; wieder geht es darum, das Verfahren einmal selbst in die Praxis umzusetzen.

A.10 Mehrere IP-Nummern einrichten

Vergeben Sie für ein Netzwerkinterface eine zweite („virtuelle") IP-Nummer – natürlich mittels `ifconfig` auf der Shell, und nicht etwa per YaST o. Ä.

Vergeben Sie dafür eine IP aus dem Klasse-B-Netz 10.209.0.0/16. Achten Sie auf die Definition einer richtigen Broadcast-Adresse und Subnetzmaske!

Wenn Sie möchten, können Sie von einem zweiten Rechner aus testen, ob alles klappt.

Hilfestellung: Frage 106 und ggf. auch Frage 101

Zur Lösung: Die Aufgabe ist vergleichsweise einfach – wenn man sich etwas mit `ifconfig` beschäftigt hat und die Syntax beherrscht. Virtuelle Interfaces sind durch einen Zusatz zum „echten" Gerätenamen gekennzeichnet:

Übungsaufgaben

Statt eth0 heißt es dann eben eth0:1, eth0:2 oder auch eth0:text. Darüber hinaus unterscheidet sich das Vorgehen im Grunde nicht von der Vergabe „normaler" IP-Nummern:

```
ifconfig eth0:1 10.209.0.50 netmask 255.255.0.0 broadcast 10.209.255.255
```

Schauen Sie sich die fertige Konfiguration mittels ifconfig an und werfen Sie auch einen Blick auf die Ausgabe von route!

Index

A

AccessX 205
ACPI 40
AfterStep 199
alias 34
aliases 238
alien 65
ALTER TABLE (SQL) 190
Angoff-Methode 14
Apache 311
append only 155
apropos 87
apsfilter 242
apt-cache 65
apt-get 65
aptitude 65
aquota 148
async 143
at 222
atime 143, 164
awk 310

B

Background-Prozesse 114
Bash
    bash.bashrc 178
    Funktionen 146
    history 85
    noclobber 107
    Signale 111, 116, 295
bash
    Funktionen 180
bg 112
Bibliotheken
    dynamische 63

Bildschirmlupe 205
Bind 268
BIOS 28, 37
blackbox 199
Boot-Loader 37
Boot-Manager 56, 58
Boot-Prozess 37
booten
    ohne Tastatur 28
Bounce Keys 205
Braille-Zeile 205
Brute Force Angriff 291
Buffer Overflow 291
bzip2 100

C

cat 95
chattr 154, 155
chmod 155, 157
CMOS-Uhr 230
compressed 155
cp 96, 160, 161
cron 219
ctime 164
CTRL-Z 111
ctwm 199
cups 239
cut 95, 310

D

date 230
Dateifilter 242
Dateimanager 198
Dateirechte 150
DBUS 32

Index

deb-Pakete 65, 68
decompress 98
DELETE FROM (SQL) 188
depmod 34
Descriptor Table 57
Desktop-Environment-Manager 198
dev 143
Devices 168, 169
df 136, 138, 310
dig 274
DISPLAY 201
Displaymanager 198, 203
dmesg 38
DNS 274
    Timeout 272
dns 258
domain 258
dpkg 65, 68
DROP (SQL) 188
Druckerfilter 242
Drucksystem 239, 242
dselect 65, 68
du 136, 138, 310

E
EDITOR 178
edquota 147, 308
Emacspeak 205
Enlightenment 199
env 84
EOT 105
Errorlevel 104
/etc/inittab 37
/etc/syslog.conf 38
exec 143
Exitlevel 104
expand 95, 314
export 84, 86
ext2 140

F
false 216
FAT 134
fdisk 52, 53, 135
Festplatte 50
fg 112
FHS 54

Fifo 169
Filesystem Hierarchy Standard *siehe* FHS
find 108, 163, 164, 280
finger 292
Firewall 282
Fluxbox 199
fmt 95, 314
Font-Server 194
FROM (SQL) 189
fsck 140
fstab 38, 142, 308
Funktionen 146, 180
fvwm 199

G
Gateway (IP) 264
GDI-Drucker 245
Gnome 199
Gnome Onboard Keyboard 206
GNU-Tools 95
Grafikkarte 196
grep 122, 310
GROUP BY (SQL) 189
grpquota 148
Grub 37, 58, 60
    Shell 58
gzip 98

H
HAL 31, 32
halt 44
Hardlinks 96, 159
Hardware Abstraction Layer *siehe* HAL
head 95, 310
HERE-Dokument 105, 311
hexdump 95
HISTSIZE 85
home 103
host 274
hosts.allow/deny 291, 302
hosts_access 291
HUP 117
hwclock 230

I
I/O-Adressen 26
IANA 258

Index

IceWM 199
ICMP 255
ifconfig 262, 265, 270, 319
imap 258
immutable 155
Include-Bibliothek 61
inetd 288, 301
inetd.conf 290
info 87
init 37, 43, 44
initdefault 204
initrd 37, 38
inittab 41, 204, 318
Inodes 139, 159
INSERT INTO (SQL) 188
insmod 34
Interrupts 26, 31
    Shared 26
IP 252, 255
    v6 260
IP-Adresse 262
ipchains 282
ipfwadm 282
iptables 282
IPv6 260
IRQ *siehe* Interrupts
ISA-Steckkarte 26
issue 297

J
jobs 112
join 95
JOIN (SQL) 189

K
kcore 271
KDE 199
Kernel
    mehrere Parameter übergeben 40
    Module 31, 34
    Parameter 40, 57, 59
kerneld 36
kill 113, 116
killall 295
kmod 36
Kommandosubstitution 108
Kommandoverkettung 104, 182, 312

KWin 199

L
LANG=C 225
LBA-Modus 57
ld.so.cache 63
ldconfig 63
ldd 63
less 95
LILO 37, 40, 56, 58, 60
linear 57
Links 96, 159
    dynamisch 61
    statisch 61
ln 161
locate 162, 166
Logfiles 232
login 297
Login-Shell 214–216
logrotate 219
Lokalisierung 225
lp-Programme 239, 247
lpr 239
lsmod 34
lsof 288
lspci 28, 31

M
magicfilter 242
Mailserver 236
man 87
Master Boot Record *siehe* MBR
MBR 37
menu.lst 58
Metacity 199
mingetty 41
mkswap 52
Modelines 196
MODIFY (SQL) 190
modprobe 34
modules.conf 34
Monolitisches Programm 61
more 95
motd 297
mount 142, 145, 308
    readonly 54
Mountpoint 142

Index

MTA 236
mtime 164

N
named 268, 274
named.conf 268
netstat 272
Netzwerkkarte 26
newaliases 238
NFS 103, 272
nice 113, 116
NIS 272
nl 95
nmap 288
nntp 258
noatime 143
noclobber 107
nodeps 73
nodev 143
noexec 143
nohup 114
nologin 297, 298
nosuid 143
nouser 144
nslookup 274
nsswitch 269
NTFS 134
NTP 219, 230
ntpdate 231

O
OpenSSH 299
Orca 205
ORDER BY (SQL) 189
OSI-Modell 255

P
PAM 293
Parameter
    mehrere übergeben 40
Parent-Prozess 114
Partitionen 50, 134
    ID 53, 134
    swap 52
Passwörter 210
passwd 215
paste 95, 314

PATH 80, 162
PCI-Steckkarte 26
Pipe 104, 109
pop3 258
Ports 258
Postfix 236
Postscript 242
pr 95
printcap 244
proc-Dateisystem 28, 31, 271
/proc/interrupts 31
/proc/ioports 31
profile 82, 83, 178
Prozesse
    im Hintergrund 114
ps 113
pstree 41, 114, 319
PTR-Record 273

Q
quotaon/quotaoff 147
Quotas 147, 308

R
r-Familie 301
RAID 210
Ramdisk 37
rcp 299, 301
readonly 54
reboot 44, 295
RegExp 92, 119, 316
remount 145
renice 118
repquota 147, 309
resolv.conf 268, 273
Returncode 104
Reverse Lookup 273
rlogin 293, 299, 301
rmmod 34
ro 144
route 271
Routing 252, 270
RPM 70, 71
rpm 74
Runlevel 41, 43, 318
rw 144

Index

S
S-Bit 152
safe_finger 292
SATA 29
SaX2 196
Schnittstelle
    serielle 26
scp 300
Screen Magnifier 205
Screen-Reader 205
SCSI 29
sed 92, 95, 310, 315
SELECT (SQL) 188
Sendmail 236
seq 185
services 258
sgid 152
shadow 210, 215
Shared Library 63
Shell *siehe auch* bash
    Funktionen 180
shutdown 44
SIGHUP 114, 117, 296
SIGINT 114
SIGKILL 116
Signale 116, *siehe auch* Bash
SIGQUIT 114
SIGSTOP 117
SIGTERM 114, 116
skel 213
sleep 44
Slow Keys 205
SNMP 255
Socket 154, 169
sort 95, 315
Soundblaster 26
sources.list 69
split 94, 95, 314
SQL 188
SSH 299, 319
ssh-keygen 301
STDERR 105
STDIN 105
STDOUT 105
Steckkarte
    ISA 26
    PCI 26

Sticky Keys 205
Stoll, Clifford 211
Streamer 30
STRG-Z 111
Subnetzmasken 252
Suche/Ersetze 92
sudo 286
sudoers 286
suid 143, 152, 154, 183, 280
Swap-Space 52
swapon 52
Symlinks 96, 154, 159, 161, 169
sync 143
Sysfs 31
syslog.conf 232
syslogd(-ng) 232

T
tac 95
tail 95, 310
tar 100, 102
Tastatur 28
TCP-Wrapper 290, 301, 319
TCP/IP 252, 255, 262
    IPv6 260
tcpd 290
tee 95
telinit 43
telnet 258, 299
TERM 84
test 182
timezone 223
tr 95
traceroute 255
twm 199
type 163
tzconfig 223
tzselect 223

U
udev 32
UDP 255
ulimit 285
umask 150, 157
uniq 95, 315
unzip 98
UPDATE (SQL) 188, 190

Index

updatedb 167
usaeradd 214
user(s) 144
User-ID 214
usrquota 148
UTC 223

V
Variable
    funktionslokal 181
    globale 83, 86
    Shell 83, 86
var/log/boot.log 38
/var/log/messages 38
vi 123, 126
volatile (Repository) 69

W
wc 90, 95, 314, 315
wget 312
whatis 87
WHERE (SQL) 189
which 162
while (Schleife) 185
who 162
Wildcards 120
WindowMaker 199
Windowmanager 198

X
X-Server 194, 196
X-Terminal 204
xargs 109
Xconfigurator 196
Xdefaults 200
XDMCP 203
xeyes 201
XF86Config 194, 196
xf86config 196
XF86Setup 196
xfs 194
xhost 201
xinetd 288
xntp 230
xorg.conf 194, 196
xorgconfig 196
Xresources 200, 203
xterm 200

Z
Zahlenreihe 185
Zeit 230
Zeitzone 223
zic 223
ZIP 98
zoneinfo 223
Zylinder
    1024-Zylinder-Problem 50